우리가 정말 알아야 할 우리 고전

열하일기

우리가 정말 알아야 할 우리 고전
열하일기

초판 1쇄 발행 | 2009년 5월 15일
초판 10쇄 발행 | 2021년 7월 30일

원작 | 박지원
글 | 허경진
사진 | 이현식
펴낸이 | 조미현

펴낸곳 | (주)현암사
등록 | 1951년 12월 24일·제10-126호
주소 | 04029 서울시 마포구 동교로12안길 35
전화번호 | 365-5051·팩스 | 313-2729
전자우편 | editor@hyeonamsa.com
홈페이지 | www.hyeonamsa.com

글 ⓒ 허경진 2009
사진 ⓒ 이현식 2009

* 지은이와 협의하여 인지를 생략합니다.
* 잘못된 책은 바꾸어 드립니다.

ISBN 978-89-323-1523-2 03810

이 도서의 국립중앙도서관 출판시도서목록(CIP)은
e-CIP 홈페이지(http://www.nl.go.kr/ecip)에서 이용하실 수 있습니다.
(CIP제어번호 : 2009001291)

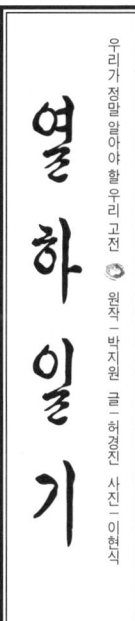

우리가 정말 알아야 할 우리 고전
원작―박지원 글―허경진 사진―이현식

열하일기

ⓗ 현암사

우리 고전 읽기의 즐거움

문학 작품은 사회와 삶과 가치관을 총체적으로 담고 있는 문화의 창고이다. 때로는 이야기로, 때로는 노래로, 혹은 다른 형식으로 갖가지 삶의 모습과 다양한 가치를 전해 주며, 읽는 이에게 기쁨과 위안을 주는 것이 문학의 힘이다.

고전 문학 작품은 우선 시기적으로 오래된 작품을 말한다. 그러므로 낡은 이야기일 수 있다. 그러나 그 속에 담긴 가치와 의미는 결코 낡은 것이 아니다. 시대가 바뀌고 독자가 달라져도 고전이라는 이름으로 여전히 많은 사람에게 읽히는 작품 속에는 인간 삶의 본질을 꿰뚫는 근본적인 가치가 담겨 있다. 그것은 시대에 따라 퇴색되거나 민족이 다르다고 하여 외면될 수 있는 일시적이고 지역적인 것이 아니다. 시대와 민족의 벽을 넘어 사람이면 누구나 공감할 수 있는 보편적이고 세계적인 것이다. 그렇기 때문에 우리가 톨스토이나 셰익스피어 작품에서 감동을 받고, 심청전을 각색한 오페라가 미국 무대에서 갈채를 받을 수도 있다.

우리 고전은 당연히 우리 민족이 살아온 삶의 궤적을 담고 있다. 그 속에 우리의 지난 역사가 있고 생활이 있고 문화와 가치관이 있다. 타인에게 관대하고 자신에게 엄격한 공동체 의식, 선비 문화 속에 녹아 있던 자연 친화 의식, 강자에게 비굴하지 않고 고난에 굴복하지 않는 당당하고 끈질긴 생명력, 고달픈 삶을 해학으로 풀어내며 서러운 약자에게는 아름다운 결말을 만들어 주는 넉넉함…….

사람과 사람, 사람과 자연의 '어울림'을 중요하게 생각했던 우리의 가치관은 생활 속에 그대로 녹아서 문학 작품에 표현되었다. 우리 고전 문학 작품에는 역사가 기록하지 않은 서민의 일상이 사실적으로 전개되며 우리의 토속 문화와 생활, 언어, 습속이 구체적으로 드러난다. 작품 속 인물들이 사는 방식, 그들이 구사하는 말, 그들의 생활 도구와 의식주 모든 것이 우리의 피 속에 지금도 녹아 흐르고 있음이 분명하지만 우리 의식에서는 이미 잊힌 것들이다.

그것은 분명 우리 것이되 우리에게 낯설다. 고전을 읽음으로써 우리는 일상에서 벗어나 그 낯선 세계를 체험하는 기쁨을 얻게 된다. 몰랐던 것을 새롭게 아는 것이 아니라 잊었던 것을 되찾는 신선함이다. 처음 가는 장소에서 언젠가 본 듯한 느낌을 받을 때의 그 어리둥절한 생소함, 바로 그 신선한 충동을 우리 고전 작품은 우리에게 안겨 준다. 거기에는 일상을 벗어났으되 나의 뿌리를 이탈하지 않았다는 안도감까지 함께 있다. 그것은 남의 나라 고전이 아닌 우리 고전에서만 받을 수 있는 선물이다.

우리 고전을 읽어야 한다는 데는 이미 많은 사람이 공감한다. 고전 읽기를 통해서 내가 한국인임을 자각하고, 한국인이 어떻게 살아왔으며, 어떻게 살아가야 할지 알게 하는 문화의 힘을 느낄 수 있다.

하지만 고전은 지난 시대의 언어로 쓰인 까닭에 지금 우리가, 우리의 청소년이 읽으려면 지금의 언어로 고쳐 쓰는 작업이 반드시 선행되어야 한다.

우리가 쉽게 접하는 세계의 고전 작품도 그 나라 사람들이 시대마다 새롭게 고쳐 쓰는 작업을 거듭한 결과물이다. 우리는 그런 작업에서 많이 늦은 것이 사실이다. 이제라도 우리 고전을 새롭게 고쳐 쓰는 작업을 할 수 있는 것은 우리의 문화 역량이 여기에 이르렀다는 방증이다.

현재 우리가 겪는 수많은 갈등과 문제를 극복할 해결의 실마리를 고전 속에서 찾을 수 있다고 확신하면서 우리 고전을 지금의 언어로 고쳐 쓰는 작업을 시작한다. 이 작업은 여기에서 멈추지 않고 앞으로도 시대에 맞추어 꾸준히 계속될 것이다. 또 고전을 읽는 데서 끝나지 않을 것이다. 우리 고전은 우리의 독자적 상상력의 원천으로서, 요즘 시대의 화두가 된 '문화 콘텐츠'의 발판이 되어 새로운 형식, 새로운 작품으로 끝없이 재생산되리라고 믿는다.

'우리가 정말 알아야 할 우리 고전'을 기획하면서 우리는 다음과 같은 몇 가지 원칙을 세웠다.

먼저 작품 선정에서 한글·한문 작품을 가리지 않고, 초·중·고 교과서에 수록된 작품을 우선하되 새롭게 발굴한 것, 지금의 우리에게도 의미 있고 재미있는 작품을 포함시키기로 하였다.

그와 함께 각 작품의 전공 학자들이 적극적으로 참여하여 판본 선정과 내용 고증에 최대한 정성을 쏟았다. 아울러 원전의 내용과 언어 감각을 훼손

하지 않으면서도 글맛을 살리기 위해 여러 차례 윤문을 거쳤다.

　마지막으로 시각 효과를 높이기 위해 내용에 맞는 그림을 곁들였다. 그림만으로도 전체 작품의 흐름을 알 수 있도록 화가와 필자가 협의하여 그림 내용을 구성했으며, 색다른 그림 구성을 위해 순수 화가와 사진가를 영입하였다.

　경험은 지혜로운 스승이다. 지난 시간 속에는 수많은 경험이 농축된 거대한 지혜의 바다가 출렁이고 있다. 고전은 그 바다에 떠 있는 배라고 할 수 있다.
　자, 이제 고전이라는 배를 타고 시간 여행을 떠나 보자. 우리의 여행은 과거에서 출발하여 앞으로 미래로 쉼 없이 흘러갈 것이며, 더 넓은 세계에서 더 많은 사람을 만나며 끝없이 또 다른 영역을 개척해 갈 것이다.

기획 위원

글 읽는 순서

우리 고전 읽기의 즐거움 | 사
연암 박지원의 중국 여정도 | 십이
일러두기 | 십사

저자 서문 | 십오

도강록
들어가기 | 이십삼
도강록 | 이십오
명나라 장수 강세작이 조선에 귀화한 이야기 | 삼십일
청나라 첫 고을 책문의 모습 | 삼십사
벽돌과 기와 | 사십이
안시성과 요동 땅의 평양성 | 사십오
중국의 구들과 조선의 온돌 | 오십일
꿈속에 고향집을 찾아 | 오십오
말꼬리를 붙들고 강물을 건너 | 오십팔
한바탕 울어 볼 만한 요동 벌판 | 육십
구요동 | 육십삼
관제묘 | 육십팔
요동백탑 | 칠십

성경잡지 | 칠십삼

일신수필

들어가기 | 팔십삼

중국의 큰 볼거리 | 팔십육

수레 제도 | 구십삼

관내정사

7월 28일 일기 | 백오

호질 | 백팔

호질 뒤에 쓴다 | 백십팔

곡정필담

들어가기 | 백이십오

달에서 이 지구를 바라보면 | 백이십칠

지전설 | 백삼십칠

야소교 | 백사십일

제왕과 신하 | 백사십사

문묘의 십일철 | 백사십칠

지전설을 받아들인 곡정 | 백사십구

환희기

들어가기 | 백오십삼

스무 가지 요술 이야기 | 백오십오

산장잡기

밤에 고북구를 나서면서 | 백육십구

「밤에 고북구를 나서면서」에 붙여 쓰다 | 백칠십이

하룻밤에 한 강물을 아홉 번이나 건너면서 | 백칠십사

코끼리 | 백칠십팔

구외이문

조선 진주 | 백팔십오

조조의 물속 무덤 | 백팔십칠

양귀비의 사당 | 백팔십팔

입정한 스님 | 백팔십구

고린내와 뚱이 | 백구십

젊다고 늙은이를 업신여기다니 | 백구십일

신라호 | 백구십사

옥갑야화

옥갑 여관방에서 돌아가며 이야기하다 | 백구십칠

허생 | 이백삼

「허생」 뒤에 붙여 쓰다 1 | 이백십육

「허생」 뒤에 붙여 쓰다 2 | 이백이십

황도기략

서관 | 이백이십오

천주당 | 이백이십육

서양화 | 이백삼십일

유리창 | 이백삼십사

알성퇴술

순천부학 | 이백삼십칠

학사 | 이백삼십구

문승상의 사당 | 이백사십이

문승상의 사당을 참배하고서 | 이백사십사

관상대 | 이백사십칠

시원 | 이백사십구

조선관 | 이백오십일

앙엽기

들어가기 | 이백오십오

홍인사 | 이백오십칠

백운관 | 이백오십구

법장사 | 이백육십일

융복사 | 이백육십삼

관제묘 | 이백육십오

숭복사 | 이백육십육

이마두의 무덤 | 이백육십팔

작품 해설 | 이백칠십

박지원 생애 | 이백팔십삼

연암 박지원의 중국 여정도

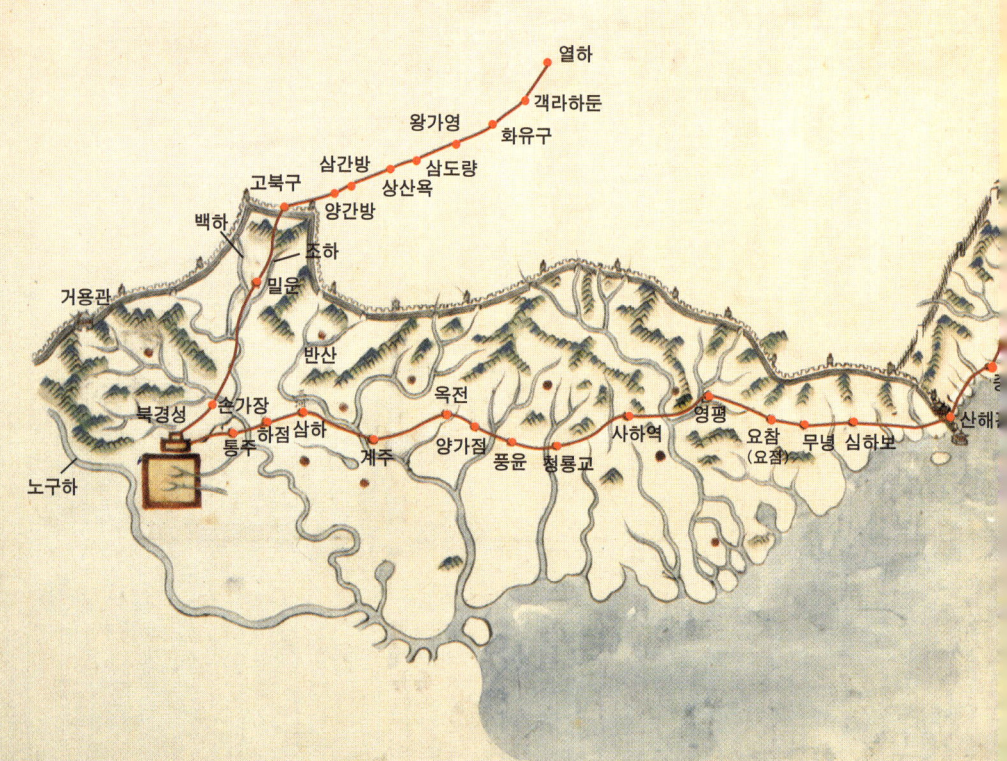

여지도 서울대학교 규장각 소장

일러두기

1. 역주는 *, 원주는 **로 구분하여 밝혔습니다.
2. 본문 중 괄호 안의 내용은 역자의 의역입니다.
3. (역자 줄임)은 원문 내용을 역자가 줄인 부분입니다.
4. 각 장 첫머리에 쓴 열하일기 필사본 이미지는 연세대학교 학술정보원 소장본입니다.

저자 서문

열하일기는 여러 종의 이본이 전하는데, 대부분 중간 중간에 작은 서문만 몇 편 실렸을 뿐이지, 전체 서문은 없다. 20세기에 처음 간행된 활자본에도 전체의 서문이 없이 「도강록」부터 시작되는데, 연민 이가원 선생이 발견한 연암산방본에만 이 서문이 실려 있다.

글을 써서 교훈을 남기되, 신명神明의 경지를 통하고 사물의 자연법칙을 꿰뚫은 것으로는, 『주역』과 『춘추』보다 나은 것이 없다. 『주역』은 미묘하고 『춘추』는 드러낸다. 미묘란 주로 진리를 말하는 방법인데, 그것이 나아가면 말이나 글에서 실제가 아닌 뜻을 의탁하는 우언寓言이 된다. 드러냄이란 주로 사건을 기록하는 글쓰기 수법인데, 그것이 변하면 정사正史에 실리지 않는 외전外傳이 된다. 책을 짓는 데는 이러한 두 갈래의 방법이 있을 뿐이다.

내가 일찍이 시험 삼아 논하여 보았다. 『주역』의 64괘卦 중에서 말하던 물건들인 용이니, 말이니, 사슴이니, 돼지니, 소니, 양이니, 범이니, 여우니, 또는 쥐니, 꿩이니, 독수리니, 거북이니, 붕어니 하는 것이 모두 다 참으로 있었던 물건이라 생각할 수 있겠는가. 그렇지는 않을 것이다. 또 인간 가운데 웃는 자, 우는 자, 부르짖는 자, 또는 눈먼 자, 발 저는 자, 엉덩이에 살이 없는 자, 척추에 살이 벌어진 자를 말했는데, 그런 인간이 참으로 있었다고 생각하는가. 아마 없었을 것이다. 그러나 시초*를 뽑아서 괘를 벌이면, 그 참된 상象이

열하일기(전남대 본) 전남대학교 도서관 소장

* 시초(蓍草) | 괘를 뽑는 데 쓰는 영초(靈草).

곧 나타나고 길함과 흉함, 회인*이 메아리처럼 울리는 것은 왜 그럴까. 미묘한 곳으로부터 드러나는 경지로 지향하기 때문이니, 우언을 쓰는 사람이 이러한 방법을 쓴 것이다.

『춘추』에 기록된 242년 동안 여러 제사와 사냥, 조회와 회합, 정벌과 침입이 있었지만 좌구명, 공양고, 곡량적, 추덕보, 협씨 등이 기록한 전傳이 제각기 다를 뿐만 아니라, 남이 반박하면 나는 굳게 지켜 지금까지 논쟁이 그치지 않는 것은 왜 그럴까. 이는 드러난 곳에서부터 미묘한 곳으로 들어가기 때문이니, 외전을 쓰는 이가 이러한 방법을 이용했다. 그러므로 옛 기록에, "장주莊子가 글을 잘 쓴다."고 했던 것이다. 장자의 저서 중에 나타난 제왕과 성현, 임금과 정승, 처사와 변객에 대한 일도, 더러는 정사에서 빠뜨린 일을 보충해야만 할 것이다. 도끼를 잘 쓰던 장석匠石이나 수레바퀴를 만들던 공인 윤편輪扁도 그런 사람이었을 것이다. 문자를 의인화擬人化했던 부묵자나 낙송손은 어떤 인물이었던가. 또 물귀신 망량이나 바다귀신 하백이 과연 말할 수 있는 존재였던가. 외전이라면 참과 거짓이 서로 섞여 있겠고, 우언이라 하더라도 미묘함과 드러냄이 쉴 새 없이 변하여, 사람으로는 그 원인을 측량할 수 없으므로 이를 궤변이라고 했다.

그런데도 그의 학설을 끝내 없애 버리지 못한 이유는 진리에 대한 논평을 잘 전개하였기 때문이니, 그를 책을 짓는 사람으로서 영웅이 아니라고 하지는 못할 것이다.

그런데 연암 씨가 지었다는 『열하일기』는 무슨 글일까? 저 요동 들판을 건너서 유관으로 들어가 황금대 옛터에 거닐고, 밀운성에서 고북구를 나와 난수와 백단의 북녘을 마

연암 박지원 초상 경기도 실학박물관 소장

음껏 구경하였는데 참으로 그런 땅이 있었으며, 또 그 나라의 뛰어난 학자, 시인들과 함께 교제하였는데 참으로 그런 인물이 있었다. 사방의 오랑캐가 모두 이상한 모양과 기괴한 옷에 칼도 삼키고 불도 마시며, 황교 반선의 난쟁이가 비록 괴이한 듯하지만, 그가 반드시 물귀신이나 바다귀신은 아닐 것이다. 진귀한 새나 기이한 짐승, 아름다운 꽃이나 이상한 나무의 모양을 자세하고 성실히 묘사했는데, 어찌 일찍이 그 등마루의 길이가 천 리*라느니, 그 나이가 8,000세*라느니 하는 이야기가 있었단 말인가.

나는 이 책을 읽고서야 비로소 『장자』의 외전에는 참도 있고 거짓도 있지만, 연암 씨의 외전에는 참은 있으나 거짓은 없음을 알았다.

그래서 실제로 우언을 겸해서 이치를 이야기하게 되었으니, 패자*에 비한다면, 진문공晉文公은 허황하고 제환공齊桓公은 올바르다는 말과 같다. 그러니 어찌 그럴듯하게 헛된 이야기를 늘어놓기만 했겠는가.

풍속이나 관습이 치란治亂에 관계되고, 성곽이나 건물, 농경과 목축, 그리고 몸과 마음을 닦는 일체의 이용후생利用厚生 방법이 모두 그 가운데 들어 있어야만, 비로소 글을 써서 교훈을 남기려는 뜻에 맞을 것이다.

---

* 회인(悔吝) | 회(悔)는 『주역』의 외괘(外卦)이고, 인(吝)은 인색함이니, 곤괘에서 나타난 효상(爻象)의 하나.
* 천 리 | 『장자』 「소요유(逍遙遊)」에 나오는 대붕(大鵬)의 등마루 길이가 천 리나 되었다.
* 8,000세 | 『장자』에 나오는 고목 영춘(靈椿)의 나이가 8,000세나 되었다.
* 패자(覇者) | 중국 전국시대에 패권을 차지했던 제후가 다섯인데, 제환공, 진문공, 초장왕(楚莊王), 오왕 합려, 월왕 구천을 말하기도 하고, 월왕 구천 대신에 진목공(秦穆公)을 말하기도 한다. 『맹자』 조기주(趙岐注)에서는 제환공, 진문공, 진목공, 송양공(宋襄公), 초장왕을 들었다.

도강록

渡江錄序

昌爲後三庚子記行程陰時將年以係月日也昌稱後崇禎紀元
子崇禎紀元後三周庚子也昌不稱崇禎將渡江故諱之也昌諱
人也天下皆奉清正朔故不敢稱崇禎也昌私稱崇禎皇明中
命之上國也崇禎十七年毅宗烈皇帝殉社稷明宗以子今
昌至今稱之清人入主中國而先王之制度變而爲胡環東土縠
爲國獨守先王之制度是明明室猶存於鴨水以東也雖力不足
肅清中原以光復先王之舊然能尊崇禎以存中國也
崇禎百五十六年癸卯洌上外史題

6월 24일에 시작하여 7월 9일에 끝났다. 압록강에서 요양까지 15일 동안의 기록이다. 책문 안에 들어설 때부터 이용후생적인 건축에 심취하여 중국의 성 쌓는 법과 벽돌집이 실리적임을 역설하였다. 「구요동기」・「관제묘기」・「요동백탑기」・「광우사기」가 실려 있다.

● 의주 ~ 십리하

십리하
동경(신요양)
요양
청석령
천수참
연산관
통원보
설리참(송참)
봉황성
책문
온정
구련성
임강진
의주(용만)

들어가기

왜 '후삼경자*'라는 말을 이 글 첫머리에 썼을까? 지나간 길과 맑고 흐렸던 날씨를 적으면서 해를 표준으로 삼고, 이에 따라 달수와 날짜를 알린 것이다. 왜 '후'라는 말을 썼을까? 명나라 마지막 연호인 숭정崇禎 기원의 뒤라는 것을 알린 것이다. 왜 '삼경자'라고 하였는가? 숭정 기원이 시작된 뒤로 세 번째 경자년(1780년)이라는 뜻이다.

그러면 왜 '숭정'을 바로 쓰지 않았을까? 장차 압록강을 건너려고 하므로 이를 잠깐 피한 것이다. 왜 이를 피하는 것일까? 압록강을 건너면 청나라 사람들이 살고 있기 때문이다. 천하가 모두 청나라의 연호를 쓰므로 감히 숭정을 말하지 못하는 것이다.

그렇다면 우리 조선에서는 어째서 '숭정'이라는 연호를 그대로 쓰고 있을까? 명나라는 중화中華인데, 우리 조선을 처음에 승인해 준 나라이기 때문이다.

숭정 17년에 의종열황제가 나라를 지키다가 죽고 명나라가 망한 지 벌써 130여 년이 지났는데, 어째서 지금까지도 '숭정'이라는 연호를 쓰고 있을까? 청나라가 들어와 중국을 차지한 뒤에 선왕의 제도가 변해서 오랑캐가

---

* 후삼경자(後三庚子) | 경자년은 60년마다 돌아오기 때문에, 앞에 연호를 써야 어느 경자년인지 확실해진다. 그러나 조선 후기 문인 학자 가운데 일부는 청나라 오랑캐인 연호를 쓰기 싫어해서, 명나라 마지막 연호인 숭정을 썼다. 숭정황제가 세상을 떠난 뒤 세 번째 경자년에 이 글을 쓴다는 뜻이니, 1780년이다. 연암은 도강록 서문 말미에 '후삼경자는 바로 우리 성상(정조) 4년이다.'라고 밝혔다.

되었지만, 우리 동쪽 나라 수천 리는 두 강을 경계로 나라를 이루어 홀로 명나라 왕들의 제도를 지켰다. 이는 명나라 황실이 아직도 압록강 동쪽에 있다는 뜻이다. 우리의 힘이 비록 저 오랑캐를 쳐서 몰아내고 중원을 깨끗케 하여 선왕의 역사를 다시 빛내지는 못할지라도, 사람마다 모두 숭정의 연호라도 높여서 중국을 보존하였던 것이다.

숭정 156년 계묘년(1783년)에 열상외사* 쓰다.

---

* 열상외사 | 박지원의 자호이다. 한강(漢江)은 한사군(漢四郡)과 관련된 이름이라고 하여, 실학자들은 한강의 옛 이름인 '열수(洌水)'를 많이 사용하였으며 정약용도 '열수(洌叟)'라는 호를 썼다. '외사(外史)'는 사관이 아니면서 역사를 기록한다는 뜻이다.

도강록

6월 24일 신미, 아침부터 보슬비가 온종일 내리다 말다 했다.

오후에 압록강을 건너 30리 가다가 구련성에서 노숙하였다. 밤에 소나기가 퍼붓다가 곧 갰다.

지난번 의주에서 묵었던 열흘 동안 방물方物도 다 들어오고 떠날 날짜가 매우 가까웠지만 장마가 시작되는 바람에 강물이 몹시 불어났다. 그 뒤에 쾌청한 날이 벌써 나흘이나 되었지만 물살은 더욱 거세어, 나무와 돌이 함께 굴러 내리고 흙탕물이 하늘에 닿았다. 아직까지도 흙탕물이 흘러내리는 것은 압록강의 발원지가 멀기 때문이다. 『당서唐書』를 살펴보면 "고려의 마자수馬訾水는 말갈의 백산白山에서 나오는데, 그 물빛이 마치 오리 머리같이 푸르기 때문에 압록강鴨綠江이라고 불렀다." 하였으니, 백산은 바로 장백산長白山을 말한다. 『산해경山海經』에는 불함산不咸山이라 했고, 우리나라에선 백두산이라 했다. 백두산은 모든 강이 발원되는 곳인데, 서남쪽으로 흐르는 것이 바로 압록강이다. 『황여고皇輿考』에는 "천하에 큰 물이 셋 있으니, 황하와

구련성 마을

장강(양자강)과 압록강이다." 하였고, 『양산묵담兩山墨談』에는 "회수淮水 이북의 물줄기는 북조北條(북쪽 가지)라고 하는데, 모든 물이 황하黃河로 모여들어 (하河라고 불렀지) 강江이라 이름 붙인 곳이 없다. 다만 북쪽 고려에 있는 강만 압록강이라 부른다." 하였다. 이 강은 천하의 큰 물줄기라서 그 발원하는 곳이 지금 가문지 장마인지, 천 리 밖에서는 예측하기 어렵다. 그러나 지금 이 강물이 이렇듯 넘쳐흐르는 것을 보아, 백두산에 장마가 진 것을 짐작할 수 있다. 하물며 이곳은 보통 나루터가 아니니 말할 것 있으랴. 그런데도 마침 장마철이어서 나루터 배 대는 곳을 찾을 수가 없다. 중류의 모래톱마저 흔적이 없으니, 사공이 조금만 실수한다면 사람의 힘으로는 도저히 걷잡을 수 없을 정도이다. 그래서 일행 중 (경험 많은) 역관譯官들이 다투어 옛일을 끌어 대어 날짜 늦추기를 굳이 청하고, 의주 부윤 역시 비장裨將을 보내어 며칠만 더 묵으라고 붙들었지만, 정사正使는 기어이 오늘 강을 건너겠다고 하여 장계*에 벌써 날짜를 써 넣었다.

아침에 일어나 창을 열고 보니, 짙은 구름이 쫙 덮이고 비기운이 산에 가득했다. 머리 빗고 세수한 뒤에 짐 보따리를 싸고, 집에 보내는 편지와 여러 곳에 보내는 답장을 손수 봉하여 파발마 편에 부쳤다. 아침 죽을 조금 마시고 천천히 객관에 갔더니, 모든 비장은 벌써 군복과 전립戰笠을 갖춰 입었다. 머리에는 은화銀花와 운월雲月 장식을 달고 공작새 깃을 꽂았으며, 허리에는 남방사주藍紡紗紬 전대纏帶를 두르고 환도環刀를 찼다. 손에는 짧은 채찍을 잡았는데, 서로 마주보고 웃으며 떠들었다.

압록강

"내 모양이 어떻소?"

노이점 참봉은 철릭을 입었을 때보다 더 우람해 보였다. 진사 정각이 웃음으로 맞으면서

"오늘은 정말 강을 건너게 되겠지요?"

하자, 노참봉이 옆에서 말했다.

"이제 곧 강을 건넌답니다."

나는 그들에게

"그랬군. 잘되었네."

하였다. 거의 열흘 동안이나 객관에 묵어 모두들 지루하다가 그 말을 들으니, 훌쩍 날 것 같은 기분이었다. 장마에 강물이 불어 조급하던 참에 떠날 날짜가 닥치고 보니, 이제는 건너지 않으려 하여도 어쩔 수 없게 되었다.

멀리 앞길을 바라보니 무더위가 사람을 찌는 듯했다. 돌이켜 고향을 생각하니 구름과 산이 아득해, 이제는 서글퍼지며 집으로 돌아가고픈 마음이 싹 트지 않을 수 없었다. 중국 가는 것을 평생의 장유壯遊라고 하여 툭하면 "꼭 한 번 구경해야지." 하며 평소에 벼르던 것도 이제는 둘째가 되었다. "오늘은 강을 건너야지." 하며 떠드는 것도 결코 좋아서 하는 말은 아니다. 어쩔 수 없었기 때문이다. 역관 김진하金震夏는 늙은데다 병까지 덮쳐 여기서 떨어져 돌아가게 되었다. 그가 정중하게 하직하자 서글픔을 금할 수 없었다.

아침밥을 먹은 뒤에 나는 혼자 말을 타고 먼저 떠났다. 자줏빛 말은 정수리가 희고, 정강이가 날씬한데다 발굽이 높았다. 머리는 날카롭고 허리는 짧았으며, 두 귀가 쫑긋한 품이 참으로 만 리를 달릴 듯했다. 마부 창대昌大는 앞에서 채찍을 잡고, 하인 장복張福은 뒤에 따라왔다. 안장에 주머니 한

---

* 장계(狀啓) | 조정을 떠난 신하가 임금에게 올리는 보고서.

쌍을 달았는데, 왼쪽에는 벼루를 넣고, 오른쪽에는 거울과 붓 두 자루, 먹 한 장, 조그만 공책 네 권, 그리고 『이정록里程錄』 한 권을 넣었다. 행장이 이같이 단출하니, 아무리 엄하게 짐을 뒤진다고 해도 걱정할 게 없었다.

성문에 도착하기도 전에 소나기 한줄기가 동쪽에서 몰려들어, 말을 급히 달려 성문턱에서 내렸다. 혼자 문루門樓에 올라 성 밑을 굽어보니, 창대 혼자서 말을 잡고 섰을 뿐, 장복은 보이지 않았다. 잠시 뒤에 장복이 길가의 작은 일각문에 버티고 서서 위아래를 기웃거리며 바라보더니, 둘이서 삿갓으로 비를 가리며 손에 작은 오지병을 들고 신나게 걸어왔다. 둘이서 주머니를 털었더니 스물여섯 푼이 나왔는데, 우리 돈을 가지고 국경을 넘지 못하는 법이라, 길에 버리기도 아깝다며 술을 샀다는 것이다.

"너희들 술을 얼마나 마시느냐?"

물었더니, 둘 다 대답했다.

"입에 대지도 못하지요."

"너희 같은 놈들이 어찌 술을 마실 줄 알겠느냐?"

한바탕 꾸짖었지만, 속으로는 '이것도 먼 길 나그네에겐 한낱 도움이 되겠지.' 생각하면서 잠자코 한 잔 부어 마셨다. 동쪽으로 의주와 철산의 여러 산을 바라보니 만 겹 구름 속에 들어 있었다. 술 한 잔을 들어부어 문루 첫 기둥에 뿌려서 이번 길에 아무 탈 없기를 빌고, 다시 한 잔을 부어 다음 기둥에 뿌리며 장복과 창대를 위해 빌었다. 그런 뒤에 병을 흔들어 보니 아직도 몇 잔이 남아, 창대를 시켜 술을 땅에 뿌리며 말을 위해 빌었다. (역자 줄임)

잠시 뒤에 부사의 행차가 성에서 나가기를 기다려, 나도 말고삐를 잡고 천천히 떠났다. 가장 뒤에 떨어져 구룡정九龍亭에 이르니, 여기가 바로 배 떠나는 곳이다. 의주 부윤이 벌써 천막을 쳐 놓고 기다렸다. 서장관書狀官이 이른 새벽에 먼저 나가서 의주 부윤과 함께 사신 일행의 짐을 뒤지는 것이 전례이다. 방금 사람과 말을 사열했는데, 사람은 이름과 거주지, 나이, 또는 수염이나 흉터가 있는지 없는지, 키는 큰지 작은지를 기록하고, 말은 털빛을 기록했다. 깃대 셋을 세워 문을 만들고 금지된 물품이 있는지 뒤졌는데, 황금·진주·인삼·초피와 팔포八包를 넘는 은자銀子가 중요 물품이었다. 하찮은 물품들은 새것이나 옛것을 통틀어 수십 가지나 되었으므로 이루 다 셀 수가 없다. 말

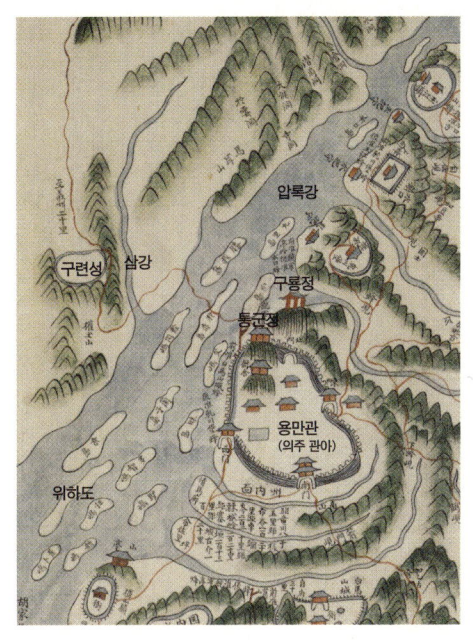

의주 주변 지도(해동지도) 서북쪽으로 구련성이 보인다. 서울대학교 규장각 소장

구종들에게는 웃옷을 풀어 헤치게도 하고, 바지 아래도 내리훑어 보며, 비장이나 역관의 짐 보따리도 풀어 본다. 이불 보통이와 옷 꾸러미가 강 언덕에 나뒹굴고, 가죽상자와 종이상자가 풀밭에 어지럽게 굴러다녔다. 사람들은 제각기 주워 담으며 서로 돌아보았다. 짐 보따리를 뒤지지 않으면 나쁜 짓을 막을 수 없고, 뒤지면 이같이 체모에 어긋난다. 그러나 이것도 형식에 지나지 않는다. 의주의 장사꾼들은 짐 보따리를 뒤지기 전에 남몰래 강을 건너가니, 누가 그를 막을 수 있으랴.

  금지된 물품이 발견되면 세 가지 형벌을 내린다. 첫째 문에서 걸린 자는 큰 곤장으로 때리고 물건을 몰수했다. 둘째 문에서 걸리면 귀양 보내고, 셋째 문에서 걸리면 목을 베어 달아 여러 사람에게 보였다. 만들어진 법은 엄하기 짝이 없다. 이번 길에는 원포原包가 반도 차지 않았으며, 빈 포도 많으

니, 규정보다 넘치는 은자가 있을 리 없다.

　차담상茶啖床은 초라했는데, 그나마 들어오자마자 곧 물려 냈다. 강 건너기에 바빠, 젓가락을 드는 이가 없었다. 한강 나룻배와 비슷한 배가 다섯 척 준비되었는데, 조금 더 컸다. 먼저 방물과 인마를 건넸다. 정사의 배에는 표자문表咨文(국서)과 수역首譯(수석 역관)을 비롯한 상사의 하인들이 함께 타고, 부사와 서장관과 그 하인들이 또 한 배에 탔다. 의주의 아전과 장교, 기생과 통인, 평양에서 모시고 온 아전과 계서啓書들이 모두 뱃머리에서 차례로 하직 인사를 했다. 상사 마부의 외치는 소리가 채 끝나기도 전에 사공이 삿대를 들어 물에 넣었다.

　물살이 매우 빠른데, 「배따라기」 소리를 일제히 불렀다. 사공이 애쓴 덕에 살별과 번개같이 배가 달렸다. 잠시 아찔하는 순간 하룻밤이 지난 듯싶었다. 통군정의 기둥과 난간과 마루가 팔면으로 빙빙 도는 것 같고, 배웅하는 이들이 아직도 모래밭에 섰는데 팥알같이 까마득히 보였다. (역자 줄임)

명나라 장수 강세작이 조선에 귀화한 이야기

6월 26일 계유, 아침에 안개가 끼었다가 늦게야 개었다.

구련성을 떠나 30리를 가서, 금석산 아래에 이르러 점심을 먹었다. 다시 30리를 지나 총수의 길가에서 잠을 잤다.

날이 새자 새벽 일찍 안개를 헤치고 길을 떠났다. 상판사上判事의 마두 득룡이 쇄마 구종驅從들과 함께 강세작康世爵의 옛일을 이야기하였다. 안개 속으로 멀리 금석산을 가리키며 말했다.

"저기가 형주 사람 강세작이 숨었던 곳이오."

그 이야기가 꽤 재미있었는데, 대개 이러했다.

"세작의 할아버지 임霖이 임진왜란 때에 양호*를 따라 우리나라를 구하려다가 평산 싸움에서 죽고, 그 아버지 국태는 청주통판이라는 벼슬을 하다가 1617년에 죄를 지어서 요양으로 귀양 오게 되었다. 그때 세작의 나이가 열여덟이었는

구련성에서 금석산으로 이어지는 길

* 양호(楊鎬) | 명나라 장군인데, 임진왜란에 조선을 도우러 왔다가 패해서 돌아갔다. 요동에 나아가 청나라와 싸웠다가 또 패했으므로 사형당했다.

삼십일

데, 아버지를 따라 요양에 와 있었다. 이듬해에 청나라가 무순을 쳐부수자 유격 장군 이영방이 항복하였으므로, 명나라 장군 양호가 여러 장수를 나눠서 보냈다. 총병 두송은 개원으로, 왕상건은 무순으로, 이여백은 청하로 각각 나오고, 도독 유정은 모령으로 나왔다. 이때 국태의 아버지와 아들은 유정이 마련한 진 가운데에 있었는데, 청나라 복병이 산골짜기에 몰려나왔다. 명나라 군사들은 앞뒤가 연락되지 않아서, 유정은 스스로 불에 타 죽고 국태도 화살을 맞은 채 쓰러졌다.

세작은 해가 저문 뒤에 아버지의 시신을 찾아 산골에 묻고, 돌을 모아다가 표시해 두었다. 이때 조선의 도원수 강홍립과 부원수 김경서는 산 위에 진을 쳤고, 조선의 좌·우 영장은 산 밑에 진을 쳤다. 이때 세작은 원수의 진에 몸을 담았다. 이튿날 청나라 병사들이 조선의 좌영을 쳐서 한 사람도 남기지 않았다. 산 위에 있던 군사들이 이를 바라보고 모두 다리를 떨었다.

강홍립은 결국 싸우지도 않고 항복했다. 청나라 병사들은 홍립의 군사를 두어 겹이나 에워싸고, 명나라 병사들 중 도망쳐 온 자들을 샅샅이 뒤져내어 바로 묶어 모조리 목을 베었다. 세작도 붙들려서 묶인 채 바위 아래에 앉았는데, 책임자가 어쩐 일인지 잊고 가 버렸다. 세작이 조선 군사에게 풀어 달라고 눈짓을 하였지만, 그들은 모두 서로 기웃거리기만 할 뿐, 손 하나 까딱하는 이가 없었다. 세작은 할 수 없이 스스로 등을 돌 모서리에 비벼 줄을 끊고 일어서서, 죽은 조선 군사의 옷으로 바꿔 입고 조선 군사들 가운데 들어가서 죽음을 면할 수 있었다.

이렇게 하여 요양으로 돌아갔는데, 웅정필熊廷弼이 요양을 지키고 있었다. 웅정필이 세작을 불러서 아버지의 원수를 갚으라고 하였다.

이해에 청나라가 잇따라 명나라 땅 개원과 철령을 함락시키자, 웅정필이 갈리고 설국용이 대신 요양을 지키게 되었다. 세작은 그대로 설국용의 군중에 머물렀는데 심양마저 함락되었다. 세작이 낮에는 숨고 밤에는 걸어서 봉황성에 이르러, 광녕 사람 유광한과 함께 요양의 패잔병을 소집하여 그곳을 지켰다. 그러나 얼마 후 광한은 죽고, 세작도 열댓 군데나 상처를 입었다.

세작은 '고향길이 이미 끊어졌으니 차라리 동쪽 조선으로 나가서 머리를 깎고 옷깃을 왼쪽으로 하는 저 되놈의 신세를 면하는 것이 낫겠다.' 생각하고는 싸움터를 탈출하여 금석산 속에 숨었다. 먹을 것이 없어서 양가죽 옷을 불에 구워 나뭇잎에 싸 먹으며 두어 달 동안 목숨을 부지하였다. 이렇게 하여 압록강을 건너 평안도 여러 고을을 두루 돌아다니다가 마침내 회령까지 굴러 들어가 조선 여자에게 장가들었다. 아들을 둘 낳고 팔십이 넘어서 죽었다. 그 자손이 퍼져서 100여 명이나 되었지만, 아직도 한집에서 살아가고 있다."

득룡은 가산 출신인데, 열네 살부터 북경에 드나들어, 이번이 서른 번째이다. 중국어를 가장 잘해, 득룡이 아니면 일행의 모든 일을 책임질 사람이 없었다. 그는 이미 가산과 용천, 철산 등의 고을에서 대장 다음가는 군관인 중군을 지내고, 품계도 종2품 문관인 가선대부까지 올랐다. 사신들의 행차가 있을 때마다 미리 가산에 알려서, 득룡이 귀찮아서 따라가지 않을까 봐, 가족을 가둬 놓고 그가 달아나는 것을 막았다. 이것만 보더라도 그가 중국어 통역을 얼마나 잘했는지 알 수 있다.

세작은 조선에 처음 나왔을 때 득룡의 집에서 자고, 득룡의 할아버지와 친하여 서로 중국말과 조선말을 배웠다. 득룡이 그처럼 중국어를 잘하는 것도 그의 집안에 전해 내려오는 학문이라고 한다.

날이 저물어 총수에 이르렀다. 여기는 우리나라 평산의 총수와 비슷하다. 이걸 보니 우리나라 사람들이 이름을 짓는 방법이 짐작된다. 평산의 총수도 이곳과 비슷하기에 그렇게 지은 것은 아닐까?

청나라 첫 고을 책문의 모습

6월 27일, 아침에 안개가 끼었다가 늦게 걷혔다.

아침 일찍 떠났다. 길에서 되놈 대여섯 명을 만났는데, 모두 조그만 당나귀를 타고 벙거지를 썼으며, 옷도 남루한데다 얼굴이 지친 듯 파리했다. 이들은 모두 봉황성의 갑군으로 애랄하愛剌河에 수자리(국경 지키는 일)를 살러 가는데, 대부분 삯에 팔려 가는 자라고 했다. 우리나라는 염려할 것이 없지만, 중국의 국경 수비는 너무 허술하다고 느꼈다.

마두와 쇄마 구종들이 나귀에서 내리라고 호통치자, 앞서 가던 두 사람은 바로 내려서 한쪽으로 비켜 가는데, 뒤에 가던 세 사람은 내리기를 싫어했다. 마두들이 일제히 소리치며 꾸짖자, 그들이 눈을 부릅뜨고 똑바로 쏘아보면서 말했다.

"당신네 상전이 우리랑 무슨 상관이 있지?"

마두가 왈칵 달려들어 채찍을 빼앗아 그의 맨종아리를 때리며 꾸짖었다.

"우리 상전께서 받들고 온 물건이 무엇이며, 싸 갖고 오는 것이 어떤 문서인 줄 아느냐? 저 노란 깃발에 '황제 어전상용御前上用'이라고 써 있지 않으냐? 너희 눈이 성하다면 황제께서 친히 쓰실 물건인 줄도 모른단 말이냐!"

그제야 그들은 바로 나귀에서 내려 땅에 엎드리며 말했다.

"죽을죄를 지었습니다."

그 중 한 녀석이 일어나더니, 문서를 지닌 마두의 허리를 껴안고 웃음 지으며 말했다.

"영감, 제발 참아 주십시오. 쉰네들의 죄는 죽어 마땅합니다."

마두들이 모두 껄껄 웃으며 말했다.

"너희는 머리를 조아려 사죄하라."

그들이 진흙 바닥에 꿇어 머리가 땅에 닿도록 조아리니, 이마가 전부 흙투성이가 되었다. 일행이 모두 크게 웃으며 호통을 쳤다.

"어서 물러가라."

내가 다 보고 나서 말했다.

"너희가 중국에 들어갈 때마다 여러 가지로 말썽을 일으킨다더니, 이제 내 눈으로 보기에도 정말 그렇구나. 아까 한 일은 부질없는 짓이니, 앞으로는 괜한 장난으로 말썽이나 일으키지 마라."

그러자 모두 한목소리로 말했다.

"이렇게라도 하지 않으면 먼 길에 날마다 무엇으로 심심풀이를 합니까?"

멀리 봉황성을 바라보니 전체가 돌로 깎아 세운 듯 평지에 우뚝 솟아, 마치 손바닥 위에 손가락을 세운 것 같았다. 연꽃 봉오리가 반쯤 피어난 것 같기도 하고, 하늘에 여름 구름이 기이하게 변하는 모습과도 같았다. 뭐라 설명하긴 어렵지만, 맑고 빛나는 기운이 모자라는 것이 아쉬웠다.

내가 일찍이 우리나라 서울의 도봉산이나 삼각산이 금강산보다 낫다고 말한 적이 있다. 금강산은 일만 이천 봉 가운데 어느 것 하나 기이하고 높고 웅장하고 깊지 않은 곳이 없어서, 짐승이 끄는 듯, 새가 나는 듯, 신선이 공중에 오르는 듯, 부처가 도사리고 앉은 듯, 음랭하고 그윽한 모습이 마치 귀신 굴속에 들어간 것 같기 때문이다.

예전에 신원발과 함께 단발령에 올라 금강산을 바라본 적이 있었다. 때마침 새파란 가을 하늘에 석양이 비꼈지만, 창공에 닿을 듯한 빼어난 빛과 제 몸에서 우러난 윤기와 자태가 없었다. 나는 금강산의 제 모습을 보지 못해 길게 한 번 탄식하였다.

  그 뒤에 배를 타고 상류에서 노를 저어 내려오면서 두미강 어귀에서 서쪽으로 한양을 바라보니, 삼각산의 푸른 봉우리들이 깎은 듯 하늘로 솟구쳐 있었다. 엷은 안개와 짙은 구름 속에 밝고 곱고 아리따운 자태가 나타났다. 그 전에는 남한산성의 남문에 앉아서 북으로 한양을 바라보니, 마치 물 위의 꽃과도 같고 거울 속의 달과도 같았다. 어떤 사람이 "초목의 윤기 나는 기운이 공중에 어리는 것이 바로 왕기이다." 하였다. 왕기는 왕의 기운이라는 뜻이다. 우리 서울은 참으로 억만 년을 누릴, 용이 서리고 범이 걸터앉은 형세이다. 그 신령스럽고 밝은 형세야말로 평범한 산의 모습과는 마땅히 다르다. 봉황산 형세의 기이하고 뾰족하고 높고 빼어난 점은 비록 도봉산이나 삼각산보다 뛰어나긴 하지만, 빛깔은 한양의 모든 산보다 못하다.

  비록 개간되지는 못했지만, 넓은 들판이 질펀하였다. 가는 곳마다 나무를 찍어 낸 조각이 흩어져 있고, 소 발자국과 수레바퀴 자리가 풀숲에 어지럽게 보였다. 책문柵門이 여기서 가깝고, 살고 있는 백성이 아무 때나 이곳에 드나들고 있음을 알 수 있었다.

  말을 빨리 몰아 7~8리를 더 가서 책문 바깥에 닿았다. 양과 돼지가 산에 가득하고, 아침 짓는 연기가 푸른빛으로 둘러져 있었다. 나무쪽으로 목책을 세워서 우리나라와 중국의 경계를 간단히 밝혔으니, "버들을 찍어서 울타리를 삼는다."는 말이 바로 이것이다. 책문에는 이엉이 덮였고 널판자 문은 굳게 닫혀 있었다.

  목책에서 수십 보 떨어져서 사신들이 천막을 치고 조금 쉬려니까 방물이 다 도착했으므로, 책문 밖에 쌓아 두었다. 여러 되놈이 목책 안에 늘어서서 구경하고 있는데, 대부분 민머리에 담뱃대를 물고 부채를 부치고 있었다. 검은 공단 옷을 입은 자도 있고, 수화주, 생포, 생저, 삼승포, 야견사 옷을 입은 자도 있었다. 바지도 그러하였다.

허리에도 주렁주렁 노리개를 많이 찼는데, 수놓은 주머니가 서넛씩 되었고, 조그만 패도에 모두 쌍아저를 꽂았다. 담배쌈지는 호로병처럼 생겼는데, 거기에다 꽃, 풀, 새 또는 옛사람의 이름난 글귀를 수놓았다. 역관과 마두들이 다투어 목책 가에 나와서 그들과 손을 잡고 반가이 인사를 나누었다.

되놈들이 물었다.

"당신은 언제 한성에서 떠났소? 길에서 비나 맞지 않았소? 댁에선 모두 안녕하시오? 물건을 살 돈은 넉넉히 가져오셨소?"

사람마다 말하는 내용이 거의 한입에서 나오는 것 같았다. 어떤 사람이 또 급하게 물었다.

"한 상공과 안 상공도 오시오?"

이들은 모두 의주에 사는 장사꾼이다. 해마다 연경으로 장사를 다녀서 이름이 높고 수단도 매우 뛰어난데다, 저쪽 사정도 잘 아는 자들이라고 한다. '상공相公'이란 장사꾼끼리 서로 높여 부르는 말이다. 사신들이 갈 때는 으레 정관正官에게 팔포를 내렸다. 정관은 비장과 역관까지 모두 30명이다. 예전엔 나라에서 정관에게 출장비를 주지 않고 인삼을 몇 근씩 주어 중국에서 팔아 쓰게 했는데, 이 짐 보따리를 팔포라고 한다. 지금은 나라에서 주지 않고 각자 은을 가지고 가게 하는데, 다만 짐 보따리의 액수를 제한하여 당상관은 3,000냥, 당하관은 2,000냥을 허락하였다. 이 은을 가지고 북경에 가서 여러 물건으로 바꿔 이익을 남기는 것이다.

가난해서 제 돈으로 은을 가지고 갈 수 없으면 그 포의 권리를 파는데, 송도, 평양, 안주의 장사꾼이 포의 권리를 사서 그 사람 대신 은을 넣어 가지고 간다. 그러나 이들은 스스로 북경에 들어가지 못하므로, 포의 권리를 의주 장사꾼에게 넘겨주어서 물건을 바꿔 오는 것이다.

연행도 숭실대학교 한국기독교박물관 소장

한씨나 안씨 같은 장사꾼은 해마다 북경에 드나들어, 북경을 제집 마당처럼 여긴다. 저쪽 장사꾼과도 서로 마음이 맞아서, 물건 값이 오르내리는 것도 모두 그들의 손에 달려 있다.

우리나라에서 중국 물건의 값이 점점 오르는 것도 이 때문이다. 그런데도 온 나라 사람이 이를 모르고, 사신들을 따라다니며 물건을 팔아 이익을 남기던 역관만 나무란다. 그러나 역관들도 이 권리를 장사꾼에게 빼앗겼으니 어쩔 도리가 없었다. 다른 지방의 장사꾼도 이런 현상이 의주 장사꾼의 농간인 줄 모르는 건 아니지만, 직접 보지 못했으므로 신경질만 낼 뿐 뭐라 말하지는 못한다. 이렇게 된 지 벌써 오래되었다. 요즘 의주의 장사꾼이 잠깐 몸조심하고 나타나지 않는 것 역시 흥정하는 술책이다.

책문 밖에서 아침을 먹었다. 행장을 정돈해 보니, 양편 주머니 가운데 왼편 열쇠가 없어졌다. 풀밭을 샅샅이 뒤졌지만 끝내 찾지 못했다. 그래서 장복을 보고 꾸짖었다.

"네가 행장에 주의하지 않고 늘 한눈만 팔더니, 겨우 책문까지 와서 이런 일이 생겼구나. 속담에 '사흘 길을 하루도 못 가서 늘어진다.' 는 말처럼 되었다. 앞으로 이천 리를 더 가서 북경에 이를 때가 되면 네 몸속의 오장육부가 어디 남아나겠느냐? 요동과 동악묘는 원래 좀도둑이 드나드는 곳이라고 한다. 네가 또 한눈을 팔다가는 무엇을 잃어버릴지 어찌 알겠느냐?"

그는 민망한 듯이 머리를 긁으며 말했다.

"쇤네가 이제야 알겠습니다. 그 두 곳을 구경할 때는 제 두 손으로 눈알을 꽉 잡고 있겠습니다. 그러면 어느 놈이 빼어 갈 수 있겠습니까?"

"그래야지."

나도 어이가 없어서 대답했다. 장복이는 아직 나이가 어리고 처음 가는 길인데다 매우 멍청해서, 같이 가는 마두들이 자주 놀렸다. 그래도 참말로 듣고는 '그러려니' 한다. 모든 일에 다 이렇게 행동하니, 앞으로 먼 길을 데리고 갈 생각을 하면 몹시 한심하다.

책문 밖에서 다시 책문 안을 바라보니, 수많은 민가가 다섯 들보 정도 높이 솟아 있고 띠와 이엉을 덮었다. 등성마루가 훤칠하고 문호가 가지런하며 네거리가 직선이어서, 양쪽 가가 마치 먹줄을 친 것 같았다. 담은 모두 벽돌로 쌓았고, 사람 탄 수레와 화물 실은 차들이 길에 즐비하며, 벌여 놓은 그릇은 모두 그림이 그려진 도자기였다. 어디를 보아도 시골티라고는 조금도 없다. 지난번에 내 친구 홍덕보가 "규모가 크면서도, 그 심법心法은 세밀하다."고 충고하더니 과연 그러했다. 중국의 동쪽 변두리인 책문도 이러한데 북경으로 갈수록 더욱 발전될 것이라 생각하니 갑자기 한풀 꺾였다. 여기서 그만 발길을 돌릴까 하는 순간 온몸이 화끈거렸고 나는 깊이 반성하였다.

'이는 하나의 시기하는 마음이다. 내 본래 성미가 맑아 남을 부러워하거나 시기하는 마음은 조금도 없었는데, 이제 한 번 다른 나라에 발을 들여놓자마자 아직 만 분의 일도 못 보고 벌써 이런 나쁜 마음이 생기니 어찌 된 까닭일까. 아마도 보고 들은 것이 좁은 탓일 게다. 만일 밝은 눈으로 세계를 두루 살핀다면, 어느 것 하나 평등하지 않음이 없을 것이다. 모든 것이 평등하다면, 시기와 부러움도 저절로 사라질 것이다.'

그래서 장복을 돌아보며 물었다.

"네가 만약 중국에서 태어났다면 어떨 것 같으냐?"

그러자 그가 대답했다.

"중국은 되놈의 나라라서 저는 싫습니다."

때마침 한 소경이 어깨에 비단 주머니를 걸고 손으로 월금月琴을 연주하며 지나갔다. 나는 크게 깨달아 '저 사람이야말로 평등의 눈을 가진 이가 아니겠느냐?' 하고 생각하였다.

조금 뒤에 책문이 활짝 열렸다. 봉성장군과 책문어사가 방금 와서 점방에 앉아 있다고 했다. 여러 되놈이 책문이 메어지게 나오면서, 다투어 방물과 개인의 짐짝 무게를 가늠해 보았다. 이곳에 이르면 으레 되놈의 수레를 세내어서 짐을 운반하기 마련이다. 그들은 사신이 앉은 곳에 와서 담뱃대를 물고 힐끗 쳐다보더니, 저희끼리 손가락으로 가리키면서 중얼거렸다.

"저이가 왕자인가?"

'왕자'란 왕족 중 정사가 된 사람이다. 그 중 잘 아는 자가 말했다.

"아니야. 저 머리 희끗희끗한 이가 부마 어른인데, 지난해에도 왔던 이야."

또 부사를 가리키면서,

"저 수염 좋고 쌍학 무늬 놓은 관복을 입은 이가 얼대인乙大人이지."

하였고, 서장관을 보고는,

"산대인山大人인데, 모두 한림翰林 출신이지."

하였다. 얼은 이二(둘째)요, 산은 삼三(셋째)이요, 한림 출신이란 문관을 말한 것이다.

때마침 시냇가에서 왁자지껄하며 다투는 소리가 났는데 말소리가 마치 새가 지저귀는 것 같아서 한마디도 알아들을 수 없었다. 급히 가 보니, 득룡이 방금 되놈과 함께 예물의 많고 적음을 다투고 있었다. 청나라 관원들에게 전달할 선물 목록인 예단禮單을 나눠 줄 때면 반드시 전례를 좇아 해야 하는데도 저 봉황성의 교활한 청나라 사람들이 어떻게든 이유를 만들어서 그 가짓수를 채워 달라고 강요한다. 이 일을 잘 처리하는 것은 오로지 상판사의 마두에게 달린 것이다. 만일 그가 일처리에 서툰 풋내기라든지, 중국말이 시원찮다든지 하면, 그자들과 시비를 따지지 못하고 달라는 대로 줄 수밖에 없다. 올해에 이렇게 하면 내년엔 어느새 전례가 되기 때문에, 끝까지 아귀다툼을 해야 한다. 사신들은 이 내막을 모르고 다만 책문에 들어가기에만 급급하여 반드시 역관을 재촉하고 역관은 또 마두를 재촉한다. 그러니 그 폐단이 오랫동안 계속된다.

벽돌과 기와

6월 28일*

　청나라 사람들은 대개 집을 지을 때에 벽돌만 쓴다. 벽돌의 길이는 한 자이고 너비는 다섯 치여서, 둘을 가지런히 놓으면 이가 꼭 맞는다. 두께는 두 치이다. 네모진 틀에서 함께 찍어 낸 벽돌이건만, 귀가 떨어진 것도 못 쓰고, 모가 이지러진 것도 못 쓰며, 바탕이 비뚤어진 것도 못 쓴다. 만약 벽돌 한 개라도 어긋나면 그 집 전체가 비틀어진다. 그러므로 같은 틀에서 찍어 냈건만 그래도 어긋난 놈이 있을까 봐 걱정되어, 반드시 자로 재고 자귀로 깎고 돌로 갈아서 가지런히 한다. 그 개수가 아무리 많아도 한 금으로 그은 것 같다.

　그 쌓는 법은 이렇다. 한 개는 세로, 한 개는 가로로 놓으면, 저절로 감괘坎卦(☵)와 이괘离卦(☲) 모양이 된다. 그 틈서리에는 석회를 종잇장처럼 얇게 이겨서 붙인다. 둘 사이가 겨우 붙을 정도여서, 흔적이 실밥처럼 보인다. 회를 이길 때는 굵은 모래를 섞지 않고, 진흙도 피한다. 모래가 굵으면 어울리지 않고 흙이 진하면 터지기 쉬우므로, 반드시 검고도 부드러운 흙과 회를 섞어 이긴다.

　벽돌은 빛깔이 거무스름하여 마치 새로 구워 놓은 기와 같다. 진흙도 쓰지 않고 모래도 쓰지 않는다. 순수한 빛깔을 취할 뿐만 아니라, 삼의 일종인 어저귀 따위를 터럭처럼 가늘게 썰어서 섞는다. 이는 우리나라에서 초벽하는 흙에 말똥을 섞는 것과 같으니, 질겨서 터지지 않도록 하는 것이다. 또 동백기름을 타서 우유처럼 번드럽고 미끄럽게 하여 떨어지거나 터지는 탈을 막는다.

기와를 이는 법은 본받을 만한 점이 많다. 기와 모양은 마치 동그란 통대를 네 쪽으로 쪼개 놓은 것 같고, 그 크기는 두 손바닥만 하다. 보통 민가에서는 짝기와를 쓰지 않는다. 서까래 위에는 산자를 엮지 않고 삿자리를 몇 잎씩 펼 뿐이며, 진흙을 두지 않고 곧바로 기와를 잇는다. 한 장은 엎어 놓고 한 장은 젖혀 두어, 암수 기와를 서로 맞춘다. 틈서리는 한층 한층 비늘진 데까지 온통 회로 발라 붙여 때운다. 이렇게 하니까 쥐나 새가 뚫지 못하며, 위가 무겁고 아래가 텅 비는 문제가 저절로 없어진다.

우리나라에서 기와를 이는 법은 이와 아주 다르다. 지붕에 진흙을 잔뜩 올리고 보니 위가 무겁게 된다. 바람벽을 벽돌로 쌓고 회로 때우지 않으니, 네 기둥이 의지할 데가 없어서 아래가 허전하다. 기왓장이 너무 크고 지나치게 굽었기 때문에 저절로 빈 데가 많아져 진흙으로 메워야 한다. 진흙이 지붕을 내리누르니 기둥이 휘어진다. 진 것이 마르면 기와 밑이 저절로 떠서 비늘진 곳이 밀려나 틈서리가 생긴다. 이리하여 바람이 들며, 비가 새고, 새가 뚫으며, 쥐가 숨는다. 뱀이 서리고 고양이가 뒤적이는 걱정을 면하지 못하는 것이다.

아무튼 집을 세우는 데는 벽돌의 공덕이 가장 크다. 높은 담장을 쌓는 일뿐 아니라 집 안팎 할 것 없이 벽돌을 쓰지 않는 데가 없다. 저 넓고 넓은 뜰 눈 가는 곳마다 번듯번듯하게 바둑판을 그려 놓은 것처럼 보인다.

집이 벽을 의지하여, 위는 가볍고 아래는 튼튼하다. 기둥은 벽 속에 있어서 비바람을 겪지 않는다. 불이 번질 염려도 없고, 도둑이 뚫을 위험도 없

* 6월 28일 일기의 중간 부분에 해당하는 내용이다.

다. 그러니 새, 쥐, 뱀, 고양이 같은 놈 따위를 어찌 걱정하랴. 문 하나만 닫으면 저절로 굳은 성벽이 되어 집 안의 모든 물건을 궤 속에 간직한 셈이 된다. 많은 흙이나 나무도 들이지 않고, 못질이나 흙손질을 할 필요도 없다. 벽돌만 구워 놓으면 집은 어느새 만들어진 것과 다름없다.

안시성과 요동 땅의 평양성*

6월 28일*

 때마침 봉황성을 새로 쌓는데, 어떤 사람이 "이 성이 바로 안시성이다." 하였다. 고구려의 방언에 큰 새를 '안시'라고 하였다. 지금도 우리 시골말에 봉황을 '황새'라 하고, 뱀蛇을 '배암'이라 한다. 그러니 "수나라나 당나라 때에 이 나라의 말을 좇아 봉황성을 안시성으로, 사성蛇城을 백암성으로 고쳤다."는 전설이 자못 그러한 것 같기도 하다. 옛날부터 이러한 말도 전해져 왔다. "안시성 성주 양만춘이 당나라 태종의 눈을 쏘아 맞추었다. 그러자 태종이 성 아래에 군사를 집합시켜 시위하고, 양만춘에게 비단 100필을 하사하였다. 그가 자기 나라 임금을 위하여 성을 굳게 지켰다고 칭찬한 것이다."

 그러므로 삼연 김창흡이 연경으

봉황산성 중턱에 있는 성벽

---

* 안시성과~평양성: 『삼국사기』에 나오는 지명과 지금의 지명은 같기도 하지만 달라진 곳도 많다. "기자가 평양에 도읍했다."는 기록을 예로 든다면 그 평양이 지금의 평양인가, 아니면 만주 땅 어딘가에 있던 평양인가에 따라 고조선, 또는 고구려의 영토 판도가 달라진다. 그래서 박지원이 평양성의 위치를 추적해 본 것이다.
* 6월 28일 일기의 뒷부분에 해당하는 내용이다.

로 가는 자기 동생 노가재 김창업을 송별하는 시에서,

> 천추에 크신 담략
> 우리나라 양만춘이
> 용 수염 범 눈동자를
> 한 살에 떨어뜨렸네.

하였다. 목은 이색도 「정관음貞觀吟」에서

> 주머니 속 미물이라
> 하잘 것이 없다더니,
> 검은 꽃이 흰 날개에
> 떨어질 줄을 어이 알았으랴.

하였다. '검은 꽃'은 당태종의 눈이고, '흰 날개'는 화살이다. 두 선배가 읊은 시는 우리나라에서 예로부터 전해 오는 이야기에서 나왔다.

   당태종이 천하의 군사를 징발하여 탄알만 한 작은 성 하나를 떨어뜨리지 못하고 창황히 군사를 돌이켰다는 데는 의심스러운 점이 없지 않다. 김부식은 옛글에서 그의 이름이 전하지 않는 것을 애석히 여겼다. 김부식은 『삼국사기』를 지을 때에 다만 중국의 역사책에서 한 번 골라 베끼면서 모든 사실을 그대로 인정하였고, 유공권의 소설을 끌어와서 당태종이 포위되었던 사실까지도 입증하였다. 그러나 『당서』와 사마광의 『통감』에는 이런 사실이 기록되지 않았으니, 이는 아마도 그들이 중국의 부끄러움을 감춘 것이 아닌가 싶다. 그러나 우리 본토에서 예부터 전해 내려오는 사실을 단 한마디도 감히 쓰지 못했으니, 그 사실이 믿을 만하건 아니건 간에 다 빠뜨리고 말았다. 이 문제에 대한 나의 생각은 이렇다.

당태종이 안시성에서 눈을 잃었는지 그러지 않았는지 확인할 길이 없지만, 이 성을 '안시성'이라고 하는 것은 잘못이다. 『당서』에 "안시성은 평양에서 500리나 떨어져 있고, 봉황성은 왕검성이라고 한다." 하였으므로, 「지지地志」에는 "봉황성을 평양이라 하기도 한다." 하였다. 그러나 이는 무슨 말인지 모르겠다. 「지지」에도 "옛날 안시성은 개평현의 동북쪽 70리 되는 곳에 있다."고 하였으니, 대개 개평현에서 동쪽으로 수암하秀巖河까지가 300리, 수암하에서 다시 동쪽으로 200리를 가면 봉황성이다. 만약 이 성을 옛 평양이라고 한다면 『당서』에 있는 이른바 '500리'라는 말과 부합되는 것이다.

그런데 우리나라 선비들은 지금의 평양만 알기 때문에, "기자箕子가 평양에 도읍했다." 하면 이를 믿고 "평양에 정전이 있다." 하면 이를 믿으며 "평양에 기자의 무덤이 있다." 하면 이를 믿는다. 그래서 만일 "봉황성이 바로 평양이다." 하면 크게 놀랄 것이다. 더구나 "요동에도 또 다른 평양이 있었다."고 한다면 해괴한 말이라고 나무랄 것이다. 그들은 아직도 요동이 본시 조선 땅이며, 숙신, 예, 맥 등 동이東夷의 여러 나라가 모두 위만조선에 예속되었던 것을 알지 못한다. 또 오라, 영고탑, 후춘 등의 땅이 본래 고구려의 옛 땅임을 알지 못하고 있다.

아아, 후세 선비들이 이러한 경계를 밝히지 않고 함부로 한사군漢四郡을 모두 압록강 이쪽에 몰아넣어서, 사실을 억지로 이끌어다 제멋대로 분배하였다. 그리고는 다시 패수浿水를 그 속에서 찾았는데, 어떤 사람은 청천강을 '패수'라 하였으며, 또 어떤 사람은 압록강을 '패수'라 하였다. 이리하여 조선의 강토는 전쟁도 없이 저절로 줄어들었다. 이는 무슨 까닭일까? 평양을 한 곳에다 정해 놓고, 패수의 위가 앞으로 나아가고 뒤로 물러나는 것은 그때그때 사정에 따르기 때문이다.

　나는 일찍이 "한사군의 땅은 요동에만 있는 것이 아니고, 마땅히 여진 땅까지 들어간 것이다." 하였다. 무슨 근거로 그런 사실을 알았는가 하면 『한서』 「지리지」에 현도나 낙랑은 있지만 진번과 임둔은 보이지 않기 때문이다.

　한나라 소제 시원 5년(기원전 82년)에 4군을 합하여 2부로 만들고, 원봉 원년(기원전 80년)에 다시 2부를 2군으로 고쳤다. 현도 세 고을 중 고구려현이 있고, 낙랑 스물다섯 고을 중 조선현이 있으며, 요동 열여덟 고을 중 안시현이 있었다. 다만 진번은 장안에서 7,000리, 임둔은 장안에서 6,100리 되는 곳에 있었다. 조선조 세조 때의 학자 김윤이 이렇게 밝혔다. "우리나라 국경 안에서는 이 고을들을 찾을 수 없다. 한사군은 마땅히 지금의 영고탑 등지에 있었을 것이다."

　이 말이 옳다. 이로 본다면 진번과 임둔은 한나라 말기에 바로 부여, 읍루, 옥저에 들어간 것이다. 부여는 다섯*이고 옥저는 넷*이던 것이 혹은 변하여 물길이 되고, 혹은 변하여 말갈이 되며, 혹은 변하여 발해가 되고, 혹은 변하여 여진이 된 것이다. 발해의 무왕 대무예大武藝가 일본의 성무왕聖武王에게 보낸 편지 중 "발해는 고구려의 옛터를 회복하고, 부여가 남긴 풍속을 물려받았다." 하였다. 이로 미루어 본다면 한사군의 절반은 요동에, 절반은 여진에 걸쳐 있어서 서로 감싸 안았으니, 이는 본래 우리의 영토 안에 있었던 것이 분명하다. 그런데 한나라 이후로 중국에서 말하는 패수가 어디인지 일정하지 못한데다, 우리나라의 선비들도 반드시 지금의 평양으로 표준을 삼아 이러니저러니 패수의 자리를 찾는다. 이는 다름이 아니라, 옛날 중국 사람들이 요동 이쪽의 강을 모두 '패수'라고 불렀으므로, 그 거리가 서로 맞지 않아 사실과 어긋난다.

　그러므로 옛 조선과 고구려의 경계를 알려면 먼저 여진을 우리 국경 안으로 치고, 다음으로 패수를 요동에서 찾아야 한다. 그리하여 패수의 위치가 분명해진 뒤라야 우리나라의 강토가 밝혀지고, 강토가 밝혀진 뒤라야 고금의 사실이 맞아 들어간다. 그러니 봉황성이 틀림없는 평양이냐고 묻는다면, "이곳이 만약 기씨, 위씨, 고씨 등이 도읍한 곳이라면 이 또한 하나의 평양이다."라고 대답할 수가 있다. 『당서』「배구전」에 이렇게 기록되었다. "고려는 본래 고죽국인데, 주나라가 이곳에 기자를 봉하였다. 한나라 때에 이르러서 사군으로 나누었다." 여기서 말하는 고죽국은 지금의 영평부에 있었다. 광녕현에는 예전에 기자묘가 있어서 중국식 관을 쓴 소상塑像을 앉혔는데, 16세기 중반 전쟁으로 불탔다고 한다. 어떤 사람은 광녕현을 평양이라고 부르며, 『금사』와 『문헌통고』에는 "광녕, 함평이 모두 기자가 봉해졌던 땅이다." 하였다. 이로 미루어 본다면, 영평과 광녕 사이가 하나의 평양이 된다. 『요사遼史』에는 이렇게 기록되었다. "발해의 현덕부는 본래 조선 땅으로 기자를 봉했던 평양성이었는데, 요나라가 발해를 쳐부수고 동경이라고 고쳤다. 이곳이 바로 지금의 요양현이다." 이로 미루어 본다면 요양현도 또 하나의 평양이 된다. 따라서 나는 이렇게 생각한다. '기씨가 애초에 영평, 광녕 사이에 있다가, 나중에 연나라 장군 진개에게 쫓겨 2,000리 땅을 잃고 차츰 동쪽으로 옮겨 갔다. 마치 중국의 진나라와 송나라가 남쪽으로 옮겨 가던 사정과 비슷했다. 그리하여 머무는 곳마다 평양이라고 하였으니, 지금 대동강 기슭에 있는 평양도 그 중 하나일 것이다.'

저 패수도 마찬가지다. 고구려의 지경이 때로 늘기도 하고 줄기도 하였을

* 부여는 다섯 l 『삼국유사』「북부여」 조에 "동명제(東明帝)가 북부여의 계통을 이어 졸본주에 도읍을 세우니, 이것이 바로 졸본부여이고, 고구려의 시작이다." 하였다. 이어 「동부여」 조가 실렸다. 부여성 일대에 발해가 부여부를 설치했다고 한다.
* 옥저는 넷 l 『삼국유사』「말갈·발해」 조에 "동명제가 즉위 10년에 북옥저를 멸망시켰고, 온조왕 42년에는 남옥저의 20여 호가 와서 투항했으며, 신라 혁거세 52년에는 동옥저가 와서 준마를 바쳤다."고 하였다.

테니, 마치 중국의 남북조 때에 주, 군의 이름이 서로 바뀌던 것처럼 '패수'라는 이름도 따라서 옮겨졌다. 그런데 지금의 평양을 평양이라고 하는 이들은 대동강을 가리켜 "이 물이 패수이다." 하며, 평양과 함경도 사이에 있는 산을 가리켜 "이 산이 개마대산이다." 한다. 그러나 요양을 평양으로 삼는 이들은 헌우낙수를 가리켜 "이 물이 패수이다." 하고, 개평현에 있는 산을 가리켜 "이 산이 개마대산이다." 한다. 어느 쪽이 옳은지 알 수 없지만 지금 대동강을 '패수'라 하는 이들은 자기 강토를 스스로 줄여서 말하는 것이다.

당나라 의봉 2년(677년)에 고구려에서 항복해 온 임금 고장을 요동주 도독으로 삼고, 조선왕으로 봉하여 요동으로 돌려보내며, 안동도호부를 신성에 옮겨서 이를 다스리게 하였다. 이로 미루어 본다면 고씨의 강토가 요동에 있던 것을 비록 당나라가 정복하기는 했지만 이를 가지지 못하고 고씨에게 돌려준 것이다. 그러니 평양은 본래 요동에 있었거나, 이곳에다 잠시 빌려 쓴 이름이거나, 패수와 함께 시대에 따라 들쭉날쭉하였을 뿐이었다. 한나라 낙랑군 관청이 평양에 있었다고 하지만, 이도 지금의 평양이 아니요, 곧 요동에 있던 평양을 말한다.

그 뒤 고려 시대에 이르러 요동과 발해 지역이 모두 거란에 넘어갔지만, 고려 왕조에서는 자비령과 철령의 경계나 겨우 지켜서 선춘령과 압록강마저 버리고 돌보지 않았다. 하물며 그 밖에야 한 발자국인들 돌아보았으랴.

고려는 안으로 삼국을 통일했다고는 하지만, 그 강토와 무력이 고씨의 강성함에 결코 미치지 못했다. 후세의 옹졸한 선비들은 부질없이 평양의 옛 이름을 그리워하여, 다만 중국의 역사책만 믿고 흥미롭게 수나라와 당나라의 옛 자취를 이야기한다. "이곳이 패수요, 이곳이 평양이다." 하지만 이것은 사실과 어긋난다. 그러니 이 성이 안시성인지, 봉황성인지 어떻게 분간하겠는가?

중국의 구들과 조선의 온돌

7월 5일, 맑게 개다. 물에 막혀서 또 숙소에 묵다.

주인이 방고래*를 열고 기다란 가래로 재를 긁는다. 나는 구들이 어떻게 놓였는지 대략 엿보았다. 먼저 높이 한 자 남짓하게 구들바닥을 쌓아서 편평하게 만든 뒤, 부서뜨린 벽돌로 바둑돌 놓듯 굄돌을 놓고, 그 위에 벽돌을 깔았을 뿐이다.

벽돌의 두께가 본래 같으므로 깨뜨려서 굄돌을 해도 절름발이가 될 리 없고, 벽돌의 몸이 본시 가지런하므로 나란히 깔아 놓으면 틈이 날 리 없다. 고래 높이는 겨우 손이 드나들 만하고, 굄돌은 차례로 바뀌어 불목*이 된다. 불이 불목에 이르면 넘어가는 힘이 빨아들이듯 하므로, 불꽃이 재를 휘몰아 불목이 메어지듯 세차게 들어간다. 그리하여 여러 불목이 서로 잡아당기어, 연기가 도로 나올 새 없이 쏜살같이 굴뚝으로 빠져나간다. 굴뚝의 깊이는 한 길이 넘는다.

이것은 우리나라 말로 개자리이다. 불꽃이 항상 재를 몰아다가 고래 속에 가득 떨어뜨리므로, 3년 만에 한 번씩 고래 목을 열고 재를 치워야 한다. 부뚜막은 한 길이나 땅을 파서 위로 아궁이를 내고, 땔나무는 거꾸로 집어넣는다.

* 방고래 | 방의 구들장 밑으로 나 있는, 불길과 연기가 통하여 나가는 길.
* 불목 | 온돌방 아랫목의 가장 따뜻한 자리. 아궁이가 가까워서 불길이 많이 가는 곳이다.

부뚜막 옆에는 큰 항아리만큼 땅을 파고, 그 위에 돌 덮개를 덮어서 봉당 바닥과 가지런하게 한다. 그 빈 데서 바람이 일어나 불길을 불목으로 몰아넣으므로, 연기가 조금도 새지 않는다. 또 큰 항아리만큼 땅을 파고 벽돌을 탑처럼 쌓아 올려서 굴뚝을 지붕과 가지런하게 만들었으므로, 연기가 그 항아리 속으로 들어가 서로 잡아당기듯 빠져나간다. 이 법이 아주 묘하다.

굴뚝에 틈이 생기면, 약간의 바람에도 아궁이의 불이 꺼진다. 그러므로 우리나라 온돌은 항상 불을 내뿜고 방이 골고루 데워지지 않으니, 그 잘못이 모두 굴뚝에 있다. 혹은 싸리로 엮은 농籠에 종이를 바르고, 혹은 나무판자로 통을 만들어서 쓴다. 처음 세운 곳의 흙에 틈이 나거나, 종이가 떨어지거나, 나무통이 벌어지거나 하면, 연기 새는 것을 막을 길이 없다. 바람이 한번 크게 불면 연통은 소용이 없게 된다. 우리나라 사람들은 집이 가난해도 글 읽기를 좋아해 겨울이 되면 수백 명의 형제 코끝에는 항상 고드름이 달릴 지경이니, 이 방법을 배워 가서 삼동三冬의 고생을 덜었으면 좋겠다. 변계함이 묻고 내가 대답했다.

"이곳의 구들은 아무래도 이상해요. 우리나라 온돌만 못할 것 같아요."

"못한 까닭이 뭐야?"

"기름 장판지 넉 장을 반듯하게 깔아, 운모같이 빛나고 얼음같이 번드름한 우리나라 온돌만이야 하겠소."

"이곳의 벽돌 장판이 우리나라의 종이 장판보다 못하다는 말은 그럴듯하네. 그러나 이 구들 놓는 방법을 배워 가서 우리나라 온돌에 쓰고, 그 위에 기름 먹인 장판지를 깐다면 누가 말리겠는가. 우리나라 온돌 제도에 여섯 가지 흠이 있으나 아무도 이를 말하는 사람이 없다네. 내가 한번 설명할 테니, 자네는 떠들지 말고 조용히 들어 보게.

진흙을 이겨서 귓돌을 쌓고 그 위에 돌을 얹어서 구들을 만드는데, 돌의 크고 작음과 두껍고 얇음이 애초부터 고르지 못하다네. 그래서 조약돌로 네 모를 괴어서 층하가 나지 않게 하려고 했으나, 돌이 타고 흙이 마르면 곧잘 허물어지는 게 첫째 흠일세. 돌이 울룩불룩하여 옴폭한 데는 흙으로 메워서 평평하게 하니, 불을 때도 고루 덥히지 못하는 게 둘째 흠일세. 불고래가 덩실 높아서 불길이 서로 맞물리지 못하는 게 셋째 흠일세. 벽이 성기고 얇아서 곧잘 틈이 생기므로, 바람이 새고 불이 내쳐서 연기가 방 안에 가득하게 되는 게 넷째 흠일세. 불목이 목구멍처럼 되어 있지 않으므로, 불길이 안으로 빨려 들어가지 않고 땔나무 끝에서만 남실거리는 게 다섯째 흠일세. 또 방을 말리려면 적어도 땔나무가 100단 정도나 들고, 10일 안으로 입주하지 못하는 게 여섯째 흠일세. 이제 내가 자네와 함께 벽돌 수십 개만 깔아 놓으면, 웃고 이야기하는 사이에 벌써 온돌 몇 칸이 이루어져서 그 위에 누워 잘 수 있을 텐데 어떤가?"

저녁에 여럿이 술을 몇 잔 나누고, 밤이 이슥한 뒤에야 취해 돌아와서 누웠다. 정사의 맞은편 방인데, 베 휘장이 중간을 가렸다.

정사는 벌써 잠이 들었다. 나 혼자 담배를 피워 물고 정신이 몽롱한데, 머리맡에서 별안간 발자국 소리가 나므로 깜짝 놀라서,

"거, 누구냐."

소리 지르자,

"도이노음이오."

하고 대답하였다. 말소리가 매우 수상해서 내가,

"이놈, 누구야?"

거듭 소리치자,

"소인 도이노음이오."

큰 소리로 대답하였다. 시대와 윗방 하인들이 모두 놀라 일어났다. 뺨을

때리는 소리가 들리더니, 목덜미를 잡고 끌어서 문밖으로 끌어가는 모양이다. 갑군이 밤마다 우리 일행의 숙소를 순찰하여 사신 이하 모든 사람의 수를 세어 갔는데, 깊이 잠든 뒤여서 여태껏 그런 줄 모르고 지냈던 것이다. 갑군이 제 스스로 '도이노음'이라 한 것은 더욱 놀랄 일이다. 우리나라 말로 오랑캐를 '되놈'이라고 하니, '되'는 바로 도이島夷의 줄임말이요, 노음老音은 낮고 천한 이를 가리키는 말이요, '이오伊吾'란 높은 어른에게 여쭈는 말이다. 갑군이 오랫동안 사신을 맞으면서 우리나라 사람들에게 우리말을 배웠는데, 자기를 가리키는 '되'란 말이 귀에 익었기 때문에 "도이노음이오." 하고 말한 것이다. 한바탕 승강이에 잠을 못 자고, 이어 벼룩 때문에 시달렸다. 정사 역시 잠을 잊고 촛불을 켠 채 날을 지새웠다.

꿈속에 고향집을 찾아

7월 6일, 개다.

 시냇물이 약간 줄었으므로 길을 떠났다. 나는 정사의 가마에 함께 타고 건넜다. 하인 서른 명이 알몸으로 가마를 메고 가다가, 강 한가운데쯤 물살이 센 곳에 이르러 별안간 왼쪽으로 기울어 하마터면 떨어질 뻔했다. 참으로 위급했는데, 정사와 서로 부둥켜안고서 물에 빠지는 것을 겨우 면했다. 강 건너편 언덕에 올라서 물 건너는 자들을 바라보니, 사람 목을 타고 건너기도 하고, 좌우에서 서로 부축하여 건너기도 했다. 더러는 나무로 뗏목을 엮어서 타거나, 네 사람이 어깨로 메고 건너기도 한다. 말 타고 건너는 이는 모두 머리를 쳐들어 하늘만 바라보고, 혹은 두 눈을 꼭 감기도 하며, 억지로 웃기도 한다. 하인들은 모두 안장을 끌러서 어깨에 메고 오니 젖을까 염려하는 모양이다. 이미 건너왔다 다시 건너가려는 이도 어깨에 무엇을 지고 물에 들어가므로 이상하여 물으니 "빈손으로 물에 들면 몸이 가벼워 떠내려가기 쉬우므로, 반드시 무거운 것으로 어깨를 눌러야 한다." 하였다. 몇 번 갔다 왔다 한 사람들은 모두 벌벌 떨었다. 산속 물이 몹시 차갑기 때문이다.

 초하구에서 점심을 먹었다. 답동畓洞(논골)이라는 곳인데, 항상 진창이 되어 있으므로 우리나라 사람이 그렇게 이름 지었다고 한다.

 분수령, 고가령, 유가령을 넘어 연산관連山關에서 머물렀다. 이날에는 60리를 걸었다. 밤에 취해서 잠깐 조는데, 몸이 홀연 심양 성중에 있었다. 궁궐과 성곽과 마을과 시정市井이 몹시 번화하고 화려했다. "여기가 이처럼

초하구 기차역　　　　　　연산관 기차역

장관일 줄 몰랐네그려. 집에 돌아가면 자랑해야지." 하고 훌훌 날아가는데, 산이며 물이 모두 내 발꿈치 밑에 있어 마치 날아가는 솔개처럼 날쌨다. 눈 깜박할 사이에 야곡冶谷 옛집에 이르러 안방 남창 밑에 앉았다.

"심양이 어떠하더냐?"

형님께서 물으셔서 대답했다.

"듣기보다 훨씬 낫더이다."

그러고는 그 아름다움을 수없이 자랑하였다. 마침 남쪽 담장 밖을 내다보니 옆집 회나무 가지가 우거졌는데, 그 위에 큰 별 하나가 휘황찬란하게 번쩍이고 있었다. 내가 형님께 물었다.

"저 별을 아십니까."

"그 이름을 몰라."

"저게 노인성*입니다."

일어나 형님께 절하고 말했다.

"제가 심양 이야기를 자세히 해드리려고 잠시 집에 돌아왔습니다. 이제

갈 길이 바빠서 하직 드립니다."

　안문을 나와서 마루를 지나 사랑 일각문을 열고 나섰다. 머리를 돌이켜 북쪽을 바라보니 기르마재* 여러 봉우리가 또렷이 얼굴을 드러낸다. 그제야 홀연히 깨닫고, 큰 소리로 외쳤다.

　"아이! 내가 바보다. 내 홀로 어이 책문을 들어간담. 여기서 책문이 천여 리인데, 누가 나를 기다리고 있겠어."

　안타깝기 짝이 없어서 문을 열고 밖으로 나가려 하나 문지도리가 하도 뻑뻑하여 열리지 않았다. 큰 소리로 장복을 부르려 했지만, 소리가 목에 걸려 나오질 않았다. 할 수 없이 힘껏 문을 밀다가 잠이 깨었다. 정사가 마침,

　"연암!"

하고 불렀다. 내가 오히려 어리둥절하여 물었다.

　"이게 어디요?"

　정사가 대답했다.

　"아까부터 가위에 눌린 지 오랠세."

　일어나 앉아서 이를 부딪치고 머리를 두드리며 정신을 가다듬으니, 그제야 제법 상쾌해졌다. 한편으론 섭섭하고 한편으론 기꺼워 오랫동안 마음이 뒤숭숭했다. 다시 잠들지 못하고 자리 위에서 뒤척거리며 공상에 잠겼다가, 날 새는 줄 몰랐다. 연산관은 아골관이라고도 부른다.

---

* 노인성 | 남극노인성이라고도 하며 천구(天球)의 남극 부근에 있어 2월 무렵에 남쪽 지평선 가까이에 잠시 보이는 별. 중국의 고대 천문학에서는 사람의 수명을 맡아보는 별이라 하여 이 별을 보면 오래 산다고 믿었다.
* 기르마재 | 서울 서쪽 독립문에 있는 고개.

말꼬리를 붙들고 강물을 건너

7월 7일, 개다.

  2리를 가다가 말을 타고 그냥 물을 건넜다. 비록 강물이 넓지는 않으나, 어제 건넜던 곳보다도 물살이 더 셌다. 무릎을 움츠리고 두 발을 모아 안장 위에 쭈그리고 앉았다. 창대는 말머리를 꽉 껴안고 장복은 내 엉덩이를 힘껏 부축하여, 서로 목숨을 의지해서 잠시 동안 마음속으로 행복을 빌었다. 말을 모는 소리조차 '오호嗚呼' 하니, 어쩐지 처량하게 들렸다. 말이 강 복판에 이르자, 갑자기 몸이 왼쪽으로 쏠렸다.

  물이 말의 배에 닿으면 네 발굽이 저절로 떠서 누워 건너는 모양이다. 내 몸은 나도 모르는 사이에 오른편으로 기울어지며, 하마터면 물에 빠질 뻔했다. 마침 앞에 말꼬리가 물 위에 떠 있는 것을 보고, 재빠르게 그것을 붙들고 몸을 가누어 고쳐 앉아서 겨우 떨어지기를 면했다. 내 자신이 이토록 재빠를 줄 몰랐다. 창대도 말 다리에 채여서 자칫하면 욕을 당할 뻔했지만, 말이 갑자기 머리를 들고 몸을 바로 가누니 물이 얕아져서 발이 땅에 닿았다.

  마운령을 넘어 천수참에서 점심을 먹었다. 오후에 몹시 무더웠다.

연산관에서 마운령으로 가는 옛길

청석령을 넘을 때 고갯마루에 관제묘關帝廟가 있었는데, 매우 영험이 있다고 하여 역부와 마두들이 서로 다투어 탁자 앞으로 가서 머리를 조아리며, 참외를 사서 바치기도 하였다. 역관들 중에는 향을 피우고 제비를 뽑아서 평생의 신수를 점치는 이도 있었다. 한 도사가 바리때*를 두드리며 돈을 구걸하였다. 그는 머리를 깎지 않고 상투를 뭉친 것이 마치 우리나라 속환의 스님 같았다. 머리에는 등나무로 만든 갓을 쓰고 몸에는 야견사 도포를 입은 것이 마치 우리나라 선비의 차림새와 같았다. 다만 검은빛 방령*만이 조금 다를 뿐이었다. 또 한 도사는 참외와 달걀을 팔았는데, 참외는 매우 달고 물이 많았으며 달걀은 맛이 삼삼하였다.

밤에는 낭자산에서 묵었다. 이날 큰 고개를 둘이나 넘었다. 80리를 걸었다. 마운령은 회령령이라고도 부른다. 우리나라 함경도의 마천령 못지않게 높고 가팔랐다.

---

* 바리때 | 절에서 쓰는 중의 공양 그릇. 나무나 놋쇠 따위로 대접처럼 만들어 안팎에 칠을 한다.
* 방령(方領) | 네모난 옷깃인데, 유학자의 옷차림이다.

한바탕 울어 볼 만한 요동 벌판

7월 8일, 개다.

정사와 한 가마를 타고 삼류하를 건너, 냉정에서 아침밥을 먹었다. 10리 남짓 가서 산모롱이에 접어들자, 정진사의 마두인 태복이가 갑자기 몸을 굽히고 말 앞으로 달려 나와서 땅에 엎드려 큰 소리로 외쳤다.

"백탑白塔이 보임을 아뢰옵니다."

산모롱이에 가려 백탑은 아직 보이지 않았다. 빨리 말을 채찍질하여 수십 보를 못 가서 겨우 모롱이를 벗어나자, 눈앞이 어른거리고 갑자기 한 덩이 검은빛이 오르락내리락하였다. 내 오늘에야 처음으로, 인생이란 본시 아무에게도 의탁함이 없이 다만 하늘을 이고 땅을 밟은 채 떠돌아다니는 존재임을 알았다. 말을 세우고 사방을 돌아보다가 나도 모르는 사이에 손을 들어 이마에 얹고 말했다.

"아, 참 좋은 울음 터로다. 가히 한번 울 만하구나."

"이렇게 천지간의 큰 시야視野를 만나 별안간 울고 싶다니, 웬 말씀이오."

정진사가 물었다. 정진사와 내가 이렇게 주고받았다.

"그래그래, 아니아니. 천고의 영웅이 잘 울었으며, 미인도 눈물이 많다 하오. 그러나 그들은 소리 없는 눈물을 몇 줄 흘렸을 뿐이니, 소리가 천지에 가득 차서 금이나 돌에서 나오는 듯한 울음은 듣지 못했소. 사람이 다만 칠정七情 중에서 슬플 때에만 우는 줄로 알고, 칠정 모두가 울 수 있음을 모르는 모양이오. 기쁨이 사무치면 울게 되고, 노여움이 사무치면 울게 되며, 즐거움이 사무치면 울게 되고, 사랑이 사무치면 울게 된다오. 욕심이 사무쳐도 울게 되는 것이오. 불평과 억울함을 풀어 버릴 때에 소리보다 더 빠른 것이 없으니, 울음이란 천지간에 있어서 우레와도 같은 것이라오. 정에 이르러 우러나오면 저절로 이치에 맞으니 울음이 웃음과 무엇이 다르겠소. 인생의 보통 감정은 오히려 이러한 극치를 겪지 못하고, 교묘히 칠정을 늘어놓되 슬픔에다 울음을 배치했으니, 이로 인해 상喪을 당했을 때 억지로 '애고', '어이' 따위의 소리를 부르짖는 거라오. 참된 칠정에서 우러나온 지극하고도 참된 소리는 참고 눌러서 저 천지 사이에 서리고 엉기어 감히 나타내지 못한다오. 그러므로 한나라의 신진 문학가 가의*는 일찍이 그 울음 터를 얻지 못하고, 참다못해 별안간 선실*을 향하여 한마디 길게 울부짖었소. 그러니 듣는 사람들이 어찌 놀라고 해괴히 여기지 않았겠소."

"이제 이 울음 터가 저토록 넓으니, 나도 당신과 함께 한번 슬피 울어야겠소. 우는 까닭을 칠정 중에서 고른다면 어느 것에 해당할까요."

"저 갓난아기에게 물어보시오. 그가 처음 날 때 느낀 것이 무슨 정일까. 그는 먼저 해와 달을 보고, 다음에는 부모와 친척들이 앞에 가득한 것을 보았으니 어찌 기쁘지 않았겠소. 이러한 기쁨이 늙도록 변함없다면 본래 슬퍼하고 노여워할 리가 없으며, 마땅히 즐겁고 웃어야 할 정이 있어야지요. 그런데도 자주 울기만 하고 분한 마음이 가슴에 사무친 것같이 한답니다. 인생이란 신성한 사람이나 어리석은 사람이나 마침내는 죽어야만 하고, 태어나고 죽어 가는 중에도 모든 근심 걱정을 골고루 겪어야 하기 때문에, 그 아

---

* 가의(賈誼) | 가의는 한나라 문인이자 학자인데, 젊어서부터 똑똑하다는 소문이 나자 20세 때에 문제(文帝)가 불러 박사에 임명하고, 계속 승진시켰다. 가의가 한나라 양회왕의 태부(太傅)로 있을 때에 시정(時政)을 걱정하면서 "통곡할 일이 한 가지 있고, 눈물 흘릴 일이 한 가지 있다." 하였다.
* 선실(宣室) | 한나라 미앙궁 전전의 정실(正室). 문제(文帝)가 여기에서 가의에게 귀신에 대한 이론을 물었다.

요양 들어가는 길

기가 태어난 것을 후회하며 저절로 울음보를 터뜨려 자신을 위로하는 것은 아닐까요? 그러나 갓난아기의 본심이 결코 그런 것은 아닐 겁니다. 그가 어머니 뱃속에 있을 때 캄캄하게 막히고 걸려서 갑갑하게 지내다가, 갑자기 넓고 훤한 곳에 터져 나와 손과 발을 펴자 그 마음이 시원해졌으니, 어찌 한마디 참된 소리를 내어 제멋대로 외치고 싶지 않겠소? 그러니 우리도 저 갓난아기의 꾸밈없는 소리를 본받아 비로봉 산마루에 올라 동해를 바라보며 한바탕 울 만하고, 황해도 장연 바닷가 금모래밭을 거닐며 한바탕 울 만하지 않겠소. 이제 요동 벌판에 와서 보니 여기에서 산해관까지 1,200리 사방에 한 점의 산도 없이 하늘 끝과 땅 끝이 맞닿았구려. 아교풀로 붙인 듯 실로 꿰맨 듯 고금에 오가는 비구름만 창창하니, 이 역시 한바탕 울 만한 곳이 아니겠소."

한낮이 몹시 무더웠다. 말을 달려 고려총, 아미장을 지나서 길을 나누어 갔다. 나는 주달동, 변내원, 정진사, 하인 이학령과 함께 구요양舊遼陽에 들어갔다. 그 번화함과 장려함이 봉황성보다도 열 배나 더했다. 따로 「요동기」를 쓴다.

구요동

요동의 옛 성은 한나라 때 양평, 요양 두 현의 중간쯤에 있었다. 진나라 때 요동이라 칭하였고, 그 뒤에는 위만조선에 편입되었다가, 한나라 말년에 공손탁이 웅거雄據하였다. 수나라와 당나라 때는 고구려에 속하였고, 거란은 이곳을 남경이라 하였다. 금나라는 동경東京이라 하였고, 원나라는 지방의 행정구역인 행성行省을 두었다. 명나라는 정료위라는 관청을 두었는데, 지금은 요양주로 승격되었다.

20리 떨어진 곳에 성을 옮겨서 신요양이라 하였으므로, 이 성은 폐하여 구요동이라고 부른다. 성의 둘레는 20리인데, 어떤 사람이 이렇게 말했다.

"이 성은 명나라 충신 웅정필이 쌓은 것이다. 옛날에는 몹시 낮고 비좁았는데, 정필이 적군이 들어온다는 정보를 듣고 성을 헐었다. 청나라 군대가 이를 보고 의심하여 감히 가까이 이르지 못하다가, 다시 쌓는다는 정보를 정탐해 알고는 군사를 이끌고 성 밑에 이르렀다. 그러나 하룻밤 사이에 높은 성을 새로 쌓았다. 나중에 정필이 이곳을 떠나자 요양이 함락되었다. 청나라 군대가 그 성이 단단해서 함락시키기 어려웠음을 분히 여겨서 성을 헐어 버렸는데, 승리한 날쌘 군사를 시켰는데도 열흘 동안 다 헐

신요양 동문 천우문

지 못했다."

 명나라 천계 원년(1621년) 3월에 청나라 군대가 이미 심양을 빼앗고 군사를 옮겨 요양으로 향했다. 명나라 장군 원응태가 세 길로 군사를 나누어서 무순을 회복하려던 차에, 청나라 군대가 이미 심양을 함락시키고 요양으로 진격한다는 소식을 들었다. 그리고 태자하太子河 물을 끌어다가 해자*에 채우고 군사를 성 위로 올려 보내 빙 둘러서서 지키게 하였다. 청나라 군대가 심양을 함락시킨 지 5일 만에 요양성 밑에 이르렀다. 누르하치가 바로 청태조清太祖이다. 그가 스스로 좌익의 군사를 이끌고 먼저 이르자, 명나라 총병 이회신 등이 군사 5만 명을 거느리고 성에서 5리 되는 곳에 나와 진을 쳤다. 누르하치가 좌익 군대에 속한 사기四旗로 왼편을 쳤다. 누르하치의 아들인 청태종을 우리나라에서 칸汗이라고 부르는데, 이름은 홍타시**였다. 그가 날랜 군사를 이끌고 싸우기를 청했으나 누르하치가 허락하지 않았다.

 홍타시는 굳이 가서 홍기紅旗 두 개를 세워 두고, 성 옆에 군사를 매복시켜 형세를 살피게 했다. 누르하치가 정황기와 양황기 두 부대를 보내어, 홍타시를 도와서 명나라 군영 왼편을 치게 하였다. 또 사기 군사가 뒤이어 도착하자 명나라 군사가 크게 어지러워졌다. 홍타시가 승리하여 60리를 추격해 안산에 이르렀다.

 이 싸움에 명나라 군대가 요양의 서문으로 나와서 청나라 군대가 성 곁에 세워 두었던 두 홍기를 뽑자, 청나라 복병이 일어나 맞받아 쳤다. 명나라 군대가 다시 성으로 도망치느라 자기끼리 짓밟았다. 총병 하세현과 부장 척금 등이 모두 전사했다.

 이튿날 아침에 누르하치가 바이루*의 왼편 사기

누르하치 초상

군사를 거느려서 성 서쪽의 수문을 파 호수의 물을 빼고, 오른편 사기 군사로 하여금 성 동쪽의 수구를 막게 했다. 스스로 우익 군대를 성 밑에 늘어놓은 뒤 흙을 넣고 돌을 날라다가 물길을 막았다.

명나라 군대가 보병과 기병 3만 명을 거느리고 동문을 나와서 청병과 마주 진을 벌이고 서로 버티었다. 청나라 군대가 바야흐로 다리를 빼앗으려 할 즈음, 수구가 막혀서 물이 거의 말랐으므로 사기의 선봉이 해자를 건너 고함을 치면서 동문 밖으로 들이닥쳤다. 명나라 군대가 힘써 싸우는데, 청나라 홍갑紅甲 200명과 백기白旗 1,000명이 달려 나왔다. 명나라의 죽은 군사가 해자에 가득하였다. 청나라 군대가 무정문 다리를 빼앗고 양쪽에서 지키는 명나라 군대를 치니, 명나라 군대는 성 위에서 끊임없이 화포를 터뜨렸다. 청나라 군대가 용감히 맞서서 서성 한 쪽을 빼앗고 민중을 죽이자, 성안이 요란하였다. 이날 밤 성안에 있는 명나라 군대가 횃불을 들고 싸웠는데, 우유요 등이 성을 넘어 달아났다.

이튿날 아침에 명나라 군대가 다시 방패를 세우고 힘써 싸웠지만, 청나라 사기의 군사가 성을 타고 올라왔다. 명나라 장군 원응태는 성 북쪽 진원루에 올라 싸움을 격려하다가 성이 함락되는 것을 보고 누각에 불을 놓아 타 죽었다. 장군 하정괴는 처자를 거느리고 우물에 빠져 죽고, 장군 최유수는 목매어 죽었다. 총병 주만량, 부장 양중선, 참장 왕치와 방승훈, 유격 이상의, 장승무, 도사 서국전, 왕종성, 수비 이정간 등이 모두 전사하였다.

어사 장전은 청나라 군대에게 사로잡혔으나 굴복하지 않았으므로, 누르

---

* 해자(垓字) | 적의 공격을 막기 위해 성 둘레에 판 도랑. 평상시에 물을 사용하기 위해서 만들기도 했으며, 성문 앞에는 돌다리를 설치해 건널 수 있게 하였다.
** 홍타시(洪台時) | 우리나라 『병정록(丙丁錄)』 가운데 자주 보이는 '홍타시(紅打時·紅他詩)' 는 모두 발음 나는 대로 적은 것이다. 영알대[英阿兒臺]를 용골대(龍骨大)로, 마부타이[馬伏塔]를 마부대(馬夫大)로 쓴 것이 모두 이와 같다.
* 바이루(貝勒) | 만주어로 부장(部長)이라는 뜻.

하치가 나라 위해서 죽으려는 그의 뜻을 이루게 하였다. 홍타시가 장전을 아껴서 살리려고 여러 번 타일렀으나 결국 그 뜻을 빼앗을 수 없었으므로 부득이 목매어 죽이고 장사를 치러 주었다.

청나라 황제가 작년에「전운시全韻詩」를 지어 이 성이 함락된 사실의 시말을 상세히 적고 또 말했다. "명나라 신하 가운데 항복하지 않는 자에게 우리 선황제께서 은혜를 베풀었는데, 그때 북경에 있는 명나라 신하들은 좀처럼 아랑곳하지 않았다. 공과 죄를 밝히지 않았으니, 이러고서야 망하지 않을 수 있겠는가."

『명사』를 상고해 보니, 이렇게 기록하였다. "웅정필이 광녕을 구원하지 않았을 때에 삼사三司 왕기, 추원표, 주응추 등이 정필을 이렇게 탄핵하였다. '정필의 재주와 기백이 한 세상을 흘겨볼 만하므로 지난해에 요양을 지키자 요양이 보존되었고, 요양을 떠나자 요양이 망했다. 그러나 교만하고 괴팍한 성격은 고칠 길이 없어서 오늘에는 한 소疏를 올리고 다음 날에는 한 방榜을 걸었다.* 그는 양호에 비해 도망친 한 가지 죄가 더하고 원응태처럼 죽지도 못했으므로, 만일 왕화정*을 죽이고 웅정필을 살려 둔다면 죄는 같으나 벌은 다른 셈이다.'"

당시 흙벽이 예와 같이 둘러 있고 벽돌 흔적이 아직도 새로우니, 그때 삼사가 탄핵한 글을 다시 읽어 보면 그의 사람됨을 가히 짐작할 수 있겠다.

아아! 슬프다. 명나라가 망할 때가 되어 인재를 쓰고 버리는 것이 거꾸로 되었고, 공과 죄가 밝지 못했다. 웅정필과 원숭환의 죽음을 보면 조정 스스로 만리장성을 허물었다고 하겠으니, 어찌 후세의 놀림을 받지 않겠는가.

태자하를 끌어와 해자를 만들었다. 해자 위에는 고기잡이배 서너 척이 떠 있고 성 밑에는 낚시질하는 이가 수십 명이나 되는데, 다들 좋은 옷을 입었고 그 생김생김이 귀공자 같다. 모두 성안의 장사치이다. 내가 해자를 한 바퀴 돌아서 수문을 여닫는 제도를 엿보려 하자, 낚시꾼들이 왁자하게 웃으면서 낚싯대를 가지고 와서 내게 말을 걸었다. 내가 땅에 글자를 써서 보이자, 모두 슬쩍 들여다보고는 웃고 가 버렸다.

  서문을 나와서 백탑을 구경했다. 만든 품이 공교롭고 화려하며, 요동 넓은 벌판에 어울리게 웅장했다. 「백탑기」는 따로 쓴다.

---

* 오늘에는~걸었다. | 소와 방은 자신의 의견을 알리는 방법인데, '소'는 임금에게 올리는 글이고, '방'은 벽에 써 붙이는 글이다.
* 왕화정(王化貞) | 몽골을 무마하여 공을 세웠지만, 웅정필과 함께 청나라에 패했으므로 사형당했다.

관제묘

구요동성 문을 나서면 돌다리 하나가 있다. 다리 가장자리의 돌난간은 그 만든 품이 매우 정교하다. 1718년에 쌓은 것이다.

다리 건너편 100여 보쯤 되는 곳에 패루牌樓가 있다. 구름 속의 용과 수선 水仙을 파서 새겼다. 패루에 올라 보니 동쪽에 큰 다락이 있는데, '적금루摘錦樓'라고 글자를 써서 현판을 걸었다. 그 왼편에 종을 내단 곳은 용음루이고, 오른편에 북을 매단 곳은 호소루이다.

묘당이 웅장하고 화려하여 겹으로 둘린 전각에 금빛, 푸른빛이 휘황찬란하다. 그 정전에는 관운장의 소상을 모셨고, 동쪽에는 장비, 서쪽에는 조자룡을 모셨으며, 촉나라 장군 엄안의 굴복하지 않는 모습도 만들어 세웠다. 뜰 가운데에는 큰 비석 몇 개가 서 있었는데, 모두 이 사당을 창건하고 수리한 사실을 적었다. 그 중 새로 세운 비석에는 산서 지방의 어떤 상인이 사당을 수리한 일을 새겼다.

관제묘 전경 20세기 초

사당 속에는 건달패 수천 명이 와자하게 떠들어, 마치 무슨 놀이터 같았다. 총과 곤봉을 연습하거나, 주먹질과 씨름을 겨루었으며, 소경말, 애꾸말을 타는 장난을 치기도 했다. 앉아서 『수호전』을 읽는 자가 있었는데 여러 사람이 빙 둘러앉아서 듣고 있었다. 그가 머리를 흔들며 코를 벌름거리는 꼴이, 눈에 사람이 보이지 않는 듯했다. 읽는 부분을 보니 바로 화소와관사*의 문단인데, 외는 것은 뜻밖에 『서상기』*였다. 까막눈이건만 익숙하게 외워서 입이 매끄럽게 내려갔다. 꼭 우리나라 네거리에서 국문소설 『임장군전』을 외는 것 같았다. 읽는 자가 잠깐 멈추자, 두 사람은 비파를, 한 사람은 징을 울렸다.

---

* 화소와관사(火燒瓦官寺) | 『수호전』 가운데 장회(章回)의 제목이다.
* 『서상기(西廂記)』 | 당나라 원진(元稹)이 지은 「회진기(會眞記)」를 원나라 왕실보(王實甫)가 각색한 희곡.

요동백탑

관제묘를 나와 다섯 마장도 채 못 가서 하얀 빛깔의 탑이 보였다. 이 탑은 8각 13층에다, 높이는 70길이라고 한다. 세상에 두 가지 전설이 있다.

"당나라 장군 울지경덕이 군사를 거느리고 고구려를 치러 왔을 때 쌓았다."

"선인 정령위가 학을 타고 요동으로 돌아와 보니, 성곽과 백성이 이미 바뀌었으므로 슬피 울며 노래 불렀다. 이것이 바로 그가 머물렀던 화표주* 기둥이다."

그러나 이는 잘못된 말이다. 요양성 밖에 있으니 성에서 10리도 안 되는 곳이고, 그리 높거나 크지도 않다. '백탑'이라는 것도 우리나라 하정배들이 부르기 쉽게 지은 이름이다.

요동백탑

요동은 왼편에 바다를 끼고 앞으로는 벌판이 열려서 아무 거칠 것 없이 1,000리가 아득하게 틔었는데, 이제 백탑이 벌판의 3분의 1을 차지하는 듯하였다. 탑 꼭대기에는 구리로 만든 북 셋이 놓였고, 층마다 처마 네 귀퉁이에 풍경을 달았는데, 크기가 물통만 하였다. 바람이 일 때마다 풍경이 울려서 그 소리가 멀리 요동벌에 울렸다.

　탑 아래에서 두 사람을 만났다. 그들은 모두 만주 사람인데 약을 사러 영고탑에 가는 길이었다. 땅에 글자를 써서 문답하자, 한 사람이 『서경』이 있는지 물었다. 또 한 사람은, 안회顔回가 지은 책과 자하子夏가 지은 『악경樂經』이 있는지 물었다. 모두 내가 처음 듣는 책이었으므로 없다고 대답하였다. 두 사람은 아직 청년인데, 처음으로 이곳을 지나며 탑을 구경하러 온 것이다.

　길이 바빠서 그의 이름을 묻진 못했지만 과거를 치르는 수재秀才인 듯싶다.

---

* 화표주(華表柱) | 정령위(丁令威)가 신선이 되어 고향을 떠났다가 천년 뒤에 학을 타고 요동으로 돌아와 보니, 성곽과 사람들이 모두 바뀌어 있었다. 그래서 화표주 위에 앉아서 슬피 울며 노래 불렀다고 한다. 이 시에서 말하는 화표주 신선은 정령위를 가리킨다. 화표(華表)는 성문이나 큰길가에 세운 팻말인데, 백성들이 진정할 내용을 쓰면 수령이 들어주었다.

성경잡지

盛京雜識起丙戌至庚寅凡五日自十里
河至小黑山共三百二十七里

四年庚子淸乾隆四秋七月初十日丙戌雨卽晴自十里河早行
里長盛店五里沙河堡十里暴交蛙子五里毡匠舖五里火燒橋
七里共四十里中火於白塔堡又自白塔堡至一所臺五里紅火
一里舟渡渾河入瀋陽九里共二十里是日通行六十里宿瀋陽
望遼陽城外林樹蒼茫曉鴉飛散野中一帶朝烟橫抹天際
霧霸霆四顧莽莽所覩碌礧嘻此英雄百戰之地也所謂席步龍
然天下安危常係遼野遼野安則海內風塵不動遼野一擾則天
何也誠以手扼曠野一望千里守之則難爲力棄之則胡虜長驅
限此所以爲中國必爭之地而雖殫天下之力守之然後天下可

7월 10일 병술에 시작하여 14일 경인에 마친 5일 동안의 기록이다. 십리하부터 소흑산까지 모두 327리의 여정에 「속재필담」·「상루필담」·「고동록」·「성경가람기」·「산천기략」 등의 글이 실렸다. 박지원은 한문을 잘 썼지만 중국어는 못했으므로, 중국인들과 붓으로 글을 써 의사를 통했다. 『열하일기』에는 필담이 많다.

● 십리하 ~ 소흑산

요하
심양
백탑보
십리하
거류하
(주류하)
의무려산
백기보
이도정
소흑산

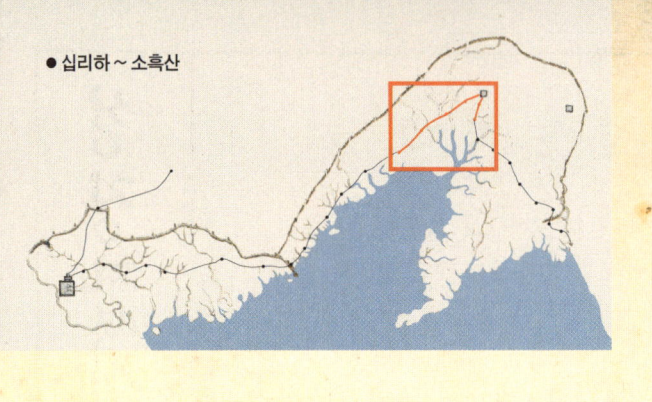

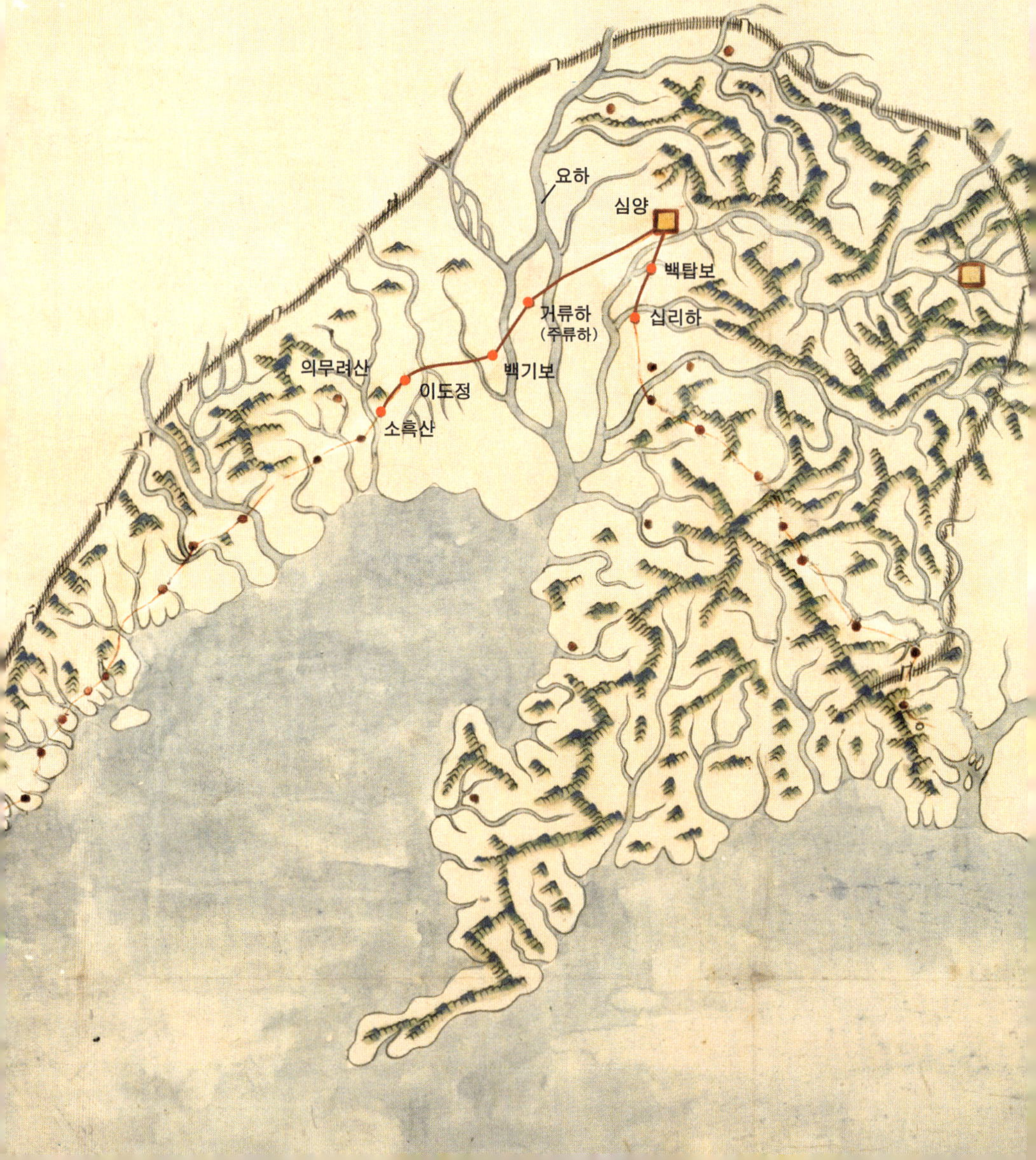

7월 10일 병술, 비가 오다가 곧 개었다. (역자 줄임)

 이날은 몹시 더웠다. 멀리 요양성 밖을 돌아보니 숲이 울창한데 새벽 까마귀 떼가 들 가운데 흩어져 날고, 한 줄기 아침 연기가 하늘 끝에 짙게 낀 속으로 붉은 해가 솟아 아롱진 안개가 곱게 피어올랐다. 사방을 둘러보니 널따란 벌판에 거칠 것이 하나도 없다. 아아! 이곳이 바로 옛 영웅들이 수없이 싸웠던 터로구나. "범이 달리고 용이 날 때에 높고 낮음은 내 마음에 달렸다."는 옛말도 있지만, 천하의 안위安危가 늘 이 요양*의 넓은 들판에 달렸다. 요양도 이곳이 편안하면 천하의 풍진風塵이 자고, 이곳이 한번 시끄러워지면 천하의 싸움 북이 소란스레 울린다. (역자 줄임)

 삼사三使가 차례로 말을 타고 갔다. 문무관이 줄을 지어 성으로 들어가는 것이다. 성 둘레가 10리인데, 벽돌로 여덟 문루門樓를 쌓았다. 누는 모두 3층이며, 옹성甕城을 쌓아 보호했다. 좌우에는 동·서 두 대문이 있는데, 네거리를 통하도록 돈대를 쌓고, 그 뒤에 3층으로 문루를 세웠다. 문루 밑에는 저절로 네거리가 트였는데, 수레바퀴가 서로 부딪치고 어깨가 서로 닿을 정도여서 바닷물같이 시끄러웠다. 한길을 사이에 둔 가게들이 그림 그린 층집과 가지각색의 들창에 붉은 간판과 푸른 방榜을 써 붙였으며, 그 안에 가지각색

---

* 요양(遼陽) | 강의 북쪽을 양(陽), 남쪽을 음(陰)이라고 한다. 요양은 요하(遼河) 북쪽에 있는 도시라는 뜻이다. 한양(漢陽)도 한강의 북쪽에 있는 도시이기 때문에 한양이라고 했다.

심양의 동문(무근문)   심양의 서문(회원문)

의 보화가 가득했다. 가게를 보는 사람이 모두 흰 얼굴에 옷차림까지 깨끗하다.

심양은 본래 우리나라 땅이다. "한漢나라가 사군四郡을 두었을 때에는 이곳이 낙랑의 군청이었으며, 원위元魏·수隋·당唐 때에는 고구려에 속했다."고도 한다. 지금은 성경盛京이라고 부른다. (역자 줄임)

내원·계함과 함께 행궁行宮 앞을 지나다가 한 관원을 만났다. 그는 손에 짧은 채찍을 쥐고 매우 바쁜 걸음으로 지나갔는데, 내원의 마부 광록이 관화官話를 잘하므로 그 관원을 쫓아가서 무릎 한쪽을 꿇고 머리를 조아렸다. 그가 얼른 광록을 붙잡아 일으키며 말했다.

"큰형님, 왜 이러시오. 편히 하시오."

광록이 절하며 말했다.

"쇤네는 조선 방자인데, 우리 상전께서 황제님 계신 궁궐 구경하기를 하늘같이 바라시니, 영감께서 이를 허락하실 수 있으신지요."

관원이 웃으며 말했다.

"그거 어려울 것 없소. 날 따라오시오."

나는 곧 쫓아가서 인사하려고 했지만, 그의 걸음이 나는 듯이 빨라서 따라갈 수가 없었다. 막다른 길을 바라보자 목책이 둘러쳐졌는데 관원이 그 안으로 들어가면서 나를 돌아보더니 채찍으로 한 군데를 가리키며 말했다.

"여기 좀 서서 기다리시오."

그러고는 몸을 돌려 어디론가 가 버렸다. 내원은,

"이왕 들어가 보지 못할 바에야 여기 우두커니 서 있는 것처럼 싱거운 노릇이 있나. 이렇게 겉으로 한 번 바라보면 그만인걸."

하고는 계함과 함께 술집으로 가 버렸다. 나는 광록과 함께 목책 안으로 들어가기로 했다. 정문 이름은 태청문太淸門인데, 마침내 그 안으로 들어섰다. 광록이 말했다.

"아까 만났던 관원은 아마 수직장경守直章京일 겁니다. 지난해 하은군을 모시고 왔을 때에도 행궁을 두루 구경했지만 막는 사람이 아무도 없었으니, 아주 마음 놓고 구경하시지요. 사람을 만난다 한들 쫓겨나기밖에 더하겠습니까?"

"네 말이 맞아."

나도 대답하고는 걸어서 앞 건물에 이르렀다. 현판에 숭정전崇政殿이라 했고, 정대광명전正大光明殿이란 현판도 걸려 있었다. 왼편은 비룡각飛龍閣, 오른편은 상봉각翔鳳閣이라 했고, 그 뒤에는 3층 높은 다락이 있는데 이름이 봉황루鳳凰樓이다. 좌우에 곁문이 있는데, 문 안에 갑군 수십 명이 있어 길을 막았다.

할 수 없이 문밖에서 멀리 바라보니 높은 누각이 겹겹이 널린 전각과 회랑이 모두 오색찬란한 유리기와로 지붕을 이었다. 2층 8각 집을 대정전大政

殿이라 하고, 태청문 동쪽에는 신우궁神佑宮이라는 건물에 삼청三淸의 소상을 모셨는데, 강희황제의 어필로 소격昭格, 옹정황제의 어필로 옥허진제玉虛眞帝라고 써 붙였다.

다시 나와서 내원을 찾아 한 술집에 들렀더니, 깃발에 "하늘 위엔 술별酒星 하나가 반짝반짝 빛나고, 인간 세상엔 주천酒泉 고을이 부질없이 알려졌네."라고 쓰였다. 술집은 붉은 난간에 파란 문, 흰 벽과 그림 그린 기둥이 있는데, 시렁 위에는 나란히 놓고 붉은 글씨로 술 이름을 써 붙인 층층이 똑같은 놋술통이 이루 다 셀 수 없이 많았다.

주부主簿 조학동이 마침 그 집에서 사람들과 술을 마시다가 일어나 웃으며 나를 맞아들였다. 방 안에는 훌륭한 걸상 50~60개와 탁자 20~30개가 놓였으며, 화분 수십 개가 있어 아침저녁으로 물을 주었다. 추해당화와 수구

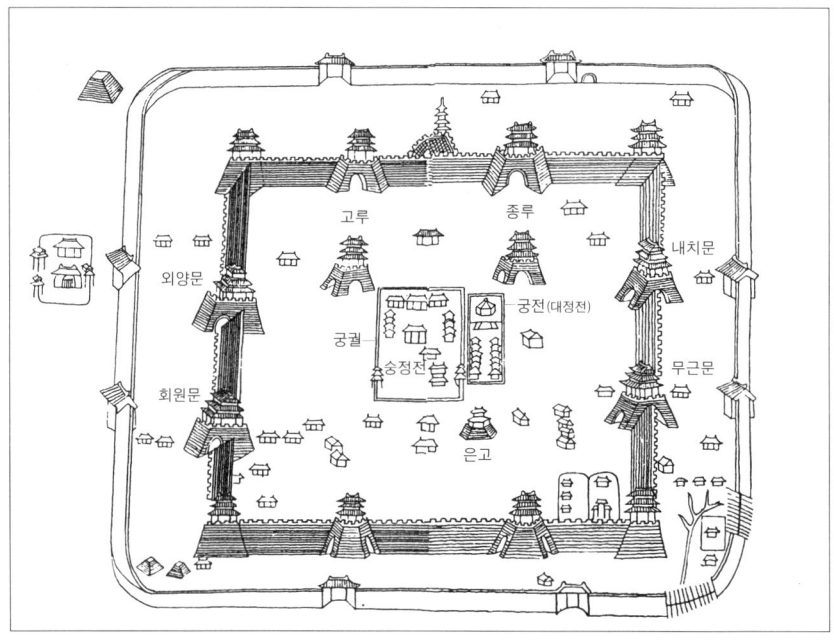

심양 고궁도 18세기 그림

화가 이제 막 피었고, 다른 꽃은 모두 처음 보는 것들이었다. 조군이 불수로佛手露라는 술 석 잔을 내게 권했다.

"계함은 어디로 갔느냐."

하고 묻자, 모른다고 했다. 내가 먼저 자리에서 일어났다.

길에서 또 주부 조명회를 만났는데, 몹시 반가워하며 말했다.

"어디 가서 실컷 마시자."

나는 몸을 돌이켜 방금 나온 술집을 가리켰다. 다시 저기로 가서 마시자는 뜻이다. 그러자 조가 말했다.

"반드시 저 집만이 아니라, 어디를 가도 다 그만큼은 합니다."

그래서 서로 손을 맞잡고 다른 술집에 들어갔다. 이 집은 아까 그 집보다 더 크고 화려했다. 달걀부침 한 접시와 사괵공이라는 술 한 병을 사서 실컷 먹고 나왔다.

골동품 파는 가게에 들어갔는데, 예속재藝粟齋라는 집이었다. 수재 다섯 명이 동업으로 가게를 냈는데, 모두 나이가 적고 얼굴이 아리따운 젊은이다. 밤에 이 집을 다시 찾아와 이야기하기로 약속하였다. 그 상세한 이야기는 따로 「속재필담粟齋筆談」에 실었다.

또 한 가게에 들렀는데, 이곳은 먼 곳에서 온 선비들이 방금 개업한 비단 가게였다. 가게 이름은 가상루歌商樓이다. 모두 여섯 명인데 옷차림이 깨끗하고 행동과 말씨가 단아하기에, 밤이 되면 예속재에 함께 모여서 이야기하자고 약속하였다.

형부刑部 앞을 지나는데, 관아 문이 활짝 열려 있었다. 문 앞에는 나무를 어긋나게 하여 난간을 둘러, 아무나 함부로 들어가지 못했다. 나는 외국인이기에 아무런 거리낌이 없을 뿐 아니라, 여러 관아 가운데 이 문만 열려 있으므로 관청의 제도를 속속들이 봐 두리라 생각하고 문 안으로 들어섰다.

아무도 막는 사람이 없었다.

  한 관원이 대청 위 걸상에 걸터앉았고, 그 뒤에 한 사람이 손에 종이와 붓을 들고 모시어 섰다. 뜰아래에는 한 죄인이 꿇어앉았고, 좌우에는 사령 두 사람이 대곤장을 짚고 섰다. 분부나 거행하라는 호통도 없이, 관원이 죄인을 마주보고 순순히 말로 따졌다. 한참 뒤에 큰 소리로 '치라' 고 호통하자, 사령이 손에 들었던 곤장을 던지고 죄인 앞으로 달려가서 손바닥으로 따귀를 네다섯 번 때리고, 다시 예전 자리로 돌아가 곤장을 들고 섰다. 다스리는 법이 아무리 간단하다지만, 따귀 때리는 형벌은 옛날부터 들어 본 적이 없다.

  저녁식사 뒤에 달빛을 따라 가상루에 들러서 여러 사람을 데리고 예속재에 갔다. 밤이 깊도록 이야기하다가 헤어졌다.

일신수필

駄迅隨筆序
徒憑口耳者不足與語學問也況平生情量之所未到乎言聖人登太山而
言佛視十方世界則於為幻妄言泰西人乘巨舶遠出地球之外此為怪誕
聖人筆削二百四十年之間而名之曰春秋是二百四十年之頃王伯兵車
吾今疾書到此而一墨之頃不過瞬息一瞬一息之頃養成小古小今則一
乃欲立名立事於其間豈不哀哉余嘗發軔香山宿上元奄月明如畫
永月光如水銀海、底殷、有聲如喫射寺僧相語曰下黑雨之外恰
雨震電平地水行一丈濃民廬舍金橄鬱峒然曰天下武彼雪山苦行者非能敎
嵬峙耳其高下異於此而況聖人之觀天下吾亦無所取徵耳今吾山行
營衛之側迹而爲此出世也誠以地水風火轉眼都空此可集心彼又謂聖
按球步天門星雨行自以其觀勝於二氏彼異方學語曰頭習文以圖不朽
之過境、過而不已則昔之所邊以爲學問者亦無所取徵故耳今吾山行
十方來目舶出地球之外從往復萬里壤奇詭異雄特之觀殆令人心醉目

7월 15일에 시작하여 23일까지 썼다. 신광녕부터 만리장성의 서쪽 관문인 산해관에 이르기까지 병참지 562리를 달리는 9일 동안의 기록이다. '일'은 역마라는 뜻이고, '신'은 빠르다는 뜻이니, '빨리 달리면서 쓴 글'이라는 뜻의 제목이다.「북진묘기」·「거제」·「희대」·「시사」·「점사」·「교량」등의 글에서 수레와 시장을 통해 이용후생적인 중국인의 생활을 묘사하였다. 7월 23일 일기 뒤에「강녀묘기」·「장대기」·「산해관기」가 더 실려 있다.

들어가기

　남이 말한 것을 들은 것만으로 말하는 자들과는 서로 학문을 이야기할 수 없을 것이다. 그러니 그가 평생 동안 생각지 못한 것에 대해서야 더 말할 것이 있으랴. 만일 어떤 이가 "성인이 태산에 올라서 천하를 작게 생각하였다."고 한다면, 마음속으로는 그렇지 않다고 하면서도 입으로는 그렇다고 답할 것이다. 그러나 부처가 시방세계*를 보살핀다고 하면, 그는 곧 황당한 일이라며 배격할 것이다. 서양 사람이 큰 배를 타고 지구 밖을 돌아다녔다고 하면, 그는 괴상하고도 허황한 이야기라고 꾸짖을 것이다. 그러면 나는 누구와 함께 크나큰 세상 구경을 이야기할 수 있겠는가.
　아아! 슬프다. 성인 공자가 240년간의 역사를 정리하여 이름을 『춘추』라 하였지만, 240년 동안 옥백玉帛과 병거兵車의 모든 일은 곧 한 가지에서 꽃 피고 잎 지는 순식간의 광경에 지나지 않을 것이다.
　아아! 슬프다. 글을 빨리 쓰다가 생각해 보니, 먹 한 점을 찍는 사이는 하나의 순瞬과 식息에 지나지 않건만, 눈 한 번 감고 숨 한 번 쉬는 사이에도 벌써 짧은 옛날과 짧은 지금이 이룩된다. 그러면 하나의 '옛'이나 '지금'도 대순大瞬과 대식大息이라고 말하지 않을 수 없다. 그런데도 그사이에 온갖 명예와 사업을 세우고자 하니, 어찌 슬프지 않겠는가.
　내가 묘향산에 올라 상원암에 묵은 적이 있는데, 밤이 다하도록 달빛이

---

* 시방세계 | 사방(四方)·사유(四維)와 상하(上下)에 있는 무량무변(無量無邊)의 세계.

대낮같이 밝았다. 창을 열고 동쪽을 바라보자, 절 앞에 안개가 자욱했다. 그 위에 달빛을 받자 별안간 수은 바다가 펼쳐졌다. 바다 밑에서 은은히 코고는 소리가 들려왔다. 중들이 서로 말했다.

"저 아래 세상에서는 지금 큰 천둥이 치고 소나기가 내리는 중이라오."

며칠 뒤 산을 떠나 안주에 이르자, 전날 밤에 과연 갑작스런 비와 천둥 번개로 물이 평지에 한 길이나 괴었고, 민가가 많은 피해를 입었다. 나는 말을 멈추고 멍하니 있다가 이렇게 말했다.

"어젯밤에 나는 구름과 비 너머로 밝은 달을 껴안고 누웠다. 저 묘향산을 태산에 비한다면 겨우 한 개의 언덕에 지나지 않을 텐데도 이토록 높낮이가 큰 세계를 이루었으니, 하물며 성인이 천하를 보는 것이야 말해 무엇하랴."

설산雪山에서 고행하던 이가 만일 공씨孔氏의 집안에 대해 공자·백어·자사 3대가 아내를 내쫓았다느니, 공자의 아들 백어가 일찍 죽었다느니, 공자가 노나라와 위나라에서 봉변을 당했느니 하면서 조금 더 넓게 보지 못한다면, 이는 참로 땅, 물, 바람, 불 등이 별안간에 모두 없어진다는 셈이니, 정말 한심한 일일 것이다. 그들은 "성인 공자와 부처의 관점도 결국은 땅에서 떠나지 못했다."고도 했다. 그렇다면 "이 지구를 어루만지고 공중을 달리며 별을 따서 가지 못하는 곳이 없다."는 이들이 스스로 "우리가 보는 것이 유교나 불교보다 낫다."고 하는 것도 무리가 아니다.

그들이 모두 다른 나라에 와서 말을 배우며, 머리끝이 희도록 남의 글을 익혀 썩지 않을 사업을 꾀하

공자묘 내의 공자상

는 것은 무슨 까닭일까.

　귀로 듣고 눈으로 보았다는 것은 벌써 지나간 경지이다. 그 경지가 지나고 지나서도 쉬지 않는다면, 옛사람 가운데 이를 빙자하여 학문을 하는 사람 역시 무엇으로도 고증할 수 없을 것이다. 그러므로 억지로 글을 지어 남들이 이를 반드시 믿도록 한다. 그리하여 서양 사람은 우리 유가에서 이단을 치는 이론을 보고는 그 남은 일을 가지고 억지로 불교를 배격하고, 또 불교의 천당설과 지옥설을 기뻐하며 그 찌꺼기를 들일 뿐이다. 내 이번 걸음에……*

---

* 문장을 종결하지 않은 채로 기록이 남아 있다. 필사 과정에서 몇 글자가 없어진 듯하다.

중국의 큰 볼거리

7월 15일, 개다.

 내원과 태의 변관해, 주부 조달동 등과 더불어 새벽에 소흑산을 떠나 중안포까지 30리를 와서 점심을 먹었다. 또 먼저 떠나 구광녕을 지나 북진묘를 구경하고, 달빛을 받으며 40리를 가서 신광녕에서 묵었다. 북진묘를 구경하느라 20리나 돌아서 길을 갔으니, 모두 90리를 걸은 셈이다. 『정리록程里錄』에 실린 것으로 말하면 백대자, 망우대, 사하자, 굴가둔, 삼의묘, 북진보, 양장하, 우가둔, 후가둔, 이대자, 소고가자, 대고가자 등의 지명과 거리가 많이 어긋난다. 이대로 계산한다면 180리가 되겠지만, 지금은 확인할 길이 없다. 이날은 몹시 더웠다.

 우리나라 선비들이 북경에서 돌아온 이를 처음 만나면 반드시 이렇게 말한다.

 "자네 이번 여행에서 제일 볼만한 것이 무엇이던가. 가장 볼만한 것을 골라서 말해 주게."

 그러면 그들은 자기가 본 것을 입에서 나오는 대로 말한다.

 "요동 1,000리의 넓디넓은 들판이 장관이지요."

 "구요동 백탑이 장관이지요."

 "그 길가의 시가와 점포가 장관이더군요."

 "계문의 안개 낀 수풀이 장관이지요."

 "노구교가 장관이지요."

"산해관이 장관이더군요."

"각산사가 장관이지요."

"망해정이 장관이더군요."

"조가패루가 장관이지요."

"유리창이 장관이지요."

"통주의 배들이 장관이더군요."

"금주위의 목축이 장관이지요."

"서산의 누각이 장관이지요."

"사천주당四天主堂이 장관이더군요."

"호랑이 우리가 장관이지요."

"코끼리 우리가 장관이지요."

"남해자가 장관이지요."

"동악묘가 장관이더군요."

"북진묘가 장관이지요."

저마다 제멋대로 대답해서 이루 헤아릴 수가 없다. 그러나 고상한 선비는

북진묘

동악묘

섭섭한 표정으로 얼굴빛을 바꾸면서 말한다.

"도무지 볼 것이 없더군요."

"어째서 볼 것이 없었는가?"

"황제가 머리를 깎았소. 장군, 재상, 대신들과 모든 관원이 머리를 깎았으며, 선비와 서민까지 모두 그러하다오. 아무리 공덕이 은나라 주나라 같고, 진나라나 한나라보다 더 부강하다지만, 천지가 시작된 뒤로 여태껏 머리를 깎은 천자는 없었지요. 비록 육농기나 이광지 같은 학문이 있고, 위희, 왕완, 왕사징 같은 문장이 있으며, 고염무나 주이존 같은 박학자가 있더라도, 한 번 머리를 깎으면 되놈이지요. 되놈이면 곧 짐승이니, 우리가 그들 짐승에게 무엇을 볼 게 있단 말입니까?"

이게 바로 으뜸가는 의리라고 하여, 말하는 이도 잠잠하고 듣는 이도 옷깃을 여민다.

중간쯤 가는 선비는 이렇게 말한다.

"그들의 성곽은 만리장성의 옛 제도를 물려받은 것이요, 건물은 아방궁의 법을 본뜬 것입니다. 선비나 서민은 위나라나 진나라의 부화를 숭배하고, 수나라 대업시대나 당나라 천보시대의 사치한 풍속 그대로입니다. 중국 땅이 더럽혀져서, 산천이 피비린내 나는 고장으로 변했습니다. 성인들이 남긴 자취가 묻히자 언어조차 야만의 것을 따르게 되었으니, 무엇 하나 볼만한 게 있겠습니까? 참으로 10만 군사를 얻을 수만 있다면, 당장 산해관*에 쳐들어가서 중원 땅을 소탕하겠습니다. 그런 뒤에라야 비로소 장관을 이야기할 수 있겠지요."

이는 『춘추』를 잘 읽은 사람의 말이다. 『춘추』는 중화를 높이고 이족夷族을 낮추어 보는 사상을 중심으로 만들어진 글이다. 우리나라가 명나라를 섬긴 지 200년 동안 한결같이 충성하여, 이름은 속국이라 하지만 실상은 한 나라나 다름없었다. 임진왜란 때에 신 종황제가 천하의 군사를 이끌고 우 리를 구원하니, 우리나라 사람의 이 마에서 발뒤꿈치까지 머리털 하나 도 은혜가 아닌 게 없었다. 병자호 란에 청나라 군사가 쳐들어오자 의 종황제가 우리나라에 난리가 일어 났다는 말을 듣고, 곧 총병 진홍범

산해관

에게 명하여 급히 각 진의 수군을 징발하여 구원병을 파견하였다. 진홍범이 관병의 출범을 아뢰는데, 산동山東 장군 안계조가 "조선이 이미 무너져서 강 화도까지 함락되었습니다." 하였다. 황제는 안계조가 힘껏 구하지 않았다 고 하여, 조서를 내려 준엄하게 꾸짖었다.

이 무렵 천자는 안으로 복주, 초주, 양주, 당주 등 각지의 난리를 누를 길 이 없었고, 밖으로 조선의 근심이 더욱 절박해져 구출해 줄 뜻이 형제 나라 못지않았다. 그러다가 마침내 마지막 황제가 자살하고 명나라가 망하자, 백 성이 머리를 깎아서 모두 되놈이 되었다. 비록 우리나라만은 이런 치욕을 면했지만, 중국을 위해 원수를 갚고 치욕을 씻으려는 마음이야 어찌 하룬들 잊을 수 있었으랴. 우리나라 사대부 가운데 천자를 높이고 오랑캐를 물리친 다는 『춘추』의 이론을 주장하는 이가 여기저기 우뚝 서서 백 년을 하루같이 줄기차게 이어졌으니, 정말 장한 일이라 하겠다.

그러나 존주尊周 사상은 주나라를 높이는 데에만 국한하여야 한다. 이적

---

* 산해관(山海關) | 중국 하북성 임유현(지금의 진황도시)의 동문인데, 만리장성의 기점이 되는 관문이다. 북은 각산, 동은 발해에 닿아 있으며, 화북과 동북 평원을 이어 주는 배산임해(背山臨海)의 험준한 지형인데다 교통 요지이기 때문에, 천 하제일관(天下第一關)이라 불렀다.

夷狄의 문제도 이적에 한해서만 써야 한다. 왜냐하면 중국의 성곽과 건물과 백성이 예와 같이 남아 있고, 정덕正德, 이용利用, 후생厚生의 도구도 파괴된 것이 없으며, 진나라 때부터 당나라 때까지의 귀족인 최崔·노盧·왕王·사謝 씨 같은 집안도 없어지지 않았다. 주돈이, 장재, 정씨 형제, 주희의 학문도 사라지지 않았으며, 삼대 이후의 성스럽고 밝은 임금과 한·당·송·명의 아름다운 법률제도도 변함없이 남아 있다. 청나라 왕실이 이적이긴 하지만, 중국 문화가 자기에게 이로워서 길이 누리기에 넉넉함을 알았다. 그래서 마치 자기가 본래부터 지녔던 것처럼 이를 빼앗아 차지하고 있다.

참으로 백성에게 이롭고 나라에 도움이 된다면, 천하를 위해 일하는 자는 그 법이 오랑캐에게서 나온 것일지라도 이를 거두어 본받으려고 한다. 더구나 삼대 이후의 거룩한 황제와 현명한 왕, 한·당·송·명 등 여러 나라의 고유한 옛 제도야 어떻겠는가. 물론 성인 공자가 『춘추』를 지을 때 중화를 높이고 오랑캐를 내쳤지만, 그렇다고 오랑캐가 중화를 어지럽힌 것을 분하게 여겨 중화의 숭배할 만한 진실까지 내쳤다는 말은 듣지 못했다. 그러므로 이제 우리나라 사람이 진실로 오랑캐를 물리치고자 한다면 중화가 끼친 법을 모두 배워서 우리나라의 유치한 문화부터 먼저 열어야 한다. 밭 갈기, 누에치기, 그릇 굽기, 풀무질 등으로부터 공업이나 상업에 이르기까지 배우지 않으면 안 된다. 남이 열을 하면 우리는 백을 하여, 먼저 우리 백성에게 이롭게 해야 한다. 그런 다음에 회초리를 마련해 두었다가 저들의 굳은 갑옷과 날카로운 무기를 매질할 수 있도록 한 뒤에야 "중국에는 볼만한 게 하나도 없더라." 하고 말할 수 있는 것이다.

그러나 나같이 미천한 선비도 한마디 할 수 있다면 "그들의 장관은 기와 조각에 있고, 똥 부스러기에도 있다."고 하겠다.

깨진 기와 조각은 천하에 버리는 물건이다. 그렇지만 민간에서 담을 쌓을 때에 담 높이가 어깨까지 솟는다면 다시 이를 둘씩 포개어서 물결무늬를 만든다든지, 넷을 모아서 둥근 고리처럼 만든다든지, 넷을 등지어서 옛 동전의 모습을 만들 수 있다. 그러면 구멍 난 곳이 영롱하고 안팎이 어리어서, 저절로 좋은 무늬가 만들어진다. 깨진 기와 쪽을 버리지 않으면 천하의 무늬가 될 수 있는 것이다.

집마다 뜰 안에 벽돌을 깔지 못한다면, 여러 빛깔의 유리기와 조각과 시냇가의 둥근 조약돌을 주워다가 꽃, 나무, 새, 짐승의 모양으로 땅에 깔아서, 비가 올 때에 진창이 되는 것을 막을 수도 있다. 부서진 자갈돌을 버리지 않으면, 천하의 그림을 만들 수도 있는 것이다.

똥은 아주 더럽지만 이것을 밭에 내가기 위해 황금처럼 아끼니 길가에 내버린 똥이 없다. 말똥을 줍는 자가 삼태기를 들고 말 뒤를 따라다닌다. 말똥을 주워 모을 때에도 네모반듯하게 쌓고, 혹은 여덟 모로 혹은 여섯 모로 하고, 또는 누각이나 언덕 모양으로 만든다. 이렇게 모은 똥 무더기만 보아도 모든 규모가 벌써 만들어졌음을 짐작할 수 있다. 그래서 나는 이렇게 말하고 싶다. "저 기와 조각이나 똥 무더기가 모두 장관이다. 반드시 성곽, 궁실, 누각, 시장, 절간, 목축이라든지, 또는 저 광막한 들판이나 안개 어린 나무가 기이하게 바뀌는 모습만 장관은 아니다."

구광녕성은 의무려산 밑에 있는데, 앞에 큰 강이 펼쳐졌다. 그 강물을 끌어다 해자를 만들었으며, 두 개의 탑이 하늘 높이 솟아 있다. 성에서 몇 마장 되는 곳에

의무려산

큰 사당이 하나 있는데, 단청을 새로 하여 찬란히 눈에 들어왔다.

광녕성 동문 밖 다리 머리에 새긴 지네가 매우 웅장하고 기묘해 보였다. 겹문을 들어가서 거리를 지나노라니, 점포들의 화려한 모습이 요동보다 못하지 않았다. 임진왜란 때에 우리나라를 도와주러 왔던 이여송의 아버지 이성량의 패루가 성 북쪽에 있었다. 어떤 사람이 "광녕은 본래 기자의 나라이다. 옛날에는 은나라 관을 쓴 기자의 소상이 있었는데, 명나라 가정 연간(16세기 중반)의 난리통에 타 버렸다."고 하였다. 성이 겹으로 되었는데, 내성은 온전하나 외성은 많이 헐었다. 성안의 남녀가 집집마다 나와서 구경하며 거리에서 노는 사람이 수없이 떼를 지어 말 머리를 둘러싸기 때문에 빠져나가기 힘들었다.

성 밖의 관제묘는 그 장려한 규모가 요양의 것과 비슷하다. 문밖에는 연극 무대가 있어 높고도 화려하며 사치스러웠다. 마침 많은 사람이 모여서 연극을 하고 있었는데, 길이 바빠서 구경하지는 못했다. 천계 연간(1620년대)에 명나라 장군 왕화정이 이영방* 에게 속아서 그의 날쌘 장수 손득공이 적군을 성안으로 맞아들여 광녕이 함락되었고, 명나라를 지키려던 천하의 대세가 어쩔 수 없게 되어 버렸다.

* 이영방(李永芳) | 명나라의 유격인데, 무순을 지키다가 청나라에 항복하였다. 병자호란에도 종군하였다.

수레 제도

사람이 타는 수레는 태평차太平車라고 한다. 바퀴 높이가 팔꿈치에 닿으며 바퀴마다 살이 서른 개인데 대추나무로 둥글게 테를 만들고 쇳조각과 쇠못을 온 바퀴에 입혔다. 그 위에는 둥근 방을 만들었다. 세 명이 들어갈 만한 방에는 푸른 베나 공단, 또는 우단으로 휘장을 치고 더러는 주렴을 드리워 은단추로 여닫게 했다. 좌우에는 유리를 붙여서 창구멍을 내고, 앞에 널판을 가로놓아서 마부가 앉게 만들었으며, 뒤에는 하인이 앉게 만들었다. 나귀 한 마리가 끌고 가는데, 먼 길을 가려면 말이나 노새를 더 늘렸다.

짐을 싣는 수레는 대차大車라고 한다. 바퀴 높이가 태평차보다 조금 낮고, 바퀴살은 입卄자 모양으로 되었으며, 싣는 수량은 800근으로 정하여 말 두 마리를 매었다. 800근이 넘을 경우에는 짐에 따라 말을 늘렸다. 짐 위에는 대나무 줄기로 방을 꾸몄는데, 마치 배 안처럼 꾸며 놓았다. 그 속에서 앉거나 눕게 되어 있다. 대개 말 여섯 마리가 끄는데, 수레 밑에 커다란 왕방울을 달고 말 목에도 조그만 방울이 수백 개나 달렸다. 댕그랑댕그랑하는 소리로 밤을 경계한다.

태평차

태평차는 겉바퀴로 돌고, 대차는 속바퀴로 돈다. 그리고 쌍바퀴가 똑같이 둥글기 때문에 고루 돌아가고 빨리 달릴 수 있다. 멍에 밑에 매는 말은 제일 튼튼한 말이나 나귀를 사용하며, 수레 멍에를 씌우지 않고 조그만 나무 안장을 만들어 가죽 끈이나 튼튼한 밧줄을 멍에 머리에 얽어매어서 말에 달았다. 멍에 밑에 들지 않은 말은 모두 쇠가죽 끈으로 배띠를 하고, 바를 매어서 끌게 되었다. 짐이 무거우면 바퀴 채보다도 훨씬 더 밖으로 튀어 나오고, 때로는 높이가 몇 길이나 되며, 끄는 말도 많으면 열댓 마리나 된다.

말 모는 사람을 칸처더看車的라고 부르는데, 짐 위에 높이 앉아서 손에는 긴 채찍을 쥐고, 길이가 두 발이나 되는 끈 두 개를 그 끝에 매어서 채찍을 휘둘러 때린다. 그 중 힘내지 않는 놈에게는 뒤나 옆구리를 헤아리지 않고 때리는데, 손에 익으면 더욱 잘 맞는다. 그 채찍질하는 소리가 우레처럼 요란스럽다.

독륜차獨輪車는 뒤에서 한 사람이 끌채를 잡고 수레를 밀게 되어 있다. 한가운데쯤 바퀴를 달았는데 바퀴가 수레 바탕 위로 반이나 솟았다. 양쪽이 상자처럼 되어, 싣는 물건이 균형을 이루지 않으면 안 된다. 바퀴가 닿는 곳은 북을 반쯤 자른 것처럼 보이는데, 바퀴를 가운데로 하고 짐을 양쪽에 실어서, 짐이 서로 닿지 않도록 하였다. 끌채 밑에 짧은 막대가 양쪽으로 드리워져, 갈 때는 끌채와 함께 들리고, 멈출 때는 바퀴와 함께 멈춘다. 이것이 버팀나무가 되어서 수레가 쓰러지지 않는다.

길가에서 떡, 엿, 능금, 오이 따위를 파는 장수도 모두 독륜차를 이용하며, 밭둑길에다 거름 내기에도 아주 편리하다. 언젠가 보니 시골 여자 두 명이 양쪽 상자에 타고 앉아서 각기 어린애 하나씩 안고 가기도 했으며, 물을 길을 때도 한 쪽에 대여섯 통씩 싣는다. 짐이 무겁고 많으면 끈을 달아서 한 명이 끌고, 때로는 두세 명이 마치 배를 끄는 것처럼 한다.

수레는 천리天理로 만들어져 땅 위에 다니는 것이며, 뭍을 다니는 배이고, 움직이는 방이다. 나라에서 쓰는 것 중 수레보다 더 중요한 것은 없다. 그러므로 『주례周禮』에서 임금의 재산에 대해 물었을 때 수레가 많은지 적은지로 대답했으니, 수레가 물건을 싣고 사람을 태우는 것만은 아님을 알 수 있다. 수레 중에도 전쟁에 쓰는 융차戎車, 일할 때 쓰는 역차役車, 물을 나르는 수차水車, 대포를 쏘는 포차砲車 등 수백 가지의 제도가 있으므로, 짧은 시간에 이루 다 말할 수는 없다. 그러나 타는 수레와 싣는 수레는 백성에게 가장 중요하니 시급히 연구해야 하는 문제이다. 내가 일찍이 담헌 홍덕보와 참봉 이성재에게 수레에 대해 말한 적이 있었다.

"수레는 무엇보다 궤도를 똑같이 만들어야 하네. 궤도를 똑같이 만들어야 한다는 게 무슨 뜻이겠나. 두 바퀴 사이에 일정한 본을 어기지 말아야 한다는 말이라네. 그렇게 하면 수레가 천 대고 만 대고 간에 바퀴 자리는 하나로 통일되니, 이른바 '천하의 수레가 같은 궤도로 달린다.'는 뜻의 거동궤車同軌라는 말이 바로 이걸세. 만일 두 바퀴 사이를 마음대로 넓히고 좁힌다면, 길 가운데 바퀴자리가 한 틀에 들 수 있겠는가."

이제 천 리 길을 오면서 날마다 수많은 수레를 보았는데, 앞 수레와 뒤 수레가 언제나 한 자국을 다니고 있었다. 그러므로 애쓰지 않고도 같이 되는 것을 일철一轍이라 하고, 뒤에서 앞을 가리켜 전철前轍이라 한다. 성 문턱의 수레바퀴 자국이 움푹 패어서 홈통을 이루니, 이게 바로 성문지궤城門之軌이다. 우리나라에도 전혀 수레가 없는 것은 아니지만, 그 바퀴가 온전히 둥글지 못하고 바퀴 자국이 틀에 맞지 않으니, 이는 수레가 없는 것이나 마찬가지다. 그런데 사람들이 늘 "우리나라는 길이 험하여 수레를 쓸 수 없다."고 하니, 이게 무슨 말인가. 나라에서 수레를 쓰지 않으니까 길이 닦이지 않을 뿐이다. 만일 수레가 다니게 된다면 길은 저절로 닦일 테니, 어찌하여 길거리가 좁고 산길이 험하다고 걱정하랴.

전傳(『중용』)에 이르기를, "배와 수레가 이르는 곳, 서리와 이슬이 내리는 곳"이라 하였으니, 이는 아주 먼 곳이라도 수레가 이를 수 있다는 말이다. 중국에도 검각劍閣 아홉 구비의 험한 벼랑길이나 태항산, 양장령처럼 위태한 고개가 없는 것은 아니지만, 역시 수레를 채찍질하여 지나지 못하는 곳은 없다. 그래서 관關, 섬陝, 천川, 촉蜀, 강江, 절浙, 민閩, 광廣과 같이 먼 곳에도 큰 장사꾼이나 온 가족을 이끌고 부임하러 가는 벼슬아치의 수레바퀴가 서로 이어져 마치 자기 집 뜰 앞을 거니는 것이나 다름없다. 우렁차게 삐걱거리는 수레바퀴 소리가 대낮에도 늘 우레 치는 것처럼 끊이지 않는다.

마천, 청석의 고개와 장항, 마전의 언덕이 어찌 우리나라의 고개나 언덕보다 덜 위험하겠는가. 가파른 곳, 막힌 곳, 험한 곳, 높은 곳을 우리나라 사람도 모두 목격했지만, 그렇다고 수레를 없애고 다니지 않는 곳이 있던가. 그러므로 중국의 재산이 풍족할 뿐만 아니라, 한곳에 쌓이지 않고 골고루 유통되는 것이 모두 수레를 사용할 때 생기는 이익이다.

이제 가까운 예를 든다면, 우리 사신 일행이 모든 번거로움을 없애고 우리가 만든 수레에 올라타면 바로 북경에 닿을 텐데, 무엇을 꺼려서 하지 않는단 말인가. 그래서 영남 어린이들은 새우젓을 모르고, 관동 백성은 산사나무를 절여서 장 대신 쓰며, 서북 사람들은 감과 감자柑子(감귤)의 맛을 분간하지 못한다. 바닷가 사람들은 새우나 정어리를 거름으로 밭에 내건만 서울에서는 한 줌에 한 푼이나 하니, 이렇게 귀한 것은 무슨 까닭인가.

두만강 기슭에 있는 종성·경원·회령·경흥·온성·부령 등 육진六鎭의 삼베와 평안도의 명주, 영·호남의 닥종이와 황해도의 솜·쇠붙이, 충청도 서해안 지방인 내포의 생선·소금은 모두 백성의 살림에서 어느 하나 없어서는 안 될 물건이다. 청산·보은의 대추나무 천 그루, 황주·봉산의 배나무

천 그루, 홍양·남해의 귤나무와 유자나무 천 그루, 임천·한산의 모시 천 이랑, 관동의 벌꿀 천 통은 모두 우리 일상생활에서 서로 바꿔 써야 할 것이다. 그런데도 이곳에서 천한 물건이 저곳에서는 귀할뿐더러 그 이름은 들었지만 실제로 보지 못하는 것은 어찌 된 까닭일까. 이는 멀리 보낼 힘이 없기 때문이다. 사방이 겨우 몇 천 리밖에 되지 않는 나라에서 백성의 살림살이가 이다지 가난한 이유를 한마디로 설명한다면, 수레가 나라 안에 다니지 못하기 때문이다.

"그러면 수레가 왜 다니지 못하는 거요?"

어떤 사람이 내게 묻는다면, 나 역시 한마디로 대답할 것이다.

"이는 사대부들의 잘못입니다."

왜냐하면 그들은 평소에 글을 읽으면서, "『주례周禮』는 성인이 지으신 글이야." 하며 윤인輪人·여인輿人·거인車人·주인輈人과 같이 수레를 맡았던 벼슬 이름은 외웠지만 수레를 만드는 기술이 어떠하며 움직이는 방법이 어떠한지는 도무지 연구하지 않았기 때문이다. 이는 '한갓 글만 읽을 뿐'이었으니, 참된 학문에 무슨 유익이 있으랴.

아아! 슬프다. 황제黃帝가 수레를 창조하여 헌원씨軒轅氏라 불린 뒤로 수천 년의 세월이 지나는 동안 성인의 마음, 눈썰미, 솜씨를 몇 번이나 마르게 했으며, 또 수倕처럼 솜씨가 좋은 장인의 손길을 몇 사람이나 거쳤던가. 게다가 부국강병富國強兵을 내세웠던 상앙이나 이사李斯 같은 이들 덕분에 제도가 통일되었으니, 이는 참으로 저 현관들의 학술에 비해 몇 백 배나 낫다.

그들의 연구가 정미하고 행하기도 간편한 것이 어찌 우연한 일이랴. 이는 참으로 민생의 살림에 이익이 되고, 나라의 큰 그릇이 되지 않겠는가. 이제 날마다 내 눈에 놀랍고 반가운 것이 나타나는데, 수레의 제도로 미루어 모든 일을 짐작할 수 있겠다. 어렴풋하게나마 몇 천 년 동안 모든 성인이 고심

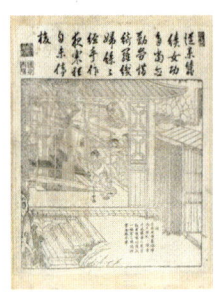 

『경직도』 일부

한 것도 이해할 수 있겠다.

밭에 물을 대는 것으로는 용미차龍尾車, 용골차龍骨車, 항승차恒升車, 옥형차玉衡車 등이 있다. 불을 끄는 것으로는 홍흡虹吸, 학음鶴飮 등의 제도가 있다. 싸움에 쓰는 수레로는 포차砲車, 충차衝車, 화차火車 등이 있다. 이러한 수레는 모두 서양의 『기기도奇器圖』나 강희황제가 지은 『경직도耕織圖』에 그림이 실려 있고, 글로 된 설명은 『천공개물天工開物』이나 『농정전서農政全書』에 실려 있다. 뜻있는 이가 잘 연구하여 그 제도를 본받는다면, 극에 달한 우리나라 백성의 가난병도 얼마쯤 나아질 수 있을 것이다. 이제 내가 보았던 불 끄는 수레의 제도를 대략 적어서, 우리나라에 돌아가 이를 전하고자 한다.

북진묘에서 달밤에 신광녕으로 돌아오는 길에 보니, 성 밖의 어떤 집에 저녁나절에 불이 나서 이제 겨우 불길을 잡은 모양이었다. 길 위에 수차 세 대가 있어서 방금 돌아가려는 것을 내가 잠깐 멈춰 세우고 먼저 그 이름을 물었더니, 수총차라고 하였다. 구조를 살펴보니 네 바퀴 위에 큰 나무통이 놓였고, 통 속에 커다란 구리 그릇이 있으며, 구리 그릇 속에는 구리통 둘을 놓았는데, 구리통 사이에 목이 을乙자 모양으로 생긴 물총을 세웠다. 물총은 발이 둘이어서 양쪽 구리통에 통하였고, 양쪽 구리통에는 짧은 다리가 있는데 밑에 구멍이 뚫렸으며, 구멍에는 얇은 구리쇠 쪽으로 문짝을 만들어서 물의 오르내림에 따라서 여닫게 되었다. 두 구리통 주둥이에는 구리판으로 뚜껑을 만들어 달았는데, 둘레가 구리통에 꼭 알맞았다. 구리판 한복판에 쇠기둥을 세워서 나무를 건너지르고, 그 나무가 구리판을 누르기도 하고 들기도 할 수 있게 되어서, 구리판이 드나들고 오르내리는 것이 그 나무에 달렸다. 물을 구리 동이 속에 붓고 몇 명이 나무를 밟으면, 구리판이 솟았다 내렸다 하였다. 물을 빨아들이는 조화가 구리판에 있는 것이다. 구리판이 구리통 목에까지 솟으면 구리통 밑에 뚫린 구멍이 갑자기 열리면서 바깥 물을 빨아들인다. 이와 반대로 구리판이 구리통 속으로 떨어지면 그 밑구멍이 세차게 닫혀 구리통 속에 물이 가득 차서 쏟아질 곳이 없으므로, 그 물이 물총 뿌리로부터 을乙 자로 생긴 물총의 목으로 내달아서 위로 치솟아 내뿜어졌다. 여남은 길이나 물발이 서고, 옆으로는 30~40보나 내뻗었다. 그 원리가 생황笙篁과 비슷한데, 물 긷는 이는 연방 나무통에다 물을 길어 부을 뿐이다. 옆에 있는 두 물차는 그 원리가 이것과 다르고 더욱이 무슨 곡절이 있는 듯싶었지만, 바빠서 자세히 볼 수 없었다. 그러나 물을 빨아들이고 내뿜는 이치는 거의 같았다.

　물건을 찧고 빻는 데는 큰 톱니바퀴가 두 층으로 되어서, 쇠 궁글막대로 이를 꿰어 방 안에 세워 두고, 틀을 움직여서 돌렸다. 톱니바퀴는 마치 자명종의 기계 속처럼 이가 들쭉날쭉하여, 서로 맞물리게 한 것이다. 방 안 네 구석에 2층으로 맷돌 판을 두고, 맷돌 판의 가장자리 역시 들쭉날쭉하여 톱니바퀴의 이와 서로 맞물리게 했다. 그리하여 톱니바퀴가 한 번 돌면 여덟 맷돌 판이 모두 다투어 돌며, 밀가루가 순식간에 눈처럼 쌓인다. 이 방법은 시계의 속과 비슷하다. 길가의 민가에는 각기 맷돌 방아 하나와 나귀 한 마리씩이 있고, 곡식 빻는 데는 항상 돌로 만든 고무래를 쓰며, 더러는 나귀를 끌어서 방앗공이를 대신하기도 한다.

　가루는 이렇게 친다. 굳게 닫힌 방 안에 바퀴가 셋 달린 요차搖車를 놓았는데, 바퀴는 앞이 두 개에다 뒤가 한 개이다. 수레 위에 기둥 넷을 세우고, 그 위에다 두어 섬의 큰 채를 2층으로 간능스럽게 놓았다. 위 채에 가루를 붓고, 아래 채는 비워 두었다. 위 채의 가루를 받아서 더 보드랍게 갈도록 한 것이다. 요차 앞에는 막대기 하나를 바로 질러서 그 막대기의 한쪽 끝은 수레를 잡아 달리고, 또 한쪽 끝은 방 밖으로 뚫고 나가 있다. 밖에는 기둥 하나를 세워서 그 막대기 끝을 비끄러매고, 기둥 밑에는 땅을 파서 큰 널빤지를 놓아 막대기 밑이 여기에 닿게 했다. 널빤지 밑 한가운데에다 받침을 놓고 그 양쪽을 둥글게 하여, 마치 풀무 다루듯 하였다. 사람이 널빤지 위에 걸터앉아서 다리만 약간 움직이면, 널빤지의 두 머리가 서로 오르내리고, 널빤지 위의 기둥이 견디지 못하여 흔들린다. 그러면 기둥 끝에 가로지른 막대기가 힘세게 들이밀었다 내밀었다 하여, 방 안의 수레가 나섰다 물러섰다 하게 된다. 방 안은 네 벽에다 10층으로 시렁을 매어서 그릇을 그 위에 올려놓아, 떨어지는 가루를 받게 되었다.

    방 밖에 앉아 있는 사람은 발을 놀리면서 책도 읽고 글씨도 쓰고 손님과 수작도 한다. 못하는 일이 없다. 다만 등 뒤에 조금 소리가 들릴 뿐, 누가 그러는지도 모른다. 발을 움직이는 힘은 아주 적게 들면서, 일은 많이 된다. 우리나라 여자들이 가루 몇 말을 한 번에 치려면 머리도 눈썹도 순식간에 하얗게 되고 팔도 나른해진다. 어느 쪽이 덜 힘들고 편리하겠는가. 이와 비교해 보면 어떤지 알 수 있을 것이다.

    고치를 켜는 소차繅車는 더욱 묘하니, 마땅히 본받아야 한다. 이는 앞서 곡식 빻는 것과 같이 커다란 톱니바퀴를 쓰되, 소차의 양쪽 머리에 톱니바퀴가 달리고, 그 역시 들쭉날쭉한 이가 서로 맞물려서 쉴 새 없이 저절로 돌아간다. 소차는 별것이 아니고, 몇 아름드리인 큰 얼레이다. 수십 보 밖에서 고치를 삶는데, 그 사이에는 여러 층 시렁을 매고 높은 곳에서부터 차츰 낮은 데로 기울게 하고, 시렁 머리마다 쇳조각을 세워서 구멍을 바늘귀처럼 가늘게 뚫고, 그 구멍에다 실을 꿴다. 틀이 움직이면 바퀴가 돌고, 바퀴가 돌면 얼레가 따라 도는데, 톱니바퀴가 서로 맞물려서 빠르지도 느리지도 않아 천천히 실을 뽑는다. 움직임이 거세지도 않고 몰리지도 않게 제대로 법도가 있으므로, 실이 고르지 않거나 한데 얽히거나 하는 탈이 없는 것이다. 켠 실이 솥에서 나와 얼레로 들어가기까지 쇳구멍을 두루 지나면서 털도 다듬어졌거니와 가시랭이도 떨어 버렸다. 또 얼레에 들기 전에 실 몸이 알맞게 말라서 말쑥하고 매끄러워졌으므로, 다시 재에 삭히지 않아도 바로 베틀에 올릴 수 있게 되었다. 우리나라에서 고치를 켤 때는 다만 손으로 훑기만 하지 수레를 쓰지 않는다.

그러므로 사람의 손놀림이 타고난 바탕 제대로의 성질에 맞지 않고, 또 빠르다 더디다 하여 고르지 않다. 때때로 홀치고 섞갈리면 실과 고치가 성내는 듯 놀라는 듯 뛰어 내달려서 실켜는 널빤지 위에 휘몰리어 갈피를 못 잡게 된다. 엉겨서 덩이가 지면 저절로 광택을 잃게 되며, 찌끼가 얽혀 붙으면 실밥이 끊어졌다 이어졌다 하므로, 티를 뽑고 눈을 따려면 입과 손이 모두 피로해진다. 이렇게 고달픈 과정을 고치 켜는 저 수레와 비교해 보면, 어느 쪽이 더 보람 있고 쓸모 있겠는가. 나는 그들에게 여름을 나면서 고치에 벌레가 일지 않는 방법을 물었다. 그랬더니 대답해 주었다.

"약간 볶으면 나방이 나지 않는다. 더운 구들에 말리면 나방도 나지 않고 벌레도 먹지 않으므로, 겨울철에도 켤 수 있다."

길에서 날마다 상여를 만났는데, 그 제도가 똑같지는 않았지만 가장 거추장스럽게 보였다. 너비는 거의 방 두 칸 정도였는데 오색 비단으로 휘장을 쳤고 거기에 구름, 꿩, 참새 같은 여러 그림을 그렸다. 당 마루턱에는 은실을 땋아 늘이기도 하였다. 대체로 양쪽의 길이는 거의 열여덟 발이나 되었는데, 붉은 칠을 하고 누런 구리를 올려서 금빛으로 꾸몄다. 횡강목은 앞뒤에 각기 다섯씩인데 길이는 역시 서너 발이나 되었고, 그 위에 짧은 막대기를 걸쳐서 양쪽을 어깨에 메게 되었다.

  상여꾼은 적어도 수백 명이고, 명정은 모두 붉은 비단에 금 글씨를 썼다. 명정대는 세 길이나 되는데, 검은 칠을 하고 금빛 나는 용을 그렸다. 깃대 밑에는 발을 달고, 거기에도 막대기 두 개를 가로놓아서 반드시 아홉 명이 멘다. 붉은 일산日傘 한 쌍, 푸른 일산 한 쌍, 검은 일산 한 쌍, 수레 앙장 대여섯 쌍이 따르고, 그 다음에 저, 퉁소, 북, 나팔 등의 악대가 선다. 승려와 도사들이 각기 구색을 갖춰 불경과 주문을 외우며 뒤를 따른다. 중국의 모든 일이 간편함을 위주로 하여 하나도 헛됨이 없는데, 이 상여만은 알 수 없는 일이다. 물론 본받을 것이 못 된다.

관내정사

・關內程史起順子止順內戌凡十一日自山
海關內至皇京共六百四十里
聖上四年庚子清乾隆四十五年 秋七月二十四日庚子晴是日處暑自紅花
家庄二十里中火范家庄至陽河堤三里大理營七里王家
里望河店八里深河驛五里高舖臺八里王家舖二里馬棚舖七里榆
共四十八里是日通行六十八里宿榆關或積渝關令臨渝縣關內風
關東山川明媚曲㙮畫自紅花舖始有壞臺五里一墩或十里一墩
方高五丈止置屋三間傍堅三丈旗竿臺下置屋五間牆上列畫方戟
鎗火砲屋前列柳刀鎗劍戟凡燧燈煙事目列書貼壁
二十五日辛丑晴自榆關至榮家庄三里上白石舖二里下白石舖三
瑩三里極寧縣九里竿膨河二里午哩舖三里蘆家庄二里時哩舖三

산해관 안에 들어가 연경에 이르기까지 11일 동안 640리를 가며 기록한 글이다. 옥전현 심유봉의 가게 액자에 쓰여 있던 글을 베껴 와 수정했다는 「호질」을 비롯해, 「열상화보」・「이제묘기」・「난하범주기」・「사호석기」・「동악묘기」가 실려 있다.

● 산해관 ~ 북경

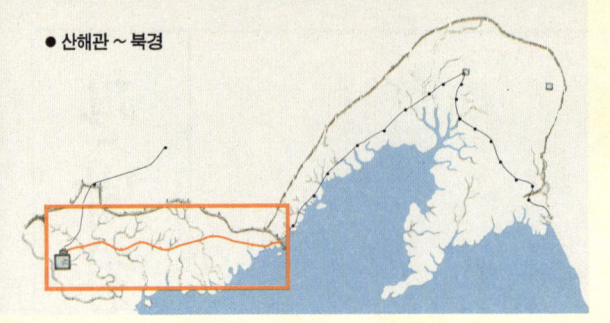

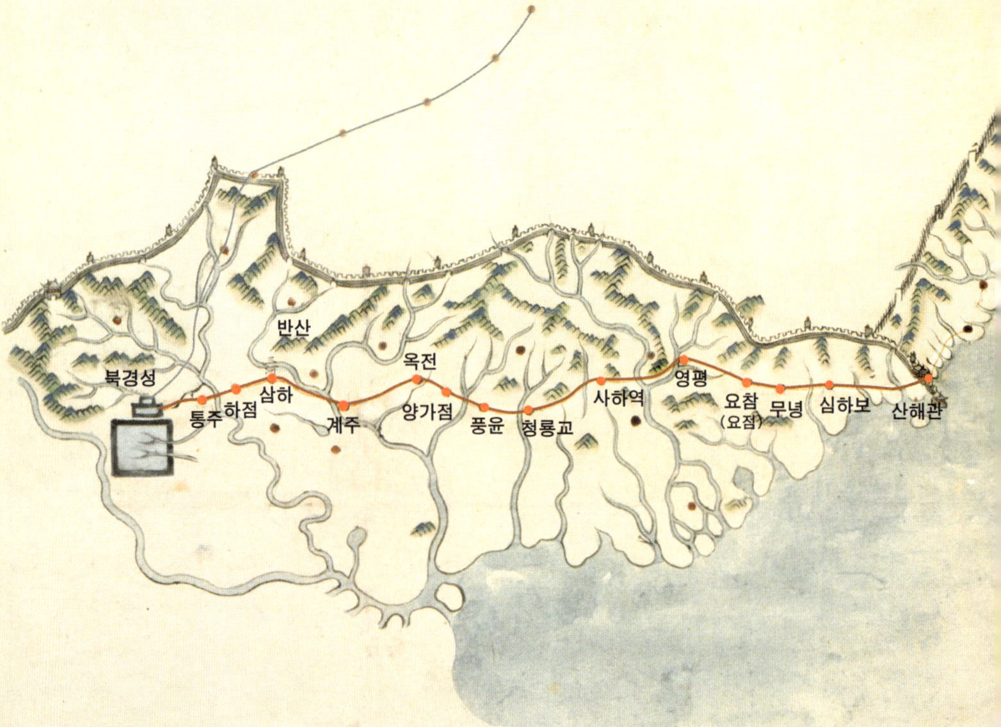
북경성
통주
하점
삼하
반산
계주
옥전
양가점
풍윤
청룡고
사하역
영평
요참
(요점)
무녕
심하보
산해관

7월 28일 일기

저녁에 옥전현玉田縣에 도착하니, 무종산無終山이 있었다. 어떤 사람이 "연나라 소왕昭王의 사당이 이곳에 있었다."고 한다. 성안에 들어가서 한 가게를 조용히 구경하고 있는데, 어디에선가 음악 소리가 들려왔다. 곧 정진사와 함께 그 소리를 따라 들어가 보니 낭각 아래에 젊은이 대여섯 명이 늘어앉았는데, 젓대와 피리를 불거나 현악기를 켜기도 하였다. 방 가운데에 한 사람이 의자 위에 단정히 앉았다가 우리를 보고 일어나 읍하는데, 얼굴이 제법 단아하고 나이는 50세 남짓해 보이며, 수염이 희끗희끗하였다.

이름을 써서 보이니, 그는 머리를 끄덕였다. 그러나 이름을 물어도 대답하지 않았다. 사방 벽에는 이름난 사람의 글과 글씨가 가득 걸려 있었다. 주인이 일어나 작은 감실龕室을 여니, 그 속에 옥으로 새긴 주먹만 한 부처가 들어 있었다. 부처 뒤에는 관음상觀音像을 그린 조그만 가리개를 걸었는데, 그림 제목에 "1620년 3월에 제양除陽 구침邱琛이 그렸다."고 씌어 있었다. 주인이 부처 앞에 나아가 향을

옥전의 풍경

피우고 절한 뒤에 감실 문을 닫고 도로 의자에 앉더니, 자기 이름을 글씨로 써 보였다. "저는 심유붕沁由朋입니다. 소주에 살며 자는 기하箕霞요, 호는 거천巨川입니다. 나이는 46세입니다." 그는 말수가 아주 적으며 조용한 기상을 지녔다. 나는 곧 그를 하직하고 일어나 문을 나오려고 했는데, 언뜻 탁자 위에 구리를 녹여서 만든 사슴이 보였다. 푸른빛이 속속 스민 듯한데, 높이가 한 자 남짓 되었다. 또 두어 자 남짓한 연병硏屛에 국화를 그리고 곁에는 유리를 붙였는데, 솜씨가 매우 교묘하였다. 서쪽 바람벽 밑에는 푸른 꽃 항아리가 있는데, 거기에다 벽도화碧桃花 가지 하나를 꽂았다. 검은 왕나비 한 마리가 그 위에 앉아 있기에 처음에는 만든 것이려니 하였다. 그러나 자세히 보니 비취 바탕에 금무늬가 진짜 나비였다. 꽃잎 위에 다리가 붙어 있었는데, 말라 버린 지 벌써 오래된 것이었다.

벽 위에는 기이한 문장 한 편이 걸려 있었다. 백로지에다 가늘게 써서 격자格子를 만들어 가로 붙였는데, 한쪽 벽에 가득하였다. 글씨 또한 정미하기에 그 밑에 다가가서 한번 읽어 보니, 정말 세상에서 뛰어나고 기이한 글이라고 할 만하였다. 나는 곧 자리로 돌아와서 주인에게 물었다.

"저 벽 위에 걸린 글을 누가 지었습니까?"

"어떤 사람이 지었는지 모르겠소."

"아마도 근세의 작품 같습니다. 혹시 주인 선생께서 지으셨는지요?"

"저는 글자를 모릅니다. 지은 자의 이름이 씌어 있지 않으니, 대체 한漢나라가 있는 줄도 모르는 놈이 어찌 위魏인지 진晉인지를 논할 수 있겠습니까?"

"그러면 이게 어디에서 났습니까?"

"며칠 전에 계주薊州장에서 사 온 것이지요."

"베껴 가도 괜찮겠지요?"

"괜찮습니다."

종이를 가지고 다시 오겠다고 약속하고 저녁 뒤에 정군과 함께 가니, 방 안에다 벌써 촛불 두 자루를 켜 놓았다. 내가 벽 가까이 가서 격자를 풀어 내리려 하였더니, 심이 심부름하는 사람을 불러서 내려 주었다.

계주성 고루

"이 글을 선생이 지으신 게 아니오?"

내가 다시 물었더니, 심이 머리를 절레절레 흔들며 말했다.

"저는 마치 저 밝은 촛불처럼 거짓이 없습니다. 저는 오래전부터 부처님을 섬기고 있기 때문에, 부질없는 말을 삼가고 있습니다."

나는 그제야 정군에게 부탁하여 그 가운데부터 쓰기 시작하게 하고, 나는 처음부터 베껴 내려갔다. 심이 묻기에 내가 답하였다.

"선생님께서는 이걸 베껴서 무엇하시려오?"

"돌아가면 우리나라 사람들에게 한번 읽혀서 모두 허리를 잡고 한바탕 웃게 하려는 거지요. 아마 이걸 읽는다면 입 안에 든 밥알이 벌처럼 날아가고, 튼튼한 갓끈도 썩은 새끼줄처럼 끊어질 거요."

여관에 돌아와 불을 밝히고 다시 훑어보니, 정군이 베낀 부분에는 잘못된 곳이 수없이 많을뿐더러, 빠뜨린 글자와 글귀가 있어서 전혀 문맥이 맞지 않았다. 그래서 대략 내 뜻으로 고치고 보충하여 글 한 편을 만들었다.*

* 여기서부터 「호질」이 시작된다.

호질

 범은 착하고도 성스러우며, 문채롭고도 싸움을 잘한다. 인자하고 효성스러우며, 슬기롭고 어질다. 씩씩하고 날래며, 세차고 사나워서 그야말로 천하에 대적할 자가 없다.

 그러나 비위狒胃는 범을 잡아먹고, 죽우竹牛도 범을 잡아먹는다. 박駮도 범을 잡아먹고, 오색사자는 큰 나무가 서 있는 산꼭대기에서 범을 잡아먹는다. 자백慈白도 범을 잡아먹고, 표견은 날면서 범과 표범을 잡아먹는다. 황요*는 범과 표범의 염통을 꺼내어 먹는다. 활*은 범과 표범에게 일부러 삼켜졌다가 그 뱃속에서 간을 뜯어 먹고, 추이酋耳는 범을 만나기만 하면 곧 찢어서 먹는다. 범이 사나운 용을 만나면 눈을 꼭 감고, 감히 뜨지도 못한다. 그런데 사람이 사나운 용은 두려워하지 않으면서도 범은 두려워하니, 범의 위풍이 얼마나 엄한가.

 범이 개를 먹으면 취하고, 사람을 먹으면 조화를 부리게 된다. 범이 한 번 사람을 먹으면, 그 창귀*가 굴각屈閣이 되어 범의 겨드랑이에 붙어산다. 굴각이 범을 남의 집 부엌으로 이끌어 솥전을 핥게 하면 그 집주인이 갑자기 배고픔을 느껴 한밤중이라도 아내에게 밥을 지으라

호질 연세대학교 학술정보원 소장

고 시키게 된다.

 범이 두 번째로 사람을 먹으면, 그 창귀가 이올彝兀이 되어 범의 광대뼈에 붙어산다. 이올은 높은 데 올라가서 사냥꾼의 움직임을 살피는데, 만약 깊은 골짜기에 함정이나 묻힌 화살이 있으면 먼저 가서 그 틀을 벗겨 놓는다. 범이 세 번째로 사람을 먹으면, 그 창귀가 육혼鬻渾이 되어 범의 턱에 붙어산다. 육혼은 자기가 평소에 알던 친구들의 이름을 자꾸만 불러 댄다.

 하루는 범이 창귀들에게 분부를 내렸다.

 "오늘도 해가 저무니, 어디서 먹을 것을 얻을까?"

 굴각이 이렇게 말했다.

 "제가 아까 점을 쳐 보았더니 뿔도 나지 않고, 날짐승도 아닌, 머리가 검은 놈이 나왔습니다. 눈 위에 발자국이 있는데, 비틀비틀 성긴 걸음이었습니다. 뒤통수에 꼬리가 붙고, 꽁무니를 감추지 못하는 놈이었습니다."

 이올은 이렇게 말했다.

 "동문東門에 먹을 것이 있는데, 이름은 의원醫員이라고 합니다. 그는 입에다 온갖 풀을 머금어서 살이 향기롭습니다. 서문에도 먹을 것이 있는데, 이름은 무당이라고 합니다. 그는 온갖 귀신에게 아양 부리느라고 날마다 목욕재계하기 때문에 고기가 깨끗합니다. 이 중에서 골라 잡수시지요."

 범이 수염을 부르르 떨고 얼굴빛을 붉히면서 말했다.

 "의醫(의원)는 의疑(의심스러움)이다. 자기도 의심스러운 처방으로 여러 사람에게 시험해서, 해마다 남의 목숨을 끊은 자가 몇 만이나 된다. 무巫(무당)

---

* 황요(黃要) | 개의 일종. 표범과 비슷한데, 허리 위는 누렇고 아래는 검다. 작은 놈은 청요(靑要)라고 하는데, 요(要)는 요(腰)와 같은 뜻이다.
* 활(猾) | 연암은 '무골(無骨)'이라고 설명하였다. 범의 입에 들어가도 범이 물지 못한다. 그런 뒤에 범의 뱃속에서부터 먹어 나온다.
* 창귀(倀鬼) | 범에게 물려 죽은 사람의 영혼인데, 범의 앞잡이가 되어 나쁜 짓을 한다고 한다. 물에 빠져 죽은 사람의 영혼도 창귀라고 한다. 굴각이나 이올, 육혼이 모두 창귀의 이름이다.

는 무주誣(속임)이다. 귀신을 속이고 인민을 미혹시켜, 해마다 남의 목숨을 끊은 자가 몇 만이나 된다. 그래서 뭇사람의 노여움이 뼛속까지 스며들어 금잠*으로 화하였으니, 독이 있어서 먹을 수가 없다."

그러자 육혼이 이렇게 말했다.

"저 숲속에 어떤 고기가 있는데, 인자한 염통과 의로운 쓸개를 지녔습니다. 충성스러운 마음을 간직하고 순결한 지조를 품었으며, 머리에는 악樂을 이고 발에는 예禮를 신었습니다. 입으로는 백가百家의 말을 외우며 마음속으로는 만물의 이치를 통달하였으니, 그의 이름은 '석덕지유碩德之儒(덕이 높은 선비)'라고 합니다. 등살이 오붓하고 몸집이 기름져서 다섯 가지 맛이 있습니다."

범이 눈썹을 치켜세우고 침을 흘리다가, 하늘을 쳐다보고 웃으면서 말했다.

"짐이 더 자세히 듣고 싶다."

창귀들이 다투어서 범에게 추천했다.

"일음一陰 일양一陽을 도道라고 하는데, 그 유儒가 이를 꿰뚫었습니다. 오행五行이 서로 낳고 육기六氣가 서로 조화를 이루는데, 그 유가 이를 이끌어 줍니다. 그러니 먹는 것 가운데 이것보다 더 맛있는 것은 없습니다."

그러자 범이 이 말을 듣고 문득 얼굴빛이 걱정스럽게 달라지면서 반갑지 않은 말투로 말했다.

"음양이라는 것은 한 기운이 죽고 사는 것인데, 그들이 둘로 나뉘었으니 그 고기가 잡될 것이야. 오행도 제 바탕이 있어서 애당초 서로 낳는 것은 아니었는데, 이제 그들을 구태여 자子, 모母로 가르고 심지어는 짜고 신맛까지 들여서 분해했으니, 그 맛이 순하지 못할 거야. 육기六氣도 제각기 행하는 것이라서 남이 이끌어 주기를 기다릴 것도 없었는데, 이제 그들이 망령되게 '재성 보상*'이라고 일컬으면서 사사롭게 자기 공을 세우려고 한다. 그러니 그런 고기를 먹다가는 너무 딱딱해서 체하거나 구역질이 나지 않겠느냐?"

정鄭 땅의 어느 고을에 벼슬에 욕심내지 않는 선비가 살았는데 그를 북곽 선생北郭先生이라고 불렀다. 나이 마흔에 손수 교정한 책이 만 권이요, 구경九經의 뜻을 부연해서 다시 지은 책이 1만 5천 권이나 되었다. 천자가 그의 의義를 아름답게 여기고, 제후들이 그의 이름을 사모하였다.

고을 동쪽에 아름다운 청춘과부가 살았는데, 동리자東里子라고 하였다. 천자가 그의 절개를 갸륵히 여기고, 제후들도 그의 어진 마음을 흠모하였다. 고을 사방 몇 리의 땅을 봉하여, '동리과부지려東里寡婦之閭'라고 하였다. 동리자는 이렇게 수절 잘하는 과부였지만 다섯 아들을 두었는데, 저마다 다른 성을 지녔다. 어느 날 밤 오 형제가 번갈아 문틈을 들여다보며 말했다.

강 북편에는 닭 울음소리
강 남쪽에는 별이 반짝이네.
방 안에서 소리가 나니
모습이 어찌 북곽 선생과 아주 비슷한가?

이때 동리자가 북곽 선생에게 청했다.
"오랫동안 선생의 덕을 연모하였습니다. 오늘밤에는 선생님께서 글 읽으시는 음성을 듣고 싶습니다."
북곽 선생이 옷깃을 가다듬고 꿇어앉아서 시를 읊었다.

* 금잠(金蠶) | 『박물지(博物志)』에 등장하는 누에로, 남방 사람이 촉금(蜀錦)을 먹여 금잠을 기르는데, 그 똥을 음식 속에 넣으면 독이 된다.
* 재성 보상(財成輔相) | 『역경』에 이르는 말로 천지의 도를 마련해 이루며[財成天地之道] 천지의 의를 도와 준대[輔相天地之宜]는 뜻이다.

병풍에는 원앙새가 있고,

반딧불은 반짝이네.

가마솥과 세발솥은

무얼 본떠서 만들었나.*

흥겨워라!*

다섯 아들이 서로 이렇게 말했다.

"『예기』에 이르기를 '과부의 집 문에는 함부로 들어서지 않는다.'고 하였는데, 북곽 선생은 어진 이거든. 그러니 이런 일이 없을 거야."

"내가 들으니 '이 고을 성문이 헐어서 여우가 구멍을 냈다.'고 하던데."

"내가 들으니 '여우가 천 년을 묵으면 조화를 부려 사람 흉내를 낸다.'고 하던데, 그놈이 반드시 북곽 선생을 흉내 낸 걸 거야."

그들이 서로 이렇게 의논하였다.

" '여우의 갓을 얻은 자는 천금의 부자가 되고 여우의 신을 얻은 자는 대낮에 그림자를 감출 수 있으며, 여우 꼬리를 얻은 자는 사랑받아 누구든지 그를 좋아한다.' 하던데, 우리가 저 여우를 잡아 죽여 나누는 게 어떨까?'

다섯 아들이 한꺼번에 어머니의 방을 에워싸고 들이쳤다. 북곽 선생이 크게 놀라서 달아났는데, 남들이 혹시라도 제 얼굴을 알아볼까 봐 두려워서 한 다리를 비틀어 목덜미에 얹고, 도깨비처럼 춤추며 도깨비처럼 웃었다. 문밖에 나가 뛰어가다가, 그만 벌판 구덩이에 빠졌다. 그 속에는 똥이 가득 차 있었다. 간신히 붙잡고 올라와 목을 내밀고 바라보니, 이번에는 범이 길을 가로막고 있었다.

범이 이맛살을 찌푸리며 구역질하다가, 코를 막고 머리를 왼쪽으로 돌려 혀를 차며 말했다.

"어이쿠! 그 선비가 구리구나."

북곽 선생이 머리를 조아리며 앞으로 엉금엉금 기어 나와, 세 번 절하고 꿇어앉았다. 고개를 쳐들고 이렇게 여쭈었다.

"범님의 덕이야말로 참으로 지극하십니다. 대인은 변화를 본받고, 제왕은 걸음을 배웁니다. 남의 아들 된 자들은 효성을 법으로 사모하고, 장수는 위엄을 취합니다. 거룩한 이름이 신룡神龍과 짝이 되어, 한 분은 바람을 일으키고 한 분은 구름을 일으키니 저처럼 하토下土의 천한 신하는 감히 그 바람 아래 서옵니다."

그러나 범은 이 말을 듣고 꾸짖으며 말했다.

"앞으로 가까이 오지 마라. 지난번에 내가 들으니 '유儒(선비)는 유諛(아첨쟁이)이다.' 하던데 과연 그렇구나. 네가 평소에 천하의 나쁜 이름을 모두 모아서 망령되게도 내게 덧붙이더니 이제 다급하니까 낯간지럽게 아첨하는구나. 그 말을 누가 곧이듣겠느냐? 대개 천하의 이치가 한가지이니, 범의 성품이 악하다면 사람의 성품도 악할 것이요, 사람의 성품이 선하다면 범의 성품도 선할 것이다. 너희의 천만 가지 말이 모두 오상*을 떠나지 않고, 경계하여 권면하는 것이 언제나 사강*에 있기는 하지만, 서울이나 고을에서 코 베이고 발 잘리며, 얼굴에 죄인이라는 글자를 먹으로 새긴 채 돌아다니는 자는 모두 오륜五倫에 순종치 않은 사람이란 말이야. 그럼에도 불구하고 밧줄이며 먹바늘*이며 도끼며 톱 따위의 형벌 도구를 날마다 공급하기에 겨

---

* 가마솥과~만들었나. | 가마솥과 세발솥은 모형이 다르다. 성이 다른 다섯 아들은 누구를 닮았느냐는 풍자이다.
* 흥겨워라! | 『시경』에서 사용된 육의(六義)의 한 가지. 흥(興)은 먼저 어떤 사물을 읊어서 목적하고 있는 것을 끄집어 일으키는 방법. 예를 들면 원앙새를 먼저 이끌어서 남녀의 사건을 전개하는 방법이다.
* 오상(五常) | 사람이 행하여야 할 다섯 가지 바른 도리인데, 오륜이라고도 한다. 아버지는 의리, 어머니는 사랑, 형은 우애, 아우는 공경, 자식은 효도로 상대방을 대해야 한다. 인(仁), 의(義), 예(禮), 지(智), 신(信)을 오상이라고도 한다.
* 사강(四綱) | 예(禮), 의(義), 염(廉), 치(恥)이다.
* 먹바늘 | '경(黥)을 친다.'는 말이 있는데, 바늘에 먹을 찍어 얼굴에 죄명을 새기는 묵형(墨刑)이다

를이 없으니, 그 나쁜 짓을 막을 길이 없어.

그런데 범의 집에는 이러한 형벌이 없으니, 이로 본다면 그 성품이 사람보다 어질지 않으냐? 범은 나무와 풀을 씹지 않고, 벌레나 물고기를 먹지 않으며, 강술처럼 좋지 못한 것을 즐기지 않고, 젖이나 알처럼 자질구레한 것은 차마 먹지 못한다. 산에 들어가면 노루와 사슴을 사냥하고 들판에 나가면 말과 소를 사냥하되, 아직 구복口腹의 누를 끼치거나 음식 때문에 송사訟事 일으킨 적이 한 번도 없으니, 범의 도道야말로 어찌 광명정대하지 않으랴.

범이 노루나 사슴을 먹으면 너희가 범을 미워하지 않다가도, 범이 말이나 소를 먹으면 '원수'라고 떠들어 대더구나. 아마도 노루와 사슴은 사람에게 은혜를 끼치지 않지만, 말이나 소는 너희에게 공이 있어서 그런 것이 아니냐? 그러면서도 너희는 말이나 소가 태워 주고 일해 주는 공로도 다 저버리고, 사랑하고 충성하는 생각까지 다 잊어버리며, 날마다 푸줏간이 미어지도록 이들을 죽이고 심지어는 그 뿔과 갈기까지 하나도 남기지 않더구나. 게다가 우리의 노루와 사슴까지도 토색질하여 산에서 우리 먹을 것을 없애고 들에서 끼니를 굶게 하였다. 그러니 하늘이 공평하게 처리한다면, 너를 먹어야 하겠느냐? 아니면 놓아주어야 하겠느냐?

자기 소유가 아닌 것을 취하는 자를 '도盜'라 하고, 남을 못살게 굴다가 목숨까지 빼앗는 자를 '적賊'이라고 한다. 그런데 너희는 밤낮을 가리지 않고 쏘다니면서 팔을 걷어붙이고 눈을 부릅뜨며 남의 것을 빼앗고도 부끄러운 줄을 모르더구나. 심지어 돈더러 형이라 부르고*, 장수가 되기 위해서 자기 아내를 죽이는 일까지도 있었으니*, 이러고도 인류의 도리를 논할 수 있겠느냐? 그뿐만 아니라 메뚜기에게서 그 밥을 빼앗고, 누에한테서 옷을 빼앗으며, 벌을 막질러 꿀을 긁어먹고, 심한 경우에는 개미의 알로 젓 담아서 그 조상께 제사하니, 너희보다 더 잔인하고 덕이 적은 자가 있겠느냐?

너희는 이理를 말하고, 성性을 논하면서 걸핏하면 '하늘'을 일컫지만, 하늘이 명한 바로 본다면 범이나 사람이 다 한가지 동물이다. 하늘과 땅이 만물을 낳아서 기르는 인仁으로 논하더라도 범과 메뚜기, 누에, 벌, 개미와 사람이 모두 함께 길러졌으므로, 서로 거스를 수가 없다. 그 선악善惡으로 따지더라도 뻔뻔하게 벌과 개미의 집을 노략질하고 긁어 가는 놈이야말로 천지의 거도巨盜가 아니겠으며, 함부로 메뚜기와 누에의 살림을 빼앗고 훔쳐 가는 놈이야말로 인의仁義의 대적이 아니겠느냐?

범이 아직도 표범을 잡아먹지 않는 까닭은 차마 제 겨레를 해칠 수 없기 때문이다. 그런데다 범이 노루와 사슴 먹는 것을 헤아려도 사람이 노루와 사슴 먹는 것만큼 많지는 않고, 범이 말이나 소 먹는 것을 헤아려도 사람이 말이나 소 먹는 것만큼 많지는 않을 것이며, 범이 사람 먹는 것을 헤아려도 사람이 저희끼리 서로 잡아먹는 것만큼 많지는 않을 것이다.

지난해 관중關中이 크게 가물었을 때 백성끼리 서로 잡아먹은 자가 몇 만이고, 앞서 산동에 홍수가 났을 때, 서로 잡아먹은 백성이 몇 만이었다. 그러나 서로 많이 잡아먹기로는 어찌 저 춘추시대春秋時代 같은 적이 있었겠느냐? 춘추시대에 은덕 세운다는 싸움이 열일곱 번이요, 원수 갚는다는 싸움이 서른 번이었다. 그들의 피가 천 리에 흘렀고, 엎어진 시체가 백 만이나 되었다.

그러나 범의 집에선 홍수와 가뭄 걱정을 모르므로 하늘을 원망할 것도 없고, 원수와 은혜를 모두 잊고 살므로 다른 생물에게 미움을 받지 않는다. 천명을 알고 순종하므로 무당이나 의원의 간교한 술수에 미혹되지 않고, 타고난 바탕을 그대로 지녀서 천명을 다하므로 세속의 이해에 병들지 않는다.

* 심지어~부르고 | 옛날 돈에 네모난 구멍이 있었으므로 공방형(孔方兄)이라 불렀다. 성공수(成公綏)는 「전신론(錢神論)」에서 "나의 가형(家兄)을 사랑한다."고 하였으며, 노포(魯褒)도 「전신론」에서 돈을 가형이라 했다.
* 장수가~있었으니 | 춘추시대에 오기(吳起)가 아내를 죽이고 장군이 되었다.

이것이 바로 범이 착하고도 성스러운 까닭이다. 범의 아롱진 무늬를 한 점만 엿보더라도 그 문*을 천하에 보여 주기 넉넉하고, 한 치의 병장기도 지니지 않았지만 날카로운 발톱과 이빨만으로 천하에 무武를 빛냈다. 범과 원숭이를 그릇에 그려* 천하에 효孝를 떨쳤고, 하루에 한 번 사냥하면 까마귀, 솔개, 청머구리, 말개미 따위와 함께 대궁을 나누어 먹으니, 인仁을 이루 다 쓸 수가 없다. 고자질한 자는 먹지 않으며, 병들어 못 쓰게 된 자도 먹지 않고, 상복 입은 자도 먹지 않으니, 그 의義를 이루 다 쓸 수가 없다.

그런데 너희가 하는 짓은 인자하지 않구나. 틀과 함정으로도 모자라 새 그물과 노루 그물, 작은 물고기 그물과 큰 물고기 그물, 수레 그물과 삼태그물 따위를 만들었으니, 처음 그물을 만든 자야말로 천하에 커다란 화를 끼쳤구나. 게다가 큰바늘과 갈래창, 날 없는 창과 도끼, 세모창과 한 길 여덟 자 창, 뾰족 창과 작은 칼, 긴 창까지 만들었지. 화포火砲란 것이 있어서 터뜨리는 소리가 화산華山도 무너뜨릴 듯하고, 불기운이 음양을 누설하여 우레보다 더 무섭거늘, 이 정도로도 그 못된 꾀를 마음껏 부리지 못한 듯 여긴다.

보드라운 털을 빨아서 아교를 녹여 붙여 칼날*을 만들되, 끝이 대추 씨처럼 뾰족하고 길이는 한 치도 못 되게 하여, 오징어 거품에 담갔다가 꺼낸다. 종횡무진 멋대로 치고 찌르되 세모창처럼 굽고 작은 칼처럼 날카로우며, 긴 칼처럼 예리하고 가지창처럼 갈라졌으며, 살처럼 곧고 활처럼 팽팽해서 이 병장기가 한 번 번뜩이면 모든 귀신이 밤중에 곡할 지경이다. 그러니 너희보다도 가혹하게 서로 잡아먹는 자가 있겠느냐?"

북곽 선생이 자리를 물러나 한참 엎드렸다가 일어나 엉거주춤하더니, 두 번 절하고 머리를 거듭 조아리며 말했다.

"『시전』에 이르기를,

아무리 악한 사람이라도
목욕재계沐浴齋戒를 한다면
상제上帝를 섬길 수 있다.

하였으니, 하토에 살고 있는 천신賤臣이 감히 하풍下風에 서옵니다."
 그런 뒤에 숨을 죽이고 가만히 들어 봐도 오래도록 아무런 분부가 없으므로, 황송하기도 하고 두렵기도 했다. 그래서 손을 맞잡고 머리를 조아리다가 쳐다보니, 동녘이 밝았는데 범은 이미 가 버리고 없었다. 마침 아침에 밭을 갈러 온 농부가 물었다.
 "선생님, 무슨 일로 일찍이 이 벌판에서 절하십니까?"
 북곽 선생이 대답했다.
 "내 예전에 들으니,

하늘이 비록 높다 하되
머리를 어찌 안 굽히며
땅이 비록 두텁다 한들
조심스레 디디지 않을쏘냐?*

하였더군."

* 문(文) | 무늬와 문학이라는 뜻을 함께 가지고 있는 글자이다.
* 범과~그려 | 중국 고대의 그릇에 이러한 그림이 많았다.
* 칼날 | 붓을 말한다. 뒤에 나오는 오징어 거품은 먹물을 가리킨다.
* 하늘이~않을쏘냐? | 『시경』「정월」에 나오는 구절을 인용하였다.

호질 뒤에 쓴다

연암 씨는 이렇게 말한다.

　비록 이 작품에 지은이 이름은 없지만 아마도 근세 중국 사람이 비분강개한 마음을 참지 못해서 지은 글일 것이다. 요즘 와서 세상의 운수가 긴 밤처럼 어두워짐에 따라서 오랑캐의 화禍가 사나운 짐승보다 더 심하며, 선비 가운데 염치를 모르는 자들은 하찮은 글귀나 주워 모아서 시세時勢에 영합하고 있다. 이는 바로 남의 무덤이나 파는 유학자이니, 이리 같은 짐승이라도 오히려 그를 잡아먹기를 달가워하지 않을 것이다. 이제 이 글을 읽어 보니 많은 부분의 말이 이치에 어긋나서, 『장자』에 실린 「거협胠篋」이나 「도척盜跖」과 뜻이 같음을 알겠다.

　그러나 온 천하의 뜻 있는 선비들이 어찌 하룬들 중국을 잊을 수가 있겠는가. 청나라가 천하의 주인이 된 지 이제 겨우 4대째인데, 그들은 모두 문무文武를 아울러 갖추었으며, 장수를 누렸다. 태평성대를 노래한 지 100년 동안 온 누리가 고요하니, 이는 한漢나라 당唐나라 때에 보지 못했던 일이나, 이처럼 편안히 터를 닦고 건설하는 뜻을 볼 때에도 하늘이 배치한 명리命吏, 즉 천자가 아닐 수 없겠다.

　옛날 만장萬章이 "하늘이 순순諄諄히 명령한다."는 말씀을 의심하여 스승 맹자에게 질문했더니, 맹자는 하늘의 뜻을 똑똑히 받아서 "하늘은 말씀으로 하지 않고 모든 실천과 사실로 표시한다." 하였다.* 내가 예전에 이 글을 읽다가 이곳에 이르러선 퍽 의심스러웠다. 이제 내가 감히 묻는다.

"하느님께선 모든 실천과 사실로 그의 의사를 표시하신다. 저 오랑캐의 제도로 중국의 것을 뜯어고친다는 것은 천하의 커다란 모욕인 만큼 인민들의 원통함이 어떠하며, 향기로운 제물과 비린내 나는 제물은 각기 그들이 닦은 덕에 따른 것이니 백신百神은 어떤 냄새를 응감할 것인가?"

사람이 보면 중화中華와 오랑캐의 구별이 뚜렷하겠지만, 하늘이 본다면 은殷나라의 우관이나 주周나라의 면류관冕旒冠도 제각기 때를 따라 변했으니, 어찌 반드시 청나라 사람들의 홍모紅帽만을 의심하랴.

이에 "사람의 숫자가 많으면 하늘도 막아 낼 수 없고, 하늘이 정해 놓은 것은 사람이 어쩔 수 없다."는 설이 그사이 유행하고, 사람과 하늘의 조화되는 이理는 도리어 한 걸음 물러서서 기氣의 명령을 받게 되었다. 이런 문제로 옛 성인의 말씀을 적용해도 맞지 않으면 "이건 천지의 기수氣數가 이렇기 때문이야." 한다. 아아, 슬프다. 이것을 어찌 참으로 기수의 소치라고 이르고 말 것인가.

아아, 슬프다. 명나라의 왕택王澤이 끊어진 지 벌써 오래되어서 중원의 선비들이 머리 모양을 고친 지도 100년이나 되는 요원한 세월이 흘렀지만, 자나 깨나 가슴을 치며 명나라 왕실을 생각하는 것은 무슨 까닭인가? 이는 중국을 차마 잊지 못하기 때문이다.

---

* 옛날~하였다. | 『맹자』 「만장상」에 나오는 구절. 『맹자』는 14권인데 각권의 첫 두세 글자를 제목으로 삼았다. 만장은 맹자의 제자 이름인데, 「만장상」의 아홉 장 가운데 여덟 장이 만장의 질문과 맹자의 대답으로 이뤄졌다. 연암이 인용한 구절의 원문을 살펴보면 다음과 같다.
만장이 맹자에게 물었다. "하늘이 (순(舜)에게 천하를) 주었다는 것은 자세히 말하면서 명령한 것입니까?", "아니다. 하늘은 말이 없다. 다만 순의 덕행과 업적을 통해서 하늘이 뜻을 나타내 보일 뿐이다." 만장이 다시 물었다. "덕행과 업적을 통해서 나타내 보인다는 것은 어떻게 하는 것입니까?", "천자가 훌륭한 사람을 하늘에 추천할 수는 있지만, 하늘로 하여금 천하를 그 사람에게 주게 할 수는 없다. 제후가 훌륭한 사람을 천자에게 추천할 수는 있지만, 천자로 하여금 제후의 자리를 그 사람에게 주게 할 수는 없다. 대부가 훌륭한 사람을 제후에게 추천할 수는 있지만, 제후로 하여금 대부의 자리를 그 사람에게 주게 할 수는 없다. 옛날에 요임금이 순을 하늘에 추천하자 하늘이 그를 받아들였고, 또 백성들에게 내세우자 백성들도 그를 받아들였다. 그러므로 '하늘은 말이 없다. 다만 순의 덕행과 업적을 통해서 하늘의 뜻을 나타내 보일 뿐이다.' 라고 말한 것이다."

그러나 청나라의 계책도 허술하다고 하겠다. 그들은 전대前代 오랑캐 출신의 마지막 임금들이 항상 중화의 풍속과 제도를 본받다가 쇠망했음을 징계하여, 철비鐵碑를 새겨서 파수대에 묻었다. 그러나 그들이 평소에 하고 버리는 말로 언제나 자기의 옷과 벙거지를 부끄러워하건만, 오히려 강약의 형세에만 다시 마음을 두니 어찌 어리석은 일이 아니겠는가.

저 문왕*의 깊은 꾀와 무왕武王의 높은 공렬로도 오히려 은나라의 마지막 악한 임금 주왕*의 쇠퇴함을 구해 내지 못했으니, 하물며 구구하게 저 의관 제도의 하찮은 부분이나 고집해서 무엇하겠는가. 그들의 옷과 벙거지가 참으로 싸움할 때에 가볍고 편하다면, 저 북적北狄이나 서융西戎의 옷이라고 아니 될 이유도 없을 것이다. 그러니 그들은 의당 힘껏 저 서북쪽의 오랑캐에게 도리어 중국의 옛 습속을 따르게 한 연후에야 비로소 천하에 홀로 강한 체할 것이다. 그렇건만 이제 온 천하의 인민을 모두 욕된 구렁에 몰아넣고는 혼자 호령했다.

"잠깐 너희는 수치를 참고 우리를 따라 강하게 되라."

나는 그 '강하다'는 말뜻을 알 수가 없다.

굳이 의관 제도만으로 강하게 된다면, 저 신시新市와 녹림綠林 사이에 눈썹을 붉게 물들이는 적미적赤眉賊이나 머릿수건을 노란색으로 물들여 보통 사람과 다르게 했던 황건적黃巾賊이라야만 되는 것은 아니다. 어리석은 인민들이 한 번 일어나서 그들이 씌워 주었던 벙거지를 벗어 땅에 팽개친다면, 청나라 황제는 자리에 앉은 채로 천하를 잃어버릴 것이다. 예전에 이를 믿고서 스스로 강하다고 뽐내던 것이 도리어 망하는 실마리가 되지 않겠는가. 이렇게 되면 그가 빗돌을 새겨 묻고서 후세에 경계한 일이야말로 어찌 부질없는 짓이 아니랴.

이 작품은 애초에 제목이 없었으므로, 이제 그 글 가운데 '호질虎叱'이란 두 글자를 따서 제목으로 삼는다. 저 중원中原의 혼란이 맑아질 때까지 기다릴 뿐이다.

---

* 문왕(文王) | 성은 희(姬), 이름은 창(昌)인데, 태왕의 손자이다. 은나라 주왕 때 서백(西伯)이 되어 선행을 쌓고 인정을 베풀어 정치와 교화가 크게 떨치자, 많은 제후와 인재가 그에게 모여들었다. 한때 숭후호(崇侯虎)의 참소를 받아 유리에 유폐되었다가 풀려난 뒤 더욱 선정을 베풀어, 천하의 3분의 2를 차지하였다. 아들 무왕이 주왕을 멸하고 주나라를 세운 뒤에 문왕으로 추존하였다.
* 주왕(紂王) | 폭정과 음행으로 은나라를 멸망케 한 마지막 왕인데, 한 예로 주지육림(酒池肉林)을 들 수 있다. 술과 음란한 놀이를 좋아하여 사구(沙丘)에 술로 연못을 만들고, 그 옆에 고기를 매달아 숲을 만들었으며, 발가벗은 남녀들이 그 사이로 서로 쫓아다니게 하며 밤새도록 술을 마셨다. 그래서 백성들의 원망이 쌓였다.

鵠汀筆談

昨日語尹公聽不覺竟日尹公時々睡以頭觸屏余曰尹大人倦矣請退曰睡者睡語者語不相干尹公微聞其語向鵠汀數轉云々鵠汀首肯卽擧揖余同出盖尹公老人因余早起過午酬酢其臀俀思睡故足悴也鵠明日誤朝餞妻余共飯余曰每談席常苦日短明當早赴鵠汀唯々次日使臣起趙班余同起因赴鵠汀明燭兩語都都司成相會而尹公曉已赴且飯且語易數三十紙自寅至酉凡八時而都公晚會先罷閱次談章

汀筆談

余曰尸大人昨日甚俀客心不安得無有視日早晚意乎鵠汀曰此是尸
值午刻暫爲龍虎交不欲令人見他熊鳥小數乎乩俀客意鵠汀閉尹公

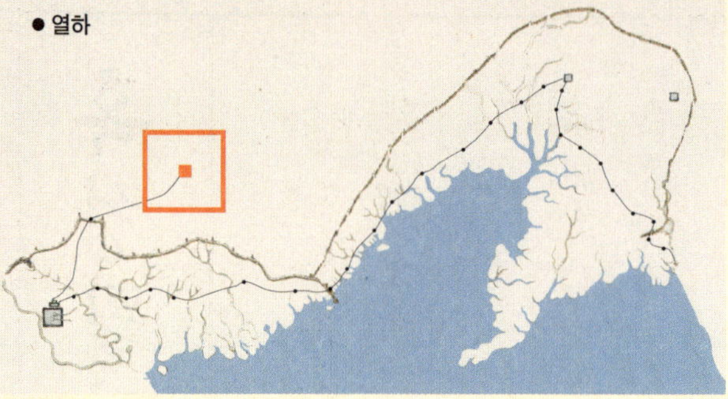

● 열하

■ 열하

들어가기

어제는 윤공과 이야기하느라 해가 저무는 줄도 몰랐다. 윤공이 가끔 졸며 머리로 병풍을 들이받곤 하였다.

"윤대인께선 아마도 피로하신 모양이니, 나는 물러가겠습니다."

내가 말하였더니, 혹정 왕민호가 대답했다.

"조는 이는 졸고 이야기하는 이는 이야기하는 것이지, 무슨 상관이 있겠습니까."

윤공이 그 말을 좀 들었는지 혹정을 향해 무어라고 두어 마디 하자, 혹정이 곧 머리를 끄덕이고는 담초譚草를 거두고 내게 절하며 함께 일어났다. 윤공은 노인인데다 나 때문에 일찍 일어나서 낮이 지나도록 이야기했으니, 피곤해서 졸기 시작하는 것도 당연하다.

혹정이 그 이튿날 아침밥을 짓겠다면서, 내게 같이 먹자고 청했다.

"이야기 자리가 벌어질 때마다 늘 해가 짧은 게 걱정이니, 내일은 일찍 가겠소."

내가 말했더니, 혹정도 대답했다.

"그렇게 하시죠."

이튿날 오경에 사신이 일어나 아침을 먹으러 나갈 때에 나도 함께 일어났다. 그리고 곧 혹정을 방문하여 촛불을 밝히고서 이야기하였다. 도사 학성도 왔으나, 윤공은 벌써 새벽에 조회를 하러 들어갔다. 밥을 먹으며 필담을 나누는 사이에 종이 수십 장을 썼다. 그러고 보니 인시에서 유시까지 무려 8

시간*이나 필담한 셈이다. 학공은 좀 늦게 왔다가 먼저 가 버렸다. 이 담초를 차례대로 엮어서 「혹정필담」이라 하였다.

* 인시에서~8시간 | 하루를 12지로 나눠 시간을 구분했으므로, 여기서 말하는 1시간은 지금의 2시간이다. 인시는 오전 3시에서 5시까지고, 유시는 오후 5시부터 7시까지이다. 8시간은 인, 묘, 진, 사, 오, 미, 신, 유의 8시간이라는 뜻이니, 지금 시간으로 따지면 16시간인 셈이다.

달에서 이 지구를 바라보면

내가 먼저 혹정에게 말했다.

"윤대인께선 어제 손님 접대에 몹시 괴로우신 모양이어서 제 마음이 편하지 않았습니다. 오늘은 시간이 관계없을까요."

"그런 것은 아닙니다. 윤공은 늘 한낮에 한참씩 졸기 때문에 남들에게 그런 꼴을 보이지 않으려고 한 거라오. 결코 손님을 싫어하는 뜻은 없을 거요. 윤공은 어떠한 사람으로 보입니까?"

"참 신선 같은 분이지요. 선생은 그와 친하게 지낸 지 오래되었습니까?"

"다북쑥과 복숭아·오얏처럼 문벌과 가는 길이 전혀 다릅니다. 요즘에야 친구가 되었고 겨우 10여 일 넘었습니다. 공자께서는 아마 기하학幾何學에 정통하신가 봅니다."

"어째서 그렇게 생각하십니까."

"저 윗방에 든 기안사奇按司가 '고려 박공자** 는 기하에 정통합니다. 그가 말하기를, 달 가운데 한 세계가 있다면 마땅히 이 땅과 같을 것이고, 지구가 공중에 걸려 있으니 작은 별 하나에 지나지 않을 것이며, 또 지구 자체에서 빛이 생겨 달 가운데에 가득 들었다고 하더이다.' 합디다. 이 이야기는 모두 기이한 이론인 동시에 천지를 다룰 만한 재주라고 하지 않을 수 없습

** 고려 박공자(朴公子) | 우리나라를 부를 때는 고려라고 하여 마치 우리나라 사람이 중국을 말할 때 한이니 당이니 하는 것과 같다. 그들은 나를 부를 적에 가끔 공자라고 하였다.

니다."

"솔직히 말한다면, 저는 기하에 대한 글자는 반 토막도 엿본 적이 없답니다. 요전 밤에 우연히 기공과 함께 앞마루에서 달을 구경하다, 기이한 흥취를 걷잡지 못해 아무런 생각 없이 멋대로 지껄인 것이지요. 이야말로 일시적인 허튼 이야기에 불과합니다. 게다가 이는 저의 억측에서 나온 것이지, 결코 기하 문제로 풀어 본 것이 아닙니다."

"이렇게 겸손하실 필요는 없습니다. 지구의 빛에 대한 이론을 듣고 싶습니다. 만일 지구에 빛이 있다고 한다면 모르겠습니다만, 지구는 햇빛을 받아서 빛이 생기는 것입니까, 아니면 그 자체에서 저절로 빛이 생기는 것입니까."

"마치 꿈결에 푸른 글씨로 쓴 부적을 읽은 것처럼 되어서, 지금은 벌써 잊어버렸습니다."

"저도 평소에 남 몰래 발명한 것이 없지 않으나, 역시 남을 만나서 발표하진 못했습니다. 왜냐하면 온 천지의 여러분이 크게 놀랄 것 같았기 때문입니다. 마치 무엇이 탯덩이처럼 가슴속에 뭉쳐 있고 오래도록 소화되지 않아, 겨울이나 여름이 되면 더욱 괴로워집니다. 선생도 이런 증세가 나타나지 나 않을까 두렵습니다."

"그렇다면 다 털어놓고 말씀해서 그걸 깨뜨려 버립시다. 몇 해 동안 묵은 병을 약 쓰기 전에 낫게 하는 게 좋지 않겠습니까."

"아니오, 그렇지 않습니다."

그러고는 손을 흔들며 혹정이 웃었다.

"무슨 말이라도 손님이 먼저 꺼내진 못하는 겁니다."

그러고는 내가 말을 끝냈다. 얼마 지나 밥상이 들어왔다. 차린 순서를 보니, 과일과 나물이 먼저 올랐다. 다음에는 떡, 그 다음에는 볶은 돼지고기와 지진 달걀 등이 오르고, 밥은 가장 나중에 올랐다. 하얀 쌀로 지은데다 양곱창국을 끓였다. 중국 음식은 모두 젓가락을 사용하되 숟가락은 없었으며, 권커니 잣거니 하며 작은 잔으로 기쁨을 나눈다. 우리나라처럼 긴 숟가락으로 밥을 둥글둥글 뭉쳐 한꺼번에 배불리고 바로 끝내는 법이 없이, 가끔 작은 국자로 국물을 떠 마실 뿐이다. 국자는 숟가락과 비슷하면서 자루가 없어 술잔 같기도 하나, 또 발이 없어서 연꽃 한 쪽과 비슷한 모양이었다. 나는 국자를 집어서 밥 한 공기를 떠 보려 하였으나 밑이 깊어서 먹을 수 없기에,

"빨리 월왕越王을 불러오시오."

하고는 무심코 웃었다.

"무슨 말씀이오?"

학지정이 나더러 물었다.

"월왕의 생김새가 목이 썩 길고 입부리가 까마귀처럼 길었답니다."

내가 대답하였더니, 지정이 웃느라 혹정의 손목을 잡고 입안에 들었던 밥을 내뿜으며 재채기를 수없이 하였다. 지정이 이내 물었다.

"귀국 풍속에는 밥을 뜰 때 무엇을 쓰십니까?"

"숟가락을 씁니다."

내가 답했더니, 지정이 물었다.

"그 모양이 어떻게 생겼습니까."

"작은 가짓잎 같습니다."

내가 대답하고는, 이내 탁자 위에 그려 보였다. 둘은 더욱 배를 껴안고 허리가 꺾어질 듯 웃었다. 지정이 곧 시를 읊었다.

어떻게 생긴 가짓잎 숟가락이,
저 혼돈한 구멍을 뚫어서 깨뜨렸던고.

혹정이 화답하였다.

많고 적은 영웅 그이들 손이,
이 순가락을 비우느라 얼마나 바빴으랴.

"기장밥은 젓가락으로 먹지 않고, 남과 함께 먹을 때 손에 바르지 않는 법입니다. 그런데도 중국에 들어와선 순가락을 구경하지 못했으니, 옛사람이 기장밥을 먹을 때 손으로 훔치는 것이 아니었던가요."

"숟가락이 있긴 하지만 그다지 길지 않습니다. 기장밥이고 쌀밥이고 젓가락을 쓰기로 관습이 되었답니다. 조행操行이 습관이 된다는 것도 예와 지금이 조금 달라지는 것 같습니다."

"혹정 선생은 뱃속에 가득히 꾸불꾸불 뒤틀어져 있는 그 무엇을 끝내 해산하기 어려운지요."

"그게 무슨 말씀이오?"

"아까 이야기하던 크게 놀랄 만한 탯덩이 말씀입니다."

"그런 증세에는 도라면탕兜羅綿湯(한약)을 쓰는 게 가장 좋습니다."

"그야말로 우물우물 삼키는 격이군요."

"안기생이 먹고서 신선이 되었다는 대추가 아니라면, 위왕이 얻었지만 너무나 커서 쓸모가 없었다는 다섯 섬들이 바가지일 거요."

"그런 정도이지요."

그러고는 혹정이 껄껄 웃었다.

"그러나 저는 온몸에 가려움증이 나서 배기지 못하겠소."

"그러시다면 어디서 등 긁기에 좋은 마고선녀*의 손톱이라도 구해 오란 말씀이오."

지정이 다시 지구의 빛에 대한 설명을 청하기에, 내가 말했다.

"제가 다만 허망한 말씀을 드렸으니, 선생께서도 허망한 말로 들어주신다면 좋겠소."

"그러는 것도 해롭진 않을 거요."

"낮이면 만물이 모두 환하게 보이다가도 밤이 되면 모든 것이 암흑 속에 드는 것은 무슨 까닭이겠습니까?"

"그거야 햇빛을 받아서 밝은 것이지요."

"모든 물건 자체에는 빛이 없음을 보아서, 그 본질은 어둡지 않겠습니까. 예를 들면 어두운 밤중에 거울을 보더라도 목석과 다름없으니, 비록 빛을 받아들일 성격은 있지만 그 자체가 밝을 수 있는 바탕이 없음을 알 수 있습니다. 그리고 햇빛을 빌린 뒤에야 빛을 낼 수 있으므로 반사하는 곳에 도리어 밝은 그림자가 생기니, 물이 밝아짐도 이와 같은 것이 아니겠습니까. 그러니 지구의 밖에 바다가 둘러져 있는 것은, 비유하건대 한 개의 큰 유리 거울과 같습니다. 만일 달 세계에서 이 땅의 빛을 본다면 역시 상현달, 하현달, 보름달, 그믐달, 초하루 등이 있겠지요. 해를 맞댄 이쪽저쪽에는 큰물과 큰 땅덩이가 서로 잠기며 비춰져서, 그 빛을 받아 반사되어 바꾸어 가며 밝은 그림자를 토하는 거지요. 마치 저 달빛이 이 땅덩이에 고루 퍼졌으나 햇빛을 받지 못한 곳이 저절로 어두워져서 상현달이나 하현달이 되기 전 초승달처럼 빈 둘레만 걸려 있고, 그 흙의 깊은 곳이 마치 달 속의 검은 그림자처럼 엉성한 것과 마찬가지가 아니겠소?"

---

* 마고선녀 | 한나라 환제 때의 선녀이다. 모주(牟州) 동남쪽 고여산(姑餘山)에서 도를 닦았는데, 선인(仙人) 왕방평(王方平)이 채경(蔡經)의 집에 내려와 마고를 불렀다. 나이가 열여덟아홉이었는데, 얼굴이 몹시 아름다운데다 손톱이 새 같았다. 송나라 건화(建和) 연간에 진인(眞人)에 봉해졌다. 강서성 남성현 서남쪽 마고산 꼭대기에 단이 있는데, 마고가 도를 닦던 선단(仙壇)이라고 한다.

"저도 예전에는 지구에 빛이 있다고 망령되게 생각했으나, 선생이 논하신 것과는 좀 다른 생각이었습니다."

"그야 반드시 서로 같아야 되는 것은 아니니까, 이에 대한 설명이나 듣고 싶습니다."

지정이 혹정을 돌아보며 잇따라 몇 마디 말로 '산하山河의 그림자' 운운하자, 혹정이 머리를 흔들며 말했다.

"그렇지 않아."

"무엇이 아니란 말이오?"

"선생께서는 방금 지구의 빛을 설명하셨는데, 학공은 산하의 그림자로 안 까닭이오."

"불가佛家의 말에 따르면 저 달 가운데에서 마치 춤추는 듯한 무엇이 곧 산하의 그림자라 하였소. 이는 곧 달은 하나의 허명체虛明體에 지나지 않아서, 마치 거울이 물건을 비추듯 굽어서 대지에 내리쬐는 것을 말하는 것이 아니겠습니까. 그리고 그들이 말하는 요철형凹凸形이란 것도 산하의 높고 낮음으로, 마치 그림의 부본처럼 위로 올라서 달 가운데를 물들였다는 것이니, 모두 땅과 달의 본질은 아니라고 생각됩니다. 그리고 내가 말한 달 속의 세계란, 참으로 한 개의 세계가 있다는 것이 아닙니다. 애당초 지구의 빛을 설명하려 하였으나 어떤 곳에도 나타낼 수 없으므로, 이러한 달 속의 세계를 만들었던 것입니다. 다시 말하면 달과 지구를 바꿔서 보자는 것이니, 만약 우리가 달에서 지구를 쳐다본다면, 역시 이 땅에서 저 달빛을 바라보는 것과 똑같을 것이라 생각됩니다."

"옳습니다. 선생의 말씀은 내가 명백히 알아들었소. 이미 달나라가 있다면 거기에 산하가 있겠고, 산하가 있다면 거기에 요철凹凸이 있는 것이지요. 멀리서 서로 바라본다면 으레 이런 형태가 나타날 것이니, 이는 대지를 빌리지 않아도 그림자가 나타날 것입니다. 그러나 지구의 빛에 대해서 말한다면, 이는 햇빛을 빌리는 게 아니라 스스로 빛을 낸다고 생각됩니다. 물건이 크면 신神이 그를 지키는 것이요, 물건이 오래 묵으면 정기가 어리는 법입니다. 늙은 조개가 구슬 빛을 통해 어둔 밤을 밝혀 주는 것은 신과 정기가 한곳에 모였기 때문이 아니겠습니까. 그리고 땅덩이야말로 크고도 오래갈 수 있는 보배스런 큰 구슬이니, 큼직한 신정神精이 저절로 광명할 것입니다. 그렇다면 저 공중에 가득한 별이나 은하에는 모두 제 몸에서 나오는 빛이 있지 않겠습니까?"

지정이 옆에서 읽다가 웃으며, "월중 세계에서 이 지구의 빛을 바라본다면"이라는 구절에 동그라미를 쳤다. "지구는 곧 감공보주嵌空寶珠(보배스런 큰 구슬)"라는 구절에도 동그라미를 치며 말했다.

"두 분 선생께서는 한번 달나라에 가셔서 선약仙藥을 찧고 있는 선녀 항아*에게 소송을 걸어 판결 지어야겠습니다. 그때는 아예 학성더러 증인이 되라고 하지 마십시오."

혹정도 곧 "선녀 항아에게 소송을 걸라."는 구절에 동그라미를 쳤다. 혹정이 또 내게 물었다.

"달 가운데 만일 한 세계가 있다면, 그 세계는 어떨 거라 생각합니까?"

내가 웃으며 말했다.

"아직 월궁月宮을 한 번도 구경한 적이 없으니 그 세계가 어떻게 생겼는지를 어찌 알겠습니까. 다만 우리 티끌 세계의 사람으로 저 월세계를 상상한

---

* 항아(姮娥) | 간보의 『수신기(搜神記)』에는 항아에 대한 이야기가 다음과 같이 전한다. 유궁(有窮)의 임금 예(羿)가 서왕모에게 불사약을 청하였다. 그런데 그의 아내 항아(嫦娥)가 이를 훔쳐 가지고 달로 달아나 버렸다. 항아가 떠나면서 무당 유황(有黃)에게 점을 쳤는데, 유황이 이렇게 점패를 일러 주었다. "길하도다. 펄펄 나는 귀매(歸妹)로다. 장차 홀로 서쪽으로 가서 하늘 속의 회망(晦芒, 어둠)을 만나리라. 두려워할 것도 없고, 놀랄 것도 없다. 뒤에 장차 크게 창성하리라." 항아는 드디어 달에게 자기 몸을 맡겼다. 이것이 바로 섬저(蟾蠩), 즉 달 속의 두꺼비이다.

다면 역시 어떤 물건이 쌓이고 모여서 한 덩이가 생긴 것인데, 이 큰 땅덩이는 마치 아주 작은 티끌이 한 점 한 점 모인 것과 같습니다. 티끌과 티끌이 의지했는데, 티끌이 어린 것은 흙이 되고, 티끌이 추한 것은 모래가 되었습니다. 티끌이 굳은 것은 돌이 되고, 티끌의 진액은 물이 되었습니다. 티끌이 따뜻한 것은 불이 되고, 티끌이 맺힌 것은 쇠끝이 되었습니다. 티끌이 번영한 것은 나무가 되고, 티끌이 움직이면 바람이 되며, 티끌이 찌는 듯 기운이 침울하면 벌레가 되는 것입니다.

　사람은 모든 벌레 중 한 족속에 불과합니다. 만일 달 세계가 음성陰性으로 땅덩이가 되었다면 그 물은 곧 티끌이고, 그 눈은 곧 흙입니다. 그 얼음은 곧 나무이고, 그 불은 곧 수정이며, 그 쇠끝은 곧 유리라고 생각됩니다. 그러나 달 세계가 반드시 그런 것은 아닙니다. 제가 비록 추상적으로 이런 명제를 설정했지만, 그렇게 크나큰 물체가 만들어져 그 덕을 햇빛에 비교할 수 있고, 그 몸을 해에 배합할 수 있다면, 어찌 기운이 모여서 벌레처럼 변화하지 않겠습니까. 사람이 불에 들어가면 타 버리고, 물에 빠지면 가라앉아 버리지요.

　그러나 사람은 불과 물을 떠나지 못하는 존재이니, 비록 물과 불 속에 살고 있다고 말해도 좋지 않겠습니까. 게다가 물속에 살고 있는 벌레가 고기와 자라 종류만이 아닙니다. 비록 벌레는 비늘과 껍질로 치레한 놈으로 주를 삼았다 하지만, 날개가 돋친 놈도 있고, 털이 입혀진 놈도 있습니다. 고기와 자라는 비록 뭍에 내놓는다면 죽어 버릴 수밖에 없으나, 때에 따라서는 진흙 속에 깊이 숨어들기도 합니다. 그렇다면 비늘이 있거나 껍질이 있는 족속도 흙을 떠날 수는 없지 않겠습니까. 그리고 천하 지도를 맡은 관원 직방職方이 소개한 것 외에 몇 개의 세계가 이 우주 안에 있는지 알 수 있겠습니까?"

"서양 사람들이 기록한 것을 믿는다면, 아마 구국狗國(개나라), 귀국鬼國(귀신나라), 비두국飛頭國, 천흉국穿胸國(가슴에 구멍 뚫린 사람들의 나라), 기굉국奇肱國, 일목국一目國(눈이 한 짝인 사람만 사는 나라) 등의 여러 기이하고 괴상한 나라가 있는 모양입니다. 이는 보통 사람이 생각할 수 있는 나라가 아닙니다."

"이는 서양 사람의 기록에 나타났을 뿐만 아니라, 우리의 경전에도 있지 않소?"

"어떤 경에 실려 있나요?"

"『산해경』이었죠."

"이 대지에 몇 분의 인황鱗皇과 모제毛帝가 있는지는 알 수 없으니, 이 땅에서 저 달을 생각해 볼 때 그곳에 한 개의 세계가 있는 것도 이치에 맞지 않을 건 없지요."

"달 세계가 있고 없는 거야 우리 티끌 세상에 아무런 상관이 없으니, 이는 '월越나라 사람이 살찌고 여위는 것은 진秦나라 사람과 상관없다.' 는 말과 마찬가집니다. 이에 대해서는 옛 성인도 말씀하지 못했는데, 이제 선생의 말씀을 듣고 나니 마치 티끌 세상의 모든 번뇌가 별안간 없어지는 것 같습니다. 저 달나라의 광한궁廣寒宮에 앉아 얼음 비단을 입고 싸늘한 술을 마시며 청렴하고 고결했던 백이*나 오릉중자*와 함께 노니는 것 같습니다. 그렇다면 '뗏목을 타고 바다에 뜨고 싶다.' 던 공자의 말씀도 공자의 별계別界 망상妄想이 아니겠습니까. 만일 선생이 상큼하게 서늘바람을 타고 공중으로 향

---

* 백이(伯夷) | 은나라 말기 고죽군(孤竹君)의 맏아들인데, 아버지가 아우 숙제에게 왕위를 전할 뜻이 있음을 알고 달아났다. 무왕이 폭군 주왕(紂王)을 치려고 하자, '부친상도 끝내지 않고 손에 무기를 잡는 것' 과 '신하가 임금을 죽이려고 하는 것' 은 도리가 아니라며 간하였다. 무왕이 결국 은나라를 멸망시키자, 백이는 주나라 곡식을 먹지 않겠다고 수양산에 들어가 고사리를 캐어 먹다가 굶어 죽었다.
* 오릉중자(於陵仲子) | 오릉에 살던 선비인데, 사흘이나 먹지 못해 귀도 들리지 않고 눈도 보이지 않았다. 우물가에 기어가서 벌레가 반 넘어 파먹은 오얏 열매를 집어먹고야 눈도 보이고, 귀도 들리게 되었다. 형 진대(陳戴)의 녹봉이 만종(萬鍾)이나 되었지만, 의롭지 않은 재물이라 해서 얻어먹지 않고 오릉에 따로 살았다.

한다면, 저도 스승 공자를 따라가겠다던 중유*에게 결코 뒤질 생각이 없소."

지정이 곧 '별계 망상'에다 동그라미를 치며 말했다.

"당신 두 분이 별세계로 떠나신다면 저도 팔짝팔짝 뛰는 토끼나 펄쩍펄쩍 뛰는 두꺼비 노릇을 할지라도 사양하진 않겠소."

그러자 온 좌석의 사람이 왁자하게 웃었다.

---

* 중유(仲由) | 공자의 제자 자로(子路)의 이름인데, 그는 공자의 제자 가운데 가장 용맹하였다.

지전설

혹정이 또 내게 말했다.

"우리 유학자 중에도 요즘은 '땅이 둥글다.'는 서양인의 지구설을 믿는 사람이 제법 많아졌지요. '땅은 모나고 고요하며 하늘은 둥글고 움직인다.'고 하는 게 우리 유학자의 명맥임에도 불구하고, 서양 사람이 이러한 혼란을 일으켰다고 봅니다. 선생은 어떤 학설을 좇으십니까?"

"선생은 어떤 것을 믿으십니까?"

내가 반문하자 혹정이 답하였다.

"전 비록 손으로 동서남북 천지 상하의 등마루를 어루만지지는 못했습니다만, 지구가 둥글다는 설을 믿었지요."

"저는 하늘이 만든 것 중 모난 물건은 없다고 생각합니다. 모기 다리, 누에 궁둥이, 빗방울, 눈물, 침 같은 것까지 둥글지 않은 게 없지요. 산과 강, 큰 땅덩이, 해와 달, 별들도 모두 하늘이 창조한 것이었으나 아직 모난 별을 본 적이 없으니, 지구가 둥근 것은 의심할 게 없다고 생각했거든요. 대체로 지구의 모습은 둥글지만 그 덕은 모나며, 사공事功은 움직임에 있으나 그 성정性情은 고요함에 있습니다. 만일 태공으로 하여금 이 땅덩이를 편안히 한곳에 정착시켜 놓고 움직이지도 못하며 구르지도 못한 채 공중에 매달려 있게만 한다면, 이는 썩은 물이나 죽은 흙과 마찬가집니다. 잠깐 사이에 지구가 썩어 버릴 것입니다. 어찌 저토록 오랫동안 한곳에 멈춰 허다한 물건을 지고 싣고 있으며, 황하나 한수처럼 큰물을 담고서도 물샐 틈이 없겠습니까?

그러면 지구는 면면마다 구역이 열리고, 군데군데 발을 붙여서 하늘로 머리 솟고, 땅에 발을 디딘 모습이 나와 비슷하리라 생각됩니다.

그런데 서양 사람들이 벌써 땅덩어리를 구球로 인정하면서도 지구가 구르는 데 대해서는 말한 적이 없으니, 땅덩어리가 둥근 줄 알면서 둥근 것이 반드시 구를 수 있다는 사실은 모르는 셈입니다. 그러므로 저는 이 땅덩어리가 한 번 구르면 하루가 되고, 달이 한 번 땅덩어리를 돌면 한 달이 되며, 해가 한 번 땅덩어리를 돌면 한 해가 되고, 세성歲星이 한 번 땅덩어리를 돌면 1기(12년)가 되며, 항성恒星이 한 번 땅덩어리를 돌아가면 1회(10,800년)가 된다고 생각했던 것입니다. 게다가 저 고양이의 눈동자를 보고서도 지전地轉을 증험할 수 있겠습니다. 고양이의 눈동자가 열두 시간마다 변하니, 한 번 변하는 순간에 땅덩어리는 벌써 7,000여 리나 달리는 것입니다."

지정이 너털웃음을 치며 말했다.

"이야말로 토끼 주둥이에 달린 건곤乾坤이요, 고양이 눈에 돌아가는 천지라고 이를 만합니다."

"최근 우리나라에서 김석문*이란 선배가 처음으로 삼대환三大丸이 공중에 떠 있다는 학설을 내세웠고, 벗 홍대용도 지전설을 창안했습니다."

혹정이 붓을 멈추고 지정을 향해서 무어라고 하는데, 마치 홍대용의 자와 호를 말하는 듯했다. 그러다가 지정이 내게 물었다.

"담헌 선생은 김석문 선생의 제자입니까?"

"아뇨. 김 선생은 돌아간 지 벌써 100년이나 되었으니 서로 가르치고 배울 관계가 아닙니다."

"김 선생의 자와 호는 무엇이며, 저서는 몇 편이나 있습니까?"

"자와 호는 모두 기억하지 못합니다.* 이에 대한 그의 저서도 없습니다. 홍대용도 저서가 없지요. 다만 제가 일찍부터 그의 지전설을 깊이 믿었으므로, 나더러 자기를 대신하여 저술하기를 권한 적은 있었습니다. 내가 국내에 있을 때 이럭저럭 못했는데 어제 저녁 우연히 기공과 함께 달을 구경하다가 친구 생각이 났습니다. 상황에 따라 생각난 것인 만큼, 참지 못하고 말했습니다. 서양 사람들이 지전설을 말하지 않은 것은 이런 이유 때문이라고 생각합니다. 만일 땅덩어리가 한 번 구른다면 모든 궤도를 추측하기가 더욱 어려울 것이므로, 땅덩어리를 붙들어 한곳에다 안정시켜 놓되, 마치 말뚝을 꽂은 듯이 한 뒤에야 측량하기 편하리라는 생각이 아니겠습니까."

"전 본래 이런 학문에 어두웠으나 역시 한두 가지 생각한 것이 있긴 합니다. 그러다가 요즘 억지로 차 일곱 잔을 마신 듯해서 다시는 정신을 허비하지 않았지요. 선생의 말씀은 저 서양 사람들이 발명한 것도 아닌 만큼 저는 감히 '그 말이 맞다.' 하기도 어렵거니와 그르다고 물리치기도 어렵습니다. 아득히 확인할 곳이 없더니 선생의 변설이 몹시 정확하여, 마치 고려에서 만든 송납松衲 꿰매는 바늘구멍처럼 되어 둘린 선과 길 하나하나가 투명하군요."

"어떤 것을 '삼대환' 이라 하고, 어떤 것을 '일소성一小星'이라 합니까?"

"공중에 떠 있는 '삼환三丸', 즉 큰 덩어리 세 개란 해와 지구와 달을 말합니다. 이에 대해서 논하는 이는 '저 별은 해보다 크고, 해는 지구보다 크며, 지구는 달보다 크다.' 하였습니다. 만일 그들의 말과 같다면, 공중에 가득 박힌 별에서 이 삼환을 보았을 때 허공에 얽혀 붙은 지구나 달이 자잘한 작

---

* 김석문(金錫文) | 1658~1735년. 『주역』을 연구하면서 주돈이·소옹·정이 등의 저술을 통해 삼라만상의 형성과 변화하는 이치를 깨닫고, 천문학과 지리학을 익혔다. 청나라에서 활동하던 나아곡(羅雅谷, Jacques Rho) 신부의 『오위역지(五緯曆指)』에 소개된 프톨레마이오스의 천동설과, 지구 둘레를 달과 해와 항성이 회전하고 다시 해의 둘레를 수성·금성·목성·화성·토성 등이 회전해 우주를 형성한다는 브라헤(Brahe)의 천체관을 연구하다가, 독자적인 지전설(地轉說)을 개척하였다. 해의 둘레를 도는 별들이 제각기 궤도를 따라 돌 뿐만 아니라, 지구도 남북극을 축으로 하여 제자리에서 1년에 366회전한다는 것이다. 세밀한 천문 관측을 통해 자연과학적 논리로써 체계화한 것이 아니라, 『역학도해(易學圖解)』 서문에서 밝혔듯이 성리학의 미비점을 보충하기 위한 설명이었다. 그의 주장은 제자 황윤석과 안정복·이유경에 의해 높이 평가되었으며, 홍대용의 지전설과 역사철학도 그에게 전수받은 것이다. 벼슬은 통천 군수를 지냈다.

* 자와~못합니다. | 김석문의 자는 병여(炳如), 호는 대곡(大谷)이다.

은 별에 지나지 않을 것입니다. 그런데도 우리가 한 둘레의 물과 흙 사이에 앉아서 시야가 넓지 못하고 생각에 한계가 있으니, 망령되게 저 별자리를 구주九州에 분배시킨 셈입니다. 구주가 사해 안에 있는 것이 마치 검은 사마귀가 얼굴에 찍혀 있는 것과 무엇이 다르겠습니까. 큰 연못에 뚫린 작은 구멍이 아니겠습니까. 그리고 스물여덟 개의 별자리가 제각기 한 분야를 맡았다는 설이야말로 어찌 의심스럽지 않겠습니까."

지정은 워낙 이 말을 믿었으므로, '자잘한 작은 별'이라는 구절에다 어지럽게 동그라미를 쳤다. 혹정도 내게 칭찬하며 말했다.

"이는 참으로 기이한 이론이며, 상쾌한 이론입니다. 앞사람이 못했던 것을 발명하셨습니다."

"저는 만 리나 되는 먼 길을 걸어서 귀국에 관광하러 왔습니다. 그런데 우리나라는 극동에 있고 구라파는 서양인 만큼, 이 극동과 서양 사람이 평소에 한번 만나기를 원했지요. 이제 갑자기 열하熱河에 들어왔으나 아직 천주당天主堂을 구경하지 못했습니다. 이제 칙명을 받들고 우리나라로 돌아간다면 다시 북경에 들어올 가망이 없습니다. 다행히 대인 선생과 교제하여 많은 가르침을 받아 비록 나의 큰 소망을 이뤘으나, 저 멀리 사는 서양 사람을 만날 길이 없는 것이 나의 한입니다. 이제 들으니 서양 사람도 황제의 행차를 모시느라고 이곳에 머물러 있다더군요. 가르침을 받고자 하오니, 혹시 그들과 아시거든 소개해 주시길 바랍니다."

"이런 일은 워낙 관청에서 맡은 일이라, 길이 같지 않으면 서로 의논하지 않는 법입니다. 게다가 황제가 계신 곳이 모두 서울이므로 사람이 산을 이루고 바다를 이뤄, 그들을 찾기가 곤란합니다. 헛수고하실 필요가 없을 듯합니다. 저는 저녁에 잡무가 있습니다."

지정은 먼저 일어나 담초 대여섯 장을 가지고 가 버렸다.

야소교*

"야소耶蘇는 성심껏 하느님을 공경하여 팔방에 교리를 세웠으나 30세에 처형당했으므로, 그 나라 사람이 몹시 사랑하여 야소회를 설립하고, 그의 신을 높여서 천주天主라고 했답니다. 야소교에 들어간 자는 반드시 눈물 흘리고 슬퍼하며 야소를 잊지 않는다고 합니다. 천주는 어릴 때부터 네 가지를 서약했는데 첫째 색념色念을 끊을 것, 둘째 벼슬 생각을 버릴 것, 셋째 사방을 돌아다니며 선교하되 다시는 고국으로 돌아오기를 원하지 말 것, 넷째 헛된 이름을 꿈꾸지 말 것이었지요. 그는 비록 부처를 배격했지만, 윤회설을 믿었다고 합니다. 명나라 만력 연간(1572~1615년)에 서양 사람 사방제沙方濟가 월동에 이르러서 죽었고, 뒤를 이어서 이마두利瑪竇(마테오리치) 등 여러 사람이 들어왔습니다. 그들의 교리는 일을 밝힘으로 종지宗旨를 삼고, 몸 닦기를 요체로 삼지요. 충효와 자애로 공부를 삼고, 개과천선改過遷善으로 입문을 삼으며, 죽고 사는 것과 같은 큰일을 예비하여 걱정 없는 것이 목적입니다. 서방의 모든 나라가 이 교를 믿은 지 이미 천여 년이 되었으므로 나라가 아주 편안해졌답니다. 그러나 그 말이 너무 과장스럽고 황당한 편이어서 중국 사람은 믿는 이가 없답니다."

내가 혹정에게 물었다.

"1581년에 이마두가 중국에 들어와 수도에 머물러 산 지 29년이나 되었는

* 야소교(耶蘇教) | '야소(耶蘇)'는 예수의 음역인데, 천주교를 초기에 야소교라고 불렀다.

데, 그는 기원전 1년에 야소가 로마제국에서 태어나 서해 밖을 다니면서 교를 선전했다고 합니다. 한나라 때부터 명나라 만력까지 1,500여 년이나 되었는데도 이른바 '야소'라는 두 글자조차 중국 서적에 나타나지 않았거든요. 아마 야소가 저 먼 바다 건너에서 났으므로 중국 선비들이 그의 이름을 듣지 못했는지, 비록 들어서 안 지 오래되었지만 그가 이단이므로 역사에 기록하지 않았는지는 모르겠습니다. 로마제국의 또 다른 이름은 불름拂菻이라고도 하니, 구라파는 곧 서양의 전체 이름이 아닌가 생각합니다.

1371년에 날고륜이라는 사람이 로마제국에서 중국으로 들어와 고황제를 뵈었으나, 야소교에 대해서는 말하지 않았으니, 이는 무슨 까닭입니까. 로마제국에는 처음부터 야소교가 없었던 것을 이마두가 천신天神에게 의탁해 중국 사람들을 의혹시킨 것이 아닌가 합니다. 그는 윤회설을 믿으면서도 천당과 지옥이 있다는 이야기로 불교를 비방하여 공격했는데, 마치 원수같이 했으니 무슨 까닭입니까. 『시경』에 이르기를,

 하느님이 사람 내시니
 사물이 있고 법칙이 있네.

라고 했습니다. 불교의 학문은 형체를 환상이라 했으니, 이는 모든 백성에게 사물과 법칙이 없다는 뜻입니다. 야소교는 이理를 기氣라고도 했는데 『시경』에 이르기를,

 하느님의 모든 일은
 소리 냄새가 다 없구나.

라고 했습니다. 이제 야소교에서는 소리와 냄새라고 했으니, 두 종교 가운데 어떤 것이 낫겠습니까?"

혹정이 이렇게 말했다.

"그야 서학西學이 어찌 불교를 헐뜯을 수 있겠습니까. 불교는 참 교묘하기 짝이 없지 않습니까. 다만 불교에는 비유가 많아서 어디에도 돌아갈 곳이 없다가, 겨우 깨달아 봤자 결국은 환幻이라는 글자 한 자만 남는 게 결점이지요. 야소교는 애당초 정확치도 않게 불교의 찌꺼기만을 얻어 가지고 중국에 들어왔다가, 중국의 책을 배운 뒤에야 비로소 중국 사람이 불교를 배격하는 줄 알게 된 거지요. 그래서 중국을 본받아 불교를 같이 배격하되, 중국 책 가운데 상제上帝니 주재主宰니 하는 말을 따서 우리 유학에 아부하였을 뿐입니다. 그 본령이 애초부터 명물名物과 도수度數의 범위를 벗어나지 않은 만큼, 이는 벌써 우리 유학에서 제이의第二義로 떨어졌을 뿐이지만, 그도 '이理'에 대해서 아무런 견해가 없는 것 같습니다. '이理'가 '기氣'를 이기지 못한 지도 오래되었지요."

제왕과 신하

내가 물었다.

"옛날부터 제왕은 신하들을 스스로 가르치기만 좋아하였지, 군자를 가까이하고 소인을 멀리하지 못했습니다. 그러니 제왕 밑에 있는 사람 모두 영화를 탐내고 녹봉에만 눈이 어두워 임금을 따라가지 못함이 당연한 일입니다. 만약 밝은 임금과 어진 신하가 서로 만난다면 반드시 이러지 않을 것이니, 밝은 사람을 내세우고 미천한 사람을 뽑아내어 어진 사람을 쓸 때에 지위를 가리지 않는다면 은나라 고종이 부열을 얻었던 것같이* 꿈속에서 담 쌓는 사람을 만날 수도 있고, 주나라 문왕이 강태공을 만났던 것같이* 점을 쳐서 낚시꾼을 만날 수도 있습니다. 함께 사업하는 것도 서로 마음이 맞았기 때문에 성공하였습니다. 만약 저들이 구하지 않았다면 어찌 하늘이 내려주는 인재를 받을 수 있었겠습니까."

혹정이 이렇게 말했다.

"그렇지 않습니다. 일이란 당했을 때와 말할 때가 서로 같지 않은 법이고, 바둑이란 옆에서 구경하는 것이 직접 두는 것보다 훨씬 낫습니다. 이것은 '점잖은 맹공작이 조나라 위나라의 장로로는 넉넉하다고 할 수 있지만, 등나라 설나라의 대부 노릇은 못한다.'는 말과 같습니다. 이것은 내가 역사를 읽으면서 마음을 가라앉히고 연구한 대목입니다. 만일 송나라 인종이 유학자 주돈이의 출생지인 염계나 유학자 정이, 정호의 출생지인 낙양에서 태어났다면, 그가 이룩한 도학의 아름다움이 어느 현자에게도 뒤지지 않았을 것입니다. 주자가 사서四書에 평생 전력을 기울였지만, 사실은 인종이 먼저 길을 열어 놓았던 것입니다. 왕요신이 과거에 급제하자 『예기』 중에서 『중용』 한 편을 하사하였고, 여진이 과거에 급제하자 다시 『대학』 한 편을 뽑아서 하사했습니다. 그 학식의 고명한 품은 당대 선비 중에서도 단연 으뜸이었고, 『중용』과 『대학』 두 편을 따로 뽑아 낸 공로는 범중엄보다도 앞섰다고 하겠습니다. (역자 줄임)"

내가 다시 혹정에게 물었다.

"나라를 다스리는 것은 바둑 두는 것과 같아서 임금은 바둑을 두는 당국자當局者요, 신하들은 옆에 앉은 구경꾼입니다. '옆에서 구경하는 것이 당국자보다 낫다.'는 선생의 말이 바로 이것입니다. 바둑을 두는 자가 잘 판단하지 못할 때에 어찌 구경꾼의 훈수를 받아들이지 않겠습니까."

"아니올시다. 한나라 고조같이 말 위에서 천하를 얻으면 언제나 자기 열 손가락에서 피가 났다고 자랑하는 법이며, 대를 이어서 수성守成하는 임금은 의복 사치와 계집에 빠지는 것이 통례입니다. 천하 일이 모두 폐하의 집안 일이 된 지가 이미 오래이니, 이는 천고에 바꿀 수 없는 법이 되고 말았습니다. 만약 짐朕이란 한 글자를 지워 버리면, 자기는 당장에 요임금이나 순

---

* 은나라~것같이 | 『사기』 「은본기(殷本紀)」에 전하는 이야기이다. 무정제(武丁帝)가 은나라 왕조를 부흥시키려고 했지만, 자신을 보좌해 줄 사람을 찾지 못했다. 그래서 3년 동안 아무 말도 하지 않고, 정사는 총재에게 맡긴 채 나라의 기풍을 유심히 살펴보았다. 하루는 꿈속에서 성인(聖人)을 만났는데, 이름이 열(說)이라고 하였다. 무정제가 꿈에서 본 성인의 모습을 대신과 관원들 가운데 찾아보았지만 모두 아니었다. 백관들에게 재야에서 열심히 찾아보게 했는데, 드디어 부험(傅險)에서 열을 찾아냈다. 열은 죄를 짓고 노역에 끌려 나가 부험의 길가에서 담을 쌓고 있었다. 그를 무정제에게 알현시키자 "바로 이 사람이다." 하였다. 이야기를 나누어 보니 과연 성인이었다. 마침내 그를 등용하여 재상으로 삼자 은나라가 훌륭히 다스려졌다. 무정제가 부험이라는 지명에서 성을 따와, 그를 부열(傅說)이라고 불렀다.

* 주나라~것같이 | 강태공은 본래 성이 강(姜)씨였는데, 그의 조상이 여(呂)에 봉해져 여상(呂尙)이라고 불렀다. 여상이 위수(渭水) 가에서 아무런 일도 하지 않고, 곧은 낚시로 40년 세월을 보냈다. 어느 날 사냥 가던 문왕이 그를 만나 이야기하다 감격하여, 태공망(太公望)이라고 불렀다. 문왕이 그를 태우고 함께 돌아와 스승으로 삼았으며, 무왕은 그를 높여 사상보(師尙父)라고 불렀다. 강태공은 주나라를 도와 은나라를 치고 천하를 차지하게 하였다. 뒤에 낚시꾼을 강태공이라 부르는 것은 이에서 나온 말이다.

임금같이 훌륭한 임금 노릇을 할 것 같지만, 만약 짐이란 글자를 붙여 놓고 보면 누가 감히 그 앞에 나가 소매 속에서 손이나 꺼낼 수 있겠습니까. 그러므로 공자가 노나라 정치가 소정묘를 죽였다가 그의 임금까지 떨도록 했다고, 지나친 위엄이라는 비판을 듣게 되었습니다. 주공이 낙양으로 도읍을 옮기려 했다가 모반 혐의를 받게 된 것도 그 지위에 따라 이런 비난을 들은 것입니다.

삼대 이후로는 유학을 주장하는 대신 가운데 왕망王莽만 한 사람이 없었지만, 그는 처음부터 천하를 이롭게 한 것이 아니라, 성인을 지나치게 믿어 평생에 배운 학문을 한번 시험해 보고자 했던 것입니다. 자신이 이 세상에서 누구보다도 소중한 책임을 맡았다고 자처했으니, 어찌 임금의 비위만 맞추길 일삼았겠습니까? 다만 그의 품성이 초조하고 분주하여, 가만히 앉아서 요, 순의 도를 의논하는 것보다도 몸소 자신이 임금이 되어 시험하고 실천해 보려 했던 것입니다."

내가 웃으면서 말했다.

"성인이 무엇 때문에 사람을 역적이 되라고 가르쳤습니까?"

혹정도 웃으면서 말했다.

"신하로서 일할 때는 아무래도 일대의 제왕보다 못하다는 증거를 말씀한 것입니다. 황제黃帝, 노자老子의 학문으로 천하를 다스릴 때는 혹 일시의 효력을 거둔 적도 있었지만, 경술經術로 세상을 다스릴 때는 일찍이 나라를 무너뜨리고 생령을 도탄에 빠지도록 한 일이 없지 않았습니다. 왕안석의 학술은 범중엄이나 한기 같은 이도 따르지 못할 수준이었지만, 가의·왕망·왕안석·방효유 같은 이는 한결같이 조급하게 서두른 축들입니다."

문묘의 십일철*

내가 형산에게 물었다.

"어제 성묘聖廟에 배알하며 보니 주자를 전상에 올려 모셨더군요. 이러면 열한 분이 되는 셈인데 언제부터 올려 모셨나요?"

"강희황제 시절에 올려 모신 것인데, 십철十哲은 원래 공자 문하에서도 적당한 정론으로 여기지 않습니다. 한때 공자와 함께 진陳·채蔡 사이에서 어려움을 당했다는 이유만으로 사당에서 공자와 함께 모시는 것인데, 당나라 때부터 지금까지 아무도 감히 딴 의견을 내놓지 못했지요. 유약有若에 대한 말이 네 번이나 『논어』에 보이는데, 공자와 비슷하게 생겼다고 해서 자하와 자장 같은 무리가 심지어 공자를 섬기던 예법으로 그를 섬기려고 했다니, 그가

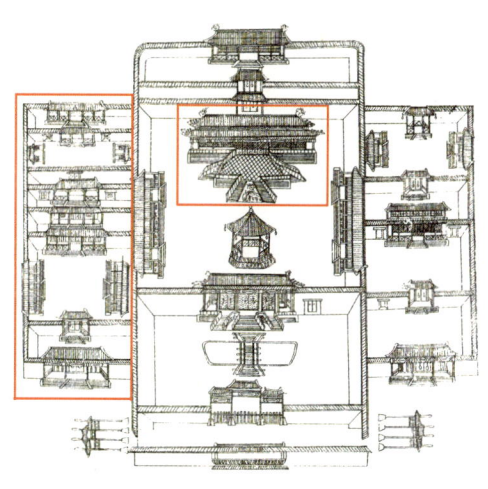

열하의 태학 그림 가운데 굵은 선 부분이 공자와 십일철 등의 위패를 모신 대성전이며 왼쪽 굵은 선 부분에는 연암이 머물던 공간과 명륜당이 있다.

---

* 문묘의 십일철 | 십철(十哲)은 덕이나 어느 방면에 뛰어난 열 사람을 가리키는 말인데, 공자의 제자 가운데 안연, 민자건, 염백우, 중궁, 재아, 자공, 염유, 계로, 자유, 자하 열 사람이 문묘(文廟)에 배향되어 '문묘십철' 이라 불렸다. 그런데 청나라 때에 유약과 주희 등이 추가되어 '십이철' 이라 하였다.

어질다는 것은 쉽게 알 수 있습니다. 공서적公西赤은 예악에 뜻을 두어 나라를 다스릴 만한 재질이 있었으니, 재아宰我나 염구冉求보다도 훨씬 낫지 않겠습니까. 염구와 재아의 언행은 여러 역사서를 조사하지 않고 『논어』에 나온 것만 살펴보더라도 그 우열을 쉽게 말할 수 없습니다. 그래서 마땅히 유약과 공서적 두 분은 전상殿上(전각 위)으로 올려 모시고 염구와 재아를 무중*으로 고쳐 모셔야 한다고 정단간이나 왕사진 같은 선배가 의논했던 것입니다. 그리고 왕사진은 국자좨주*로 있을 때 글을 갖추어 이를 개정하려고 하다가 사람들에게 제지당하고 글을 올리지 못했으니, 이야말로 만세萬世의 공론이었습니다. 선배들이 지금까지도 애석히 여기고 있습니다."

형산이 다시 물었다.

"박 선생은 지금까지 저술한 책이 몇 권이나 있습니까? 아름다운 시집을 중국에 가져오신 것이 있습니까?"

"평생에 학식이 노둔해서 아직까지 몇 권도 저술하지 못했습니다."

"주공같이 아름다운 재주가 있더라도, 교만하고 인색하면 말할 거리가 못 되지요. 선생이 만일⋯⋯ ** "

해가 저물자 내가 입은 흰 모시옷이 좀 선선했다. 이때 달이 추녀 끝에 걸렸다. 뜰에서 같이 산보할 때 형산이 내 옷을 만지면서 말했다.

"좌중이 맑은 기운을 이기지 못했습니다."

---

* 무중(廡中) | '무(廡)'는 본채 뒤에 잇대어 지은 집이니, 유약과 공서적은 높이고, 염구와 재아는 낮추라는 뜻이다.
* 국자좨주 | 국자감의 책임을 맡은 관원인데, 조선시대 성균관 대사성에 해당된다.
** 선생이 만일⋯⋯ | 미처 글씨를 쓰기 전에 기풍액이 들어와서 나에게 황제가 하사한 담배통을 보이므로, 자리를 피하고 일어섰다.

지전설을 받아들인 혹정

내가 혹정과 이야기한 것이 제일 많았는데, 6일 동안이나 창문을 보고 밤새워 가며 이야기한 뒤에야 조용해졌다. 그는 참으로 큰 선비요, 큰 인물이었다. 그러나 혹정의 말에는 종횡 반복이 많았다. 내가 서울을 떠나 8일 만에 황주에 이르렀을 때 말 위에서 혼자 '나는 본래 학식이 없으니, 이번에 중국에 들어가서 만일 큰 선비를 만난다면 무엇을 질문하여 그를 애먹여 볼까.' 생각하다가, 마침 옛날에 들은 지식 중에서 '지전설'이라든가 '월세계' 이야기를 찾아내었다. 말고삐를 잡고 안장 위에 앉은 채 졸면서도 수십만 마디의 말을 준비해 보았다. 가슴속에 글자 아닌 글을 쓰고 하늘에 소리 없는 글을 읽어 가면서, 하루에 몇 권의 책을 꾸몄다. 말은 비록 이치에 닿지 않더라도, 이치는 역시 따라 붙일 만했다. 그러나 말 타기가 피로했으므로, 붓과 벼루를 들고 종이에 쓸 틈도 없었다. 기이한 생각도 밤을 지나면 모래나 벌레, 원숭이나 학으로 바뀌는데, 이튿날 다시 높은 산을 쳐다보면 뜻밖의 기이한 봉우리가 떠오르고, 또 바람 돛을 따라서 포갰다 퍼졌다 했다. 이야말로 먼 길에 좋은 길동무가 되고, 멀리 가는 데 아주 즐거운 이야깃거리가 되었다.

열하에 들어간 뒤에 먼저 이 이야기를 안찰사 기풍액에게 했더니, 풍액도 끄덕거렸으나 전혀 이해하지 못했다. 혹정과 지정도 분명히 알아듣지는 못했지만, 혹정은 이 학설을 그렇게 틀렸다고는 하지 않았다. 혹정은 묻고 대답하는 데 민첩하여, 종이를 잡으면 어느새 수천 자를 써 내려 종횡으로 떠

벌렸다. 천고의 경經, 사史, 자子, 집集을 손에 닿는 대로 들춰내었다. 입만 열면 아름다운 구절과 묘한 게*를 곧바로 지었는데, 모두 조리에 맞고 맥락이 어지럽지 않았다. 더러는 동쪽을 가리키다가 서쪽을 치고, 때로는 자기 말을 고집하되 견堅을 백白이라 하면서 나를 추켜올리고 억눌러 내가 말을 꺼내게 했다. 굉장히 박식하고 말하기 좋아하는 선비였다. 그러나 백두白頭의 궁한 처지라 초목으로 돌아가려 한다니 정말 슬픈 일이다.

 북경에 들어간 뒤에도 여러 사람과 필담해 보니 능란하지 않은 이가 없었으며, 그들이 지었다는 문장들도 필담에 견주어 손색이 없었다. 그제야 우리나라의 글 짓는 법이 중국과 다른 것을 알았다. 중국은 문자로 바로 말을 삼고 있으므로 경, 사, 자, 집이 모두 입속에서 흘러 나는 성어成語였다. 기억력이 남과 달라서 그런 것은 아니다. 억지로 시문을 지을 때는 벌써 그 처음의 뜻을 잃어버리고 글과 말이 판이하게 다른 물건이 되어 버리기 때문이다. 우리나라에서 문장이 틀리게 하기 쉬운 옛날 글자로 다시 알기 어려운 사투리를 번역하고 나면 그 글 뜻이 캄캄해지고 말은 모호하게 되는 것도 이 때문이 아니겠는가. 내가 우리나라에 돌아와서 사람들에게 두루 이 말을 했지만, 대부분 그렇지 않다고 했다. 탄식이 날 뿐이다. 엄계우옥罨溪雨屋에서 심심풀이로 쓰다.

---

* 게(偈) | 부처의 공덕을 찬미하는 노래인데, 흔히 네 구(句)로 만들었다. 범어 게타(偈陀)의 약칭이다.

환희기

幻戱記

朝日過光被四表牌樓下萬人簇圍市笑動地簋然見閘戎橫道者歛步而過從者後俄而追呼有狀事可觀余遂問謂何從者曰有人偸桃天守者所擊墮然落地余此爲咋駭不顧而去明日又行其地盖天下奇技雜劇沓趍千秋節待詔熱河日就牌樓演戱百戱始知昨日從者所見乃之一也盖自上世有此能很使小兒眩人之目故謂之幻也夏之時劉累以豢孔甲周穆王時有偃師者墨翟君子也能飛木鳶後世如左慈賀長徒省陜此術以游戱人間而燕齊迂怪之士談神仙以誑惑世主者皆幻時末之眩覺意者其術出自西域故鳩摩羅什佛圖澄達摩无其善幻者曰售此術以資生自在於王法之外而不見誅絶何也余曰所以見中土

광피사표 패루 밑에서 청나라 요슬쟁이의 여러 가지 연기를
구경하고 느낌을 적은 글이다.

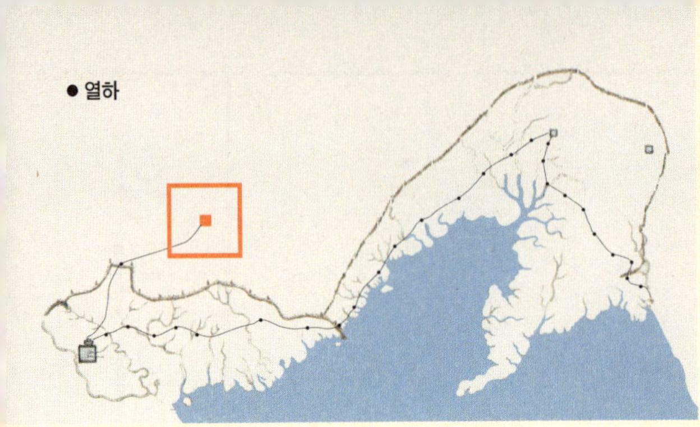

● 열하

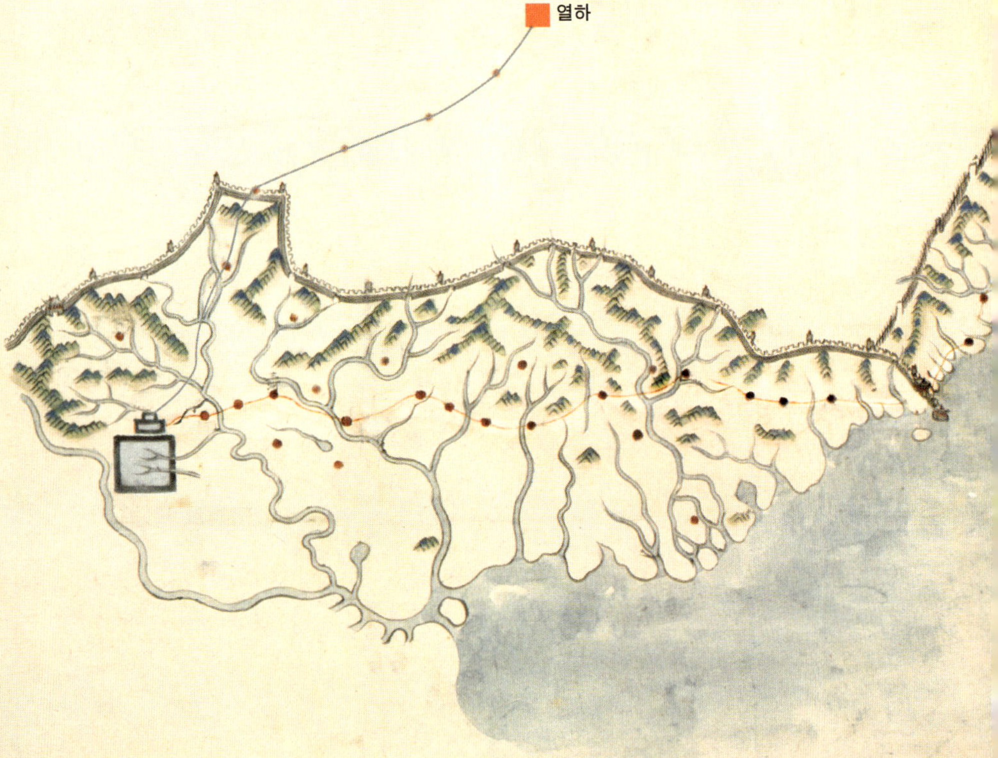

■ 열하

들어가기

아침에 광피사표光被四表라고 쓰인 패루를 지나는데, 패루 아래 거리에 많은 사람이 둘러서 있고, 웃음소리가 땅을 흔들었다. 웬 사람이 싸우다가 갑자기 죽어서 길가에 가로 넘어진 것을 보고, 부채로 얼굴을 가리며 걸음을 재촉해 지나갔다. 그랬더니 종자가 뒤에서 갑자기 쫓아오면서 불렀다.

"기이한 구경거리가 있습니다."

내가 멀리 선 채로 무엇이냐고 물었더니, 종자가 설명했다.

"어떤 사람이 하늘 위에 가서 복숭아를 훔치려다가 지키는 자에게 얻어맞아서 땅에 툭 떨어졌답니다."

나는 해괴하다고 꾸짖고 돌아보지 않고 와 버렸다. 이튿날 그곳을 지나는데, 천하의 기이한 재주와 음란한 장난과 잡스런 연극이 벌어지고 있었다. 모두 황태자의 생일인 천추절千秋節에 열하로 가려고 기다리면서, 날마다 패루에 나와 온갖 놀음을 연습하는 중이었다. 그제야 어제 종자가 본 것도 이러한 요술의 한 가지인 것을 알았다.

대개 옛날부터 이런 데 능한 자가 있어 작은 귀신을 부려 사람의 눈을 속였는데, 이것을 요술이라고 한다. 하나라 시절에는 유루가 용을 길들여 공갑을 섬겼으며*, 주나라 목왕 때는 언사偃師가 살아 있는 사람과 똑같은 인

---

* 하나라~섬겼으며 | 『사기』「하본기(夏本紀)」에 전하는 이야기이다. 공갑(孔甲)임금은 귀신을 좋아하였으며, 음란하였다. 하늘이 용 두 마리를 내려 보냈는데, 각각 암수 한 마리였다. 공갑임금은 용을 기를 줄 몰랐으며, 용을 기를 줄 아는 환룡씨도 구하지 못했다. 유루(劉累)라는 자가 환룡씨에게 용을 길들이는 법을 배워 이 기술로 공갑임금을 섬겼다. 암컷이 죽자 유루는 공갑임금이 먹도록 하였으며 임금이 다시 용을 구해 오라고 하자, 두려워서 다른 곳으로 떠나버렸다.

백오십삼

형을 만들었다.* 묵적은 군자인데도 목연木鳶을 날릴 줄 알았으며, 후세에도 좌자, 비장방 같은 무리가 이런 술법으로 사람을 놀렸다. 연나라 제나라의 엉뚱한 선비들은 신선 이야기로 당시 임금을 의혹시켰으니, 이것도 모두 요술이다. 당시에 이러한 사실을 잘 깨닫지 못한 자들은 그 술법이 서역西域에서 나왔으므로 구마라십이나 불도징, 달마 같은 외국 스님이 요술을 더욱 잘한다고 생각했을 것이다. 어떤 사람이 내게 물었다.

"이런 술법을 팔아서 생계를 꾸미는 자를 스스로 왕법 밖에 두어서, 이들을 죽여 없애지 않는 이유가 무엇일까요?"

내가 이렇게 대답하였다.

"중국 땅이 커서 넉넉하고 끝이 없어 이런 것도 길러 내므로, 정치에 병이 되지 않기 때문이지요. 만일 천자가 소심하게 이런 것을 자로 재고 깊이 추궁한다면, 도리어 깊숙한 곳에 숨어 살다가 때때로 나와서 세상을 흐려 놓을 겁니다. 그렇게 되면 천하의 근심이 더 커질 겁니다. 날마다 사람들이 장난삼아 구경하게 하면, 아낙네나 어린이까지도 이것을 요술로 알게 되어 마음과 눈이 놀라지 않을 테니 이게 바로 임금 된 자가 세상을 다스리는 방법이 아니겠소."

이에 내가 구경한 여러 요술 중 스무 가지를 기록하여, 이 놀음을 보지 못한 우리나라 사람에게도 장차 보이고자 한다.

---

* 주나라~만들었다. | 언사는 『열자(列子)』에 전하는 인물로 목왕이 서쪽 지방을 순수하다가 돌아오는 길에 한 나라에서 얻은 공인(工人)이다. 그는 춤추고 노래 부르는 인형을 만들어 목왕에게 바쳤다. 인형이 왕의 시첩에게 눈까지 꿈적이자, 왕이 질투를 느껴 언사의 목을 베려고 했다. 언사가 인형을 해체하여 보여 주었는데, 가죽과 나무로 만든 내부에 간과 쓸개, 심장과 폐 같은 내장이 있었고, 근육과 뼈, 팔다리와 관절, 피부와 머리털까지 있었다. 목왕이 그제야 "사람의 재주가 조물주와 같구나." 하며 감탄했다.

스무 가지 요술 이야기

요술쟁이가 대야에 손을 씻고 수건으로 깨끗하게 닦은 뒤에 얼굴을 가다듬고 사방을 돌아보면서, 손바닥을 치고 이리저리 뒤집어 여러 사람에게 내보였다. 그런 뒤에 왼손 엄지손가락과 둘째 손가락으로 환약을 만지고 이나 벼룩을 잡듯이 마주 비비자, 점점 커져서 녹두알만 해졌다가 차츰 앵두 알만 해졌다가 다시 빈랑 열매만 해지더니, 차츰 달걀만 해졌다. 두 손바닥으로 재빨리 비벼 굴리자 둥근 것이 더 커졌다. 노랗고 흰 것이 거위 알만 해졌다. 조금 지나자 이번에는 조금씩 커지는 게 아니라 갑자기 수박만 하게 되었다.

요술쟁이는 무릎을 꿇고 가슴을 벌리며 더 빨리 비볐다. 장구를 끌어안은 듯 팔뚝이 아플 만하자 그쳤다. 그 덩어리를 곧 탁자 위에 놓았는데, 몸뚱이는 둥글고 빛은 샛노란데다 크기는 물동이만 해 다섯 말은 되어 보였다. 무거워 들 수도 없고 단단하여 깨뜨릴 수도 없었다. 돌도 아니고, 쇠도 아니며, 나무도 아니었다. 가죽도 아니고, 흙도 아니었다. 둥근 것을 무어라 말로 표현할 수 없었다. 냄새도 없고 향기도 없어, 혼돈스러운 제공* 같았다.

요술쟁이가 천천히 일어나 손뼉을 치며 사방을 둘러보더니 다시 그 물건을 만졌다. 부드럽게 굴리며 가만히 쓰다듬자 물건이 부드러워졌다. 손을

---

* 제공(帝工) | 『산해경』에 등장하는 신에 비유한 것 같다. 『산해경』에는 "이곳의 어떤 신은 그 모습이 누런 자루 같은데, 빨간 불꽃같이 붉고, 다리 여섯과 날개 넷을 가지고 있으며, 혼돈스럽게 얼굴이 전연 없다. 노래와 춤을 알아보는 이 신이 바로 제강(帝江)이다." 라고 하였는데 江과 工이 다르지만, 필사 과정에서 氵가 없어진 듯하다. '혼돈(混沌)' 이라는 표현까지도 같다.

살며시 대자 물거품처럼 가벼워지더니, 차츰 줄어들며 사라졌다. 잠깐 사이에 다시 손바닥 속으로 들어가는데, 두 손가락으로 집어서 비비다가 한 번 튀기자 즉시 사라져 버렸다. 요술쟁이가 사람을 시켜 종이 몇 권을 집어서 큰 물통 속에 집어넣고 손으로 빨래하듯이 저으니, 종이가 풀어지고 흩어져서 흙을 물속에 넣은 것 같았다. 여러 사람을 두루 불러다가 종이와 물이 섞인 통 속을 보이니, 정말 한심했다. 그러자 요술쟁이가 손뼉을 치고 한바탕 웃더니 소매를 걷고 두 손으로 통에 있는 종이를 건져 냈다. 마치 고치에서 실을 뽑아내는 듯하였다. 그러자 종이가 서로 이어져 나오는데, 처음에 켤 때같이 이은 흔적이 없었다. 어느 사람이 풀로 발랐는지 띠같이 수백 발이 나 되는 것을 땅바닥에 풀어놓아 바람에 펄럭거렸다. 다시 통 속을 보았더니 맑고 깨끗해 찌꺼기 하나 없이 새로 길어 온 물 같았다.

　요술쟁이가 기둥을 등지고 서서 사람을 시켜 자기의 손을 뒤로 젖혀 붙이고, 두 엄지손가락을 묶으라고 했다. 기둥이 두 팔 사이에 있고 두 엄지손가락이 검푸르게 되어 아픔을 참지 못하자, 둘러보던 사람 중 눈살을 찌푸리지 않는 이가 없었다.

　조금 있다가 요술쟁이가 기둥에서 떨어져 서는데, 손은 가슴 앞에 있고 묶은 데는 아직 풀리지 않았다. 손가락의 피가 한곳으로 모여 빛이 더욱 검붉어지면서, 몹시 아픈지 견디지 못했다. 이에 여러 사람이 노끈을 풀어 주자 혈기가 통하더니, 노끈을 묶었던 자리가 더욱 붉어졌다.

　우리 일행인 역부驛夫가 눈을 모아 자세히 보다가 마음속으로 노해서, 분한 얼굴로 주머니를 털어 돈을 냈다. 큰 소리로 요술쟁이를 불러 먼저 돈부터 주고는, 다시 한 번 자세히 보여 달라고 요구했다. 요술쟁이가 원망하듯 말했다.

　"내가 당신을 속이지 않았는데 당신이 나를 믿지 못하니 나를 마음대로 묶어 보시오."

 역부가 분한 얼굴로 먼저 노끈을 던져 버리고 자신의 채찍을 끌러 입에 물어 축인 다음, 요술쟁이를 붙들어 등에 기둥을 지우고 뒷손을 젖혀서 묶었다. 먼젓번보다 훨씬 세게 묶었다. 요술쟁이가 아프다고 소리치는데, 뼛속까지 아파서 콩알 같은 눈물이 떨어졌다. 역부가 크게 웃자, 구경꾼이 더욱 많아졌다. 푸는 것을 볼 틈도 없이 요술쟁이는 벌써 기둥을 떠나 서 있고, 묶은 데는 아직도 풀어지지 않았다. 이런 신통한 요술을 세 번이나 보였으니, 이해할 수가 없다.

 요술쟁이가 둥근 수정 구슬 두 개를 탁자 위에 놓았는데, 구슬은 달걀보다 조금 작았다. 입을 벌리고 한 개를 집어넣으니 목구멍은 좁고 구슬은 커서 삼키지 못하고, 구슬을 토해 내어 도로 탁자 위에 놓았다. 다시 광주리 속에서 달걀 두 개를 내어 눈을 부릅뜨고 목을 늘이고서 알 하나를 삼키는데, 마치 닭이 지렁이를 삼키는 것 같고 뱀이 두꺼비 알을 삼키는 것 같았다. 목에 걸려서 겉에서 보면 혹이 달린 것 같았다. 다시 알 하나를 삼키자 과연 목구멍을 틀어막아, 재채기하고 구역질하며 목에 핏대가 섰다. 요술쟁이가 후회하며 살고 싶지 않은 듯 대젓가락으로 목구멍을 쑤시자, 젓가락이 꺾어져 땅에 떨어졌다. 이제는 어쩔 수가 없어 입을 벌리고 사람들에게 보이는데, 목구멍 속에 흰 것이 조금 드러났다. 가슴을 치고 목을 두드리며 답답해서 쩔쩔매는 꼴을 보고 사람들이 외쳤다.

 "조그만 재주를 경솔히 자랑하다가, 아아! 이제는 죽는구나."

 요술쟁이는 귀가 가려운 것처럼 가만히 듣더니, 귀를 기울이고 긁었다. 무엇이 의심나는 것처럼 손가락 끝으로 귓구멍을 후비다가 흰 물건을 끄집어내는데, 바로 달걀이었다. 이때 요술쟁이가 오른손으로 달걀을 쥐고 여러 사람 앞에 두루 보이더니, 왼쪽 눈에 넣었다가 오른쪽 귀에서 뽑아내고, 오른쪽 눈에 넣었다가 왼쪽 귀에서 뽑아냈다. 콧구멍에 넣었다가 뒤통수로 뽑아내는데, 목에는 아직도 달걀 한 개가 있었다.

요술쟁이가 흰 흙 한 덩이로 땅에 큰 동그라미를 그어, 여러 사람을 동그라미 밖에 둘러앉게 했다. 그러고는 모자를 벗고 옷을 끄르고 시퍼렇게 간 칼을 내어 땅 위에 꽂아 놓고, 다시 댓가지로 목을 쑤셔 달걀을 깨뜨리려 했다. 땅에 버티고 서서 토해도 알은 끝끝내 나오지 않아, 이에 칼을 빼어 좌에서 우로 휘두르고, 우에서 좌로 휘두르다가, 공중을 쳐다보고 한 번 던져 이것을 손바닥으로 받았다. 또 한 번 높이 던지고는 하늘을 향해 입을 벌리니, 칼끝이 바로 떨어져 입 속에 꽂혔다. 그러자 여러 사람이 얼굴빛을 바꾸어 벌떡 일어나 깜짝 놀라 말이 없는데, 요술쟁이는 고개를 젖히고 두 팔을 늘이고 뻣뻣이 한참 섰다. 눈 한 번 깜박하지 않고 하늘을 똑바로 쳐다보면서 한참 있다가 칼을 삼키는데, 병을 기울여 무엇을 마시듯 목과 배가 서로 마주 응하는 것이 성난 두꺼비 배처럼 불룩거렸다. 칼 고리가 이에 걸려 칼자루만 넘어가지 않고 남았다.

요술쟁이가 네 발로 기듯이 칼자루를 땅에 쿡쿡 다지자, 이와 고리가 맞부딪쳐 딱딱 소리가 났다. 또다시 일어나서 주먹으로 칼자루 머리를 쥐고서 한 손으로 배를 만지고 한 손으로는 칼자루를 잡고 내두르니, 뱃속에서 칼이 오르내리는 것이 마치 살가죽 밑에서 붓으로 종이에 줄을 긋는 것 같았다. 여러 사람은 가슴이 섬뜩하여 똑바로 보지 못하고, 어린애들은 무서워 울면서 보지 않으려고 엎어져 기어서 달아났다. 이때 요술쟁이가 손뼉을 치고 사방을 돌아보며 늠름하게 바로 서서, 천천히 칼을 뽑아 두 손으로 받들었다. 여러 사람의 바로 눈앞에 두루 보이면서 인사하는데, 칼끝에 붙은 핏방울에서는 아직도 더운 기운이 무럭무럭 났다.

요술쟁이가 종이를 나비 날개처럼 수십 장이나 오리더니, 손바닥 속에서 비벼 여러 사람에게 보였다. 여러 사람 중 한 어린이에게 눈을 감고 입을 벌리라 하더니, 손바닥으로 입을 가렸다. 그 어린이는 발을 구르며 울었다. 요술쟁이가 웃으면서 손을 떼자, 어린이가 울다가 토하고 또 울다가 토하는데, 청개구리를 연달아 수십 마리나 토하였다. 청개구리들이 모두 땅바닥에서 뛰놀았다.

요술쟁이가 탁자 위를 깨끗하게 닦더니, 붉은 탁자 보자기를 툭툭 털어 탁자 위에 펴 놓고, 사방을 돌아보면서 손뼉을 쳐서 여러 사람에게 두루 보였다. 그러고는 천천히 탁자 앞으로 와서 한 손으로 보자기 복판을 누르고 한 손으로는 보자기 귀퉁이를 집어 올려 젖히자, 붉은 새 한 마리가 한 번 울면서 남쪽을 향해서 날아갔다.

손을 보자기 밑에 집어넣어 가만히 참새 한 마리를 집어내는데, 빛깔은 희고 입부리는 붉다. 두 발로 허공을 허우적거리다가 요술쟁이의 수염을 움켜잡았다. 요술쟁이가 수염을 쓰다듬자, 이번엔 요술쟁이의 왼쪽 눈을 쪼았다. 요술쟁이가 새를 떼 내고 눈을 문지르자, 다시 요술쟁이의 왼쪽 눈을 쪼았다. 요술쟁이가 새를 버리고 눈을 문지르자, 새는 서쪽을 향해서 날아갔다. 요술쟁이가 분해서 한숨을 쉬고는 다시 가만히 손을 넣어 검정 참새 한 마리를 잡아서 다른 사람에게 주려고 하다가, 잘못해 놓쳐서 참새가 땅에 떨어졌다. 참새가 돌아서 탁자 밑으로 들어가자, 어린이들이 서로 참새를 붙잡으려고 하였다. 새는 일어나서 북쪽을 향하여 날아갔다. 요술쟁이가 분해서 보자기를 집어 치우자, 수많은 집비둘기가 한꺼번에 날개를 치면서 나와 빙빙 돌다가, 지붕 처마 위에 모여 앉았다.

요술쟁이가 작은 주석 병을 가지고 오른손으로 물 한 대접을 떠서 병 주둥이에 철철 넘치도록 붓더니, 대접을 탁자 위에 놓고 대젓가락으로 병 밑을 찔렀다. 물이 병 밑으로 방울져 흐르더니, 조금 있다가 낙숫물처럼 줄줄 흘렀다. 요술쟁이가 공중을 흘겨보면서 입으로 주문을 외자, 물이 병 주둥이로부터 몇 자나 높이 솟았다가 땅바닥에 가득 쏟아졌다. 요술쟁이가 소리를 지르면서 솟아오르는 물줄기의 중간을 움켜잡자, 물줄기가 끊어지면서 꾸부러져 병 속으로 들어갔다. 요술쟁이가 대접을 가져다가 물을 도로 따르자, 병에 든 물의 분량은 처음과 같고, 땅바닥에 물이 흐른 자국은 몇 동이나 쏟은 것 같았다.

요술쟁이가 금 고리 두 개를 내어 탁자 위에 놓더니, 여러 사람을 두루 불러 그 고리를 보였다. 크기가 두 뼘이나 되는데, 시작하고 끝나는 이음새도 없이 둥글둥글했다. 요술쟁이가 두 손을 쫙 벌리고 각각 고리 하나씩 쥐고는 내둘러 춤을 추면서, 공중으로 고리를 던졌다가 고리로 고리를 받자 두 고리가 서로 이어졌다. 이어진 고리를 여러 사람에게 보이는데 끊어진 데도, 틈 자리도 없으니 누가 이어지는 순간을 보았으랴. 요술쟁이가 이때 두 손을 쫙 벌리고 고리 하나씩을 잡았다. 한 번 떼었다 한 번 붙였다 하고, 한 번 이었다 한 번 끊었다 하면서 끊고 잇고, 떼고 붙이곤 하였다.

요술쟁이가 수놓은 모직물 보자기를 탁자 위에 펴 놓고, 보자기 한구석을 약간 들어 주먹만 한 자줏빛 돌 한 개를 집어내었다. 칼끝으로 조금 찌르고 돌 밑에 잔을 받치니, 소주가 조금씩 흘러내렸다. 잔이 차면 그치는데, 여러 사람이 다투어 돈을 내며 술을 사 먹었다. 사괴공을 청하면 돌에서 사괴공이 흘러나오고, 불수로를 청하면 돌에서 불수로가 흘러나왔으며, 장원홍을 청하면 장원홍**이 흘러나왔다. 한 가지 술만 잘 나오는 것이 아니라 청하는 대로 모두 잘 나와, 한 줄기 매운 향기가 위胃에 들어가면 볼이 붉어진다. 연거푸 수십 잔을 쏟더니, 갑자기 돌 있는 곳을 잃어버렸다. 요술쟁이는 놀라지도 않고 당황하지도 않으며, 멀리 흰 구름을 가리키면서 이렇게 말했다.

"돌이 하늘 위로 올라갔소."

요술쟁이가 손을 보자기 밑에 넣어 사과 세 개를 끄집어냈다. 가지가 연하고 잎이 붙은 것 하나를 우리나라 사람에게 사라고 청했다. 그러자 그 사람은 머리를 흔들고 사지 않으면서 말했다.

"당신이 항상 말똥으로 사람을 희롱한단 말을 전에 들었거든."

요술쟁이가 웃으면서 변명하지 않는데도, 중국 사람들은 다투어 사서 먹었다. 그제야 우리나라 사람이 사려고 청하자, 요술쟁이가 처음에는 아끼는 듯하다가, 얼마 뒤에 한 개를 집어 주었다. 우리나라 사람이 한 입 베어 먹고는 바로 토했는데, 말똥이 한입 가득 차서 시장 바닥의 사람들이 모두 웃었다.

요술쟁이가 바늘 한 줌을 입에 넣고 삼켰는데, 근지럽지도 아프지도 않은지, 말하는 것이나 웃는 것이 평상시와 같았다. 밥도 먹고, 차도 마셨다. 천천히 일어나서 배를 문지르고, 붉은 실을 비벼서 귓구멍에 넣고 한참이나 섰더니, 재채기를 몇 번 하였다. 코를 쥐어 콧물을 내고 수건을 꺼내 코를 씻고 나서, 콧구멍에 손가락을 넣어 코털을 뽑는 것 같았다. 얼마 뒤에 붉은 실이 콧구멍에서 조금 보였다. 요술쟁이가 손톱으로 실 끝을 집어 당기자 실이 한 자 넘게 나오면서, 갑자기 바늘 한 개가 콧구멍에서 누워 나오는데 실에 꿰어져 있었다. 가느다랗게 질질 끌려 빠지는 실이 자꾸만 길어지더니, 백 개 천 개 바늘이 한 실 끝에 꿰어지거나 밥알이 바늘 끝에 붙어 있었다.

요술쟁이가 흰 대접 하나를 내어 여러 사람에게 엎어 보이고는 땅바닥에 놓았는데, 아무 물건도 들어 있지 않았다. 요술쟁이가 사방을 돌아보면서 손뼉을 쳤다. 마치 접시 한 개를 가져다가 대접을 덮고 사방을 향하여 노래를 부르는 것 같았다. 얼마 있다가 열어 보니 은 다섯 쪽이 있는데, 모양은 흰 마름처럼 생겼다. 요술쟁이가 사방을 돌아보며 손뼉을 쳐서 여러 사람에

** 사괴공~장원홍 | 사괴공(史蒯公)·불수로(佛手露)·장원홍(壯元紅)은 모두 술의 이름이다.

게 보이고는, 다시 접시로 대접을 덮고서 공중을 흘겨보며 주문을 외우는데 마치 욕하는 소리 같았다. 얼마 있다가 열어 보니 은이 돈으로 변했는데, 그 숫자 역시 다섯이었다.

요술쟁이가 은행 한 소반을 땅 위에 놓고 큰 항아리로 덮었다. 공중을 향해 주문을 외우다가 한참 만에 열어 보니, 은행은 보이지 않고 산사가 되었다. 다시 그 항아리를 덮고 공중을 향하여 주문을 외웠다. 한참 만에 열어 보니 산사는 보이지 않고 모두 두구*가 되었다. 다시 항아리를 덮고 공중을 향하여 주문을 외우다가 한참 만에 열어 보니, 두구는 보이지 않고 모두 붉은 오얏이 되었다. 다시 항아리를 덮고 공중을 향해 주문을 외우다가 한참 만에 열고 보니, 붉은 오얏은 보이지 않고 모두 염주가 되었다. 칠복신七福神 가운데 하나인 포대布袋를 전단향에다 여러 개 새겼는데, 하나하나가 웃음을 머금고 뚱뚱했다. 한 줄에 108개를 꿰었는데, 처음도 끝도 없이 가지런했다. 아무리 자세히 보아도 어디부터 세어야 할지 알 수가 없었다.

이때 요술쟁이가 사방을 돌아보면서 손뼉을 쳐서 여러 사람을 두루 불러 용한 술법을 자랑했다. 다시 그 항아리를 덮어서 땅 위에 엎었다가 뒤집어 놓으니, 항아리는 밑으로 가고 소반은 위에 있게 되었다. 곁눈질로 보면서 화가 난 듯이 소리를 치고 한참 만에 열어 보니, 염주는 하나도 없고 맑은 물이 철철 넘치며, 금붕어 한 쌍이 항아리 속에서 활발히 놀았다. 물을 먹고 진흙을 토하고, 한 번 뛰었다가 한 번 헤엄치곤 하였다.

요술쟁이가 한 자 너비 되는 꽃무늬 자기 쟁반 다섯 개를 탁자 위에 놓고, 다시 가느다란 댓개비 수십 개를 탁자 아래 놓았는데, 댓개비의 크기와 길이는 화살과 비슷하고 모두 끝을 뾰족하게 깎았다. 댓개비 한 개를 가지고 그 끝에 쟁반을 얹고 대를 돌리니 쟁반은 기울어지지도, 삐뚤어지지도 않으며 돌았다. 조금 느리게 돌면 다시 손으로 쳐서 빨리 돌게 하였다. 쟁반은 빨리 도는 바람에 미처 떨어질 틈도 없었다. 쟁반이 조금 기울면 다시 댓개비로 질러 올렸다. 그러면 쟁반이 한 자 넘어 높이 치솟았다가 댓개비에 똑바로 내려앉아 팽팽 돌았다. 요술쟁이가 이것을 오른쪽 신발 속에 꽂아 놓자, 쟁반은 저절로 돌았다. 다시 한 개비로 쟁반을 처음처럼 돌리다가 왼쪽 신발 속에 꽂고, 또 한 개비로 돌리다가 오른쪽 옷깃에 꽂았으며, 다른 한 개비는 왼쪽 옷깃에 꽂았다. 또 다른 한 개비는 끝에 쟁반을 얹어 흔들고 치밀고 팽팽 돌리니, 손으로 칠 때마다 쟁쟁 소리가 났다.

　이때 요술쟁이가 댓개비에 댓개비를 잇달아 꽂았는데, 쟁반은 무겁고 댓개비는 길어져, 댓개비 가운데가 저절로 구부러졌다. 그런데도 요술쟁이는 쟁반이 떨어져 부서질 걱정도 없이 돌리기를 그치지 않았다. 댓개비 열댓 개를 이으니, 높이가 지붕 위에까지 올라갔다. 요술쟁이가 이었던 댓개비를 천천히 하나씩 빼어, 옆에 있는 사람에게 주어 탁자 위에 도로 놓았다. 요술쟁이는 입에 댓개비 하나를 담뱃대처럼 물고 입에 문 댓개비 끝에 높은 댓개비를 세우며, 두 팔을 늘어뜨리고 뻣뻣이 한참 동안 섰다. 이때 구경꾼치고 뼈가 자릿하지 않은 이가 없었으니, 쟁반을 아껴서가 아니라, 실상 바라보기가 너무 위험해서였다. 별안간 바람이 일어 과연 댓개비 가운데가 부러졌다. 여러 사람이 일제히 놀라서 소리치자, 요술쟁이가 재빨리 쫓아가 쟁반을 슬며시 받아서, 다시 공중으로 높이 100자나 되게 던져 놓았다. 사방 구경꾼을 돌아보면서 편안한 듯 쟁반을 받는데, 자랑하는 빛도 없고 뽐내는 기색도 없이, 옆에 사람이 없는 것처럼 했다.

　요술쟁이가 벼 알 너덧 말을 앞에 놓고 두 손으로 다투어 움켜쥐고는, 짐승고기처럼 잠깐 사이에 다 먹어 버리자 땅바닥은 핥은 듯했다. 요술쟁이가 땅

---

* 산사(山查)는~두구(荳寇) | 산사나 두구는 모두 한약재의 일종이다.

바닥에 버티고 서서 쌀겨를 토하자, 침이 뭉쳐서 덩어리가 되어 나왔다. 쌀겨가 다 나온 뒤에도 계속해서 연기가 입술과 이 사이에 어리어, 손으로 수염을 씻고 물을 찾아 양치질을 했다. 그래도 연기는 끝내 그치지 않았다. 답답함을 참지 못하여 가슴을 치고 입술을 쥐어뜯으며 물 몇 그릇을 연거푸 마셨지만, 연기의 형세는 더욱 심하였다. 입을 벌리고 한 번 토하자, 붉은 불이 입에 가득 찼다. 젓가락으로 집어내어 보니 반은 숯이요, 반은 타고 있었다.

요술쟁이가 금 호로병을 탁자 위에 놓고 또 녹동 화병을 내어 놓았는데, 공작의 깃이 꽂혀 있었다. 조금 있다가 보니, 금 호로병이 온데간데없었다. 요술쟁이가 구경꾼 가운데 한 사람을 가리키면서 말했다.

"저 영감이 감추었어."

그 사람이 노하여 얼굴빛이 변하며 말했다.

"어찌 이렇게 무례할 수가 있느냐?"

요술쟁이가 웃으면서 말했다.

"영감님께서는 정말 속이고 계십니다. 호로병은 영감님의 주머니 속에 있습니다."

그 사람이 크게 노하여 입속으로 욕하면서 옷을 한 번 털어 보였는데, 품속에서 땡그랑 소리가 나면서 호로병이 떨어졌다. 시장 바닥의 사람들이 모두 웃자, 그 사람이 묵묵히 있다가 다른 사람의 등 뒤에 가서 섰다.

요술쟁이가 탁자 위를 깨끗이 닦고, 책들을 진열하였다. 조그만 향로에 향불을 피우고 흰 유리 접시에 복숭아 세 개를 담아 두었는데, 복숭아는 모두 큰 대접만 했다. 탁자 앞에 바둑판과 검고 흰 바둑알을 담은 통을 놓고, 초석을 단정하게 깔아 놓았다. 잠깐 휘장으로 탁자를 가렸다가 조금 뒤에 걷으니, 구슬 관에 연잎 옷을 입은 자도 있고, 신선의 옷차림에다 신을 신은 자도 있었으며, 나뭇잎으로 옷을 해 입고 맨발인 자도 있었다. 누구는 마주 앉아 바둑을 두기도 하고, 누구는 지팡이를 짚고 옆에 서 있기도 하였으며, 또 누구는 턱을 괴고 앉아서 조는 자도 있었다. 모두 수염이 아름답고 얼굴이 예스러웠다.

접시에 있던 복숭아 세 개에 갑자기 가지가 돋고 잎이 붙고 가지 끝에 꽃이 피더니, 구슬관을 쓴 자가 복숭아 한 개를 따서 먹고, 그 씨를 땅에 심었다. 또 다른 복숭아 한 개를 절반도 못 먹었는데, 아까 땅에 심은 복숭아나무는 벌써 몇 자 자라서 꽃이 피고 열매를 맺었다. 바둑 두던 자들이 갑자기 머리가 반쯤 희어지더니, 어느새 하얗게 세어 버렸다.

요술쟁이가 큰 유리 거울을 탁자 위에 놓고, 시렁을 만들어서 세웠다. 그러고는 여러 사람을 불러서 거울을 열어 구경시켰다. 여러 층의 누각과 몇 겹의 전각에다 아름다운 단청을 곱게 했는데, 한 관원이 손에 파리채를 잡고 난간을 따라 천천히 걸어갔다. 아름다운 여자들이 서넛씩 짝을 지어 보검을 차거나 금병을 받들고, 혹은 생황을 불거나 비단 공도 차는데, 구름 같은 머리와 아름다운 귀고리가 비할 데 없이 묘하고 고왔다. 방 안에는 백 가지의 물건과 수없는 보물이 쌓여 있어, 참으로 세상에서 부귀가 지극한 사람 같았다. 여러 사람은 부러움을 참지 못하여, 구경하기에 바빴다. 이것이 거울인 것도 잊어버리고, 바로 뚫고 들어가려고 하였다. 그러자 요술쟁이가 구경꾼들을 꾸짖어 물리치고는 즉시 거울 문을 닫아서, 더는 보지 못하도록 했다.

요술쟁이가 한가롭게 걸어가면서 사방을 향하여 무슨 노래를 부르다가, 거울 문을 열고서 여러 사람에게 와 보라고 하였다. 전각은 적막하고 누각은 황량한데, 시간이 얼마나 지났는지 아름다운 여자들은 어디로 가고 한 사람만 침상에서 옆으로 누워 자고 있었다. 옆에는 아무 물건도 없고, 손으로는 귀를 받치고 이마 밑으로 김 같은 것이 연기처럼 떠오르는데, 처음은 가늘고 끝은 둥그렇게 늘어진 젖통 같았다. 귀신 종규*가 누이를 시집보내고 올빼미가 장가드는데, 버들 귀신이 앞서고 박쥐가 기를 들고, 이마에서 나오는 김을 타고 올라가서 안개 속에서 논다. 잠자던 사람은 기지개를 켜면서 깨려다가 또 잠이 드는데, 갑자기 두 다리가 수레바퀴로 변하였다. 바퀴살이 아직 덜 되어서, 구경꾼들 가운데 징그러워하지 않는 자가 없었다. 모두 거울을 가리고, 등을 지고 달아났다.

  본래 세상의 몽환夢幻이 이와 같고, 거울 속의 염량炎涼 변천도 현저히 다르다. 인간 세상의 가지가지 일이 아침에 무성하다가 저녁에 시들고, 어제 부자가 오늘은 가난하다. 잠깐 젊었다가 갑자기 늙는 것이 꿈 이야기를 하는 것 같아서, 슬쩍 죽었다가 바야흐로 산다. 무엇이 있고 무엇이 없으며, 무엇이 참이고 무엇이 거짓인지 모를 일이다.

  세상에 착한 마음을 지닌 사내와 보살 형제들에게 말하노니, 사람은 헛된 세상에 꿈같은 몸과 거품 같은 금과 번개 같은 비단으로 큰 인연을 맺어 기운에 따라 잠시 머물 뿐이다. 바라건대 이 거울을 표준 삼아 덥다고 나아가지 말고 춥다고 물러서지 말며, 있는 돈을 흩어 가난한 자들을 구제할지어다.

  요술쟁이가 큰 동이 하나를 탁자 위에 놓고, 수건으로 깨끗하게 닦았다. 붉은 옷감으로 위를 덮고서 장차 무슨 요술을 시작하려고 하는데, 품속에서 접시 하나가 쨍그렁하고 땅에 떨어지면서 붉은 대추가 흩어졌다. 여러 사람이 모두 웃자, 요술쟁이도 웃었다. 그러고는 그릇과 도구를 주워 담은 뒤에, 이내 놀음을 끝냈다. 이는 재주가 없어서 그러는 것이 아니다. 날이 저물어 어차피 끝내려고 했으므로, 일부러 들통을 내어 여러 사람에게 본래 이 놀음이 거짓임을 보여 준 것이다.

---

* 종규(鍾馗) | 마귀를 쫓는다는 중국 당·송 때에 성행하던 신.

산장잡기

• 山莊雜記
　夜出古北口記

自燕京至熱河也道昌平則西北出居庸關道密雲則東北出古北口自口循長城東至山海關七百里西至居庸關二百八十里中居庸山海兩城險要之地莫如古北口蒙古之出入常為其咽喉則設重關以制其阨羅壁識遺曰燕北百里外有居庸關東二百里外有虎北口虎北口口也自唐始名古北口中原人語長城外皆稱口外外皆唐時奚王牙口也自唐始名古北口中原人語長城外皆稱口外外皆唐時奚王牙金史國言稱留斡嶺乃古北口也盡環長城稱口者以百計緣山為城西輕澗峒呸呼歙陷水所衝穿則不能城西設亭鄣　皇明洪武時守禦兩關五里余循霧登山舟渡盧硎河夜出古北口時夜已三更出重關矣

열하 산장에서 여러 가지 보고 들은 것들을 기록한 글이다. 「야출고북구기」・「일야구도하기」・「만국진공기」・「상기」・「승귀선인행우기」・「만년춘등기」・「매화포기」・「납취조기」・「희본명목기」 등이 실렸는데, 앞의 몇 편은 명문으로 널리 알려졌다.

● 북경 ~ 열하

열하
객라하둔
삼도량
화유구
삼간방
왕가영
고북구
상산욕
양간방
백하
조하
거용관
밀운
손가장
북경성
노구하

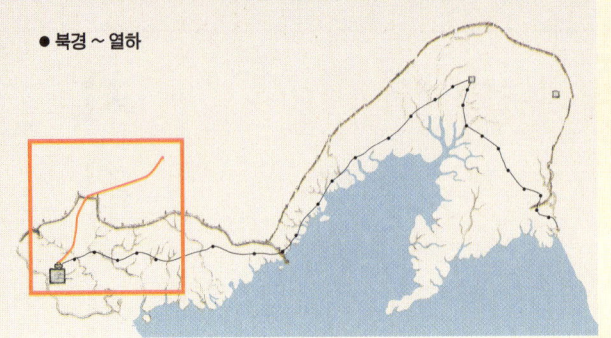

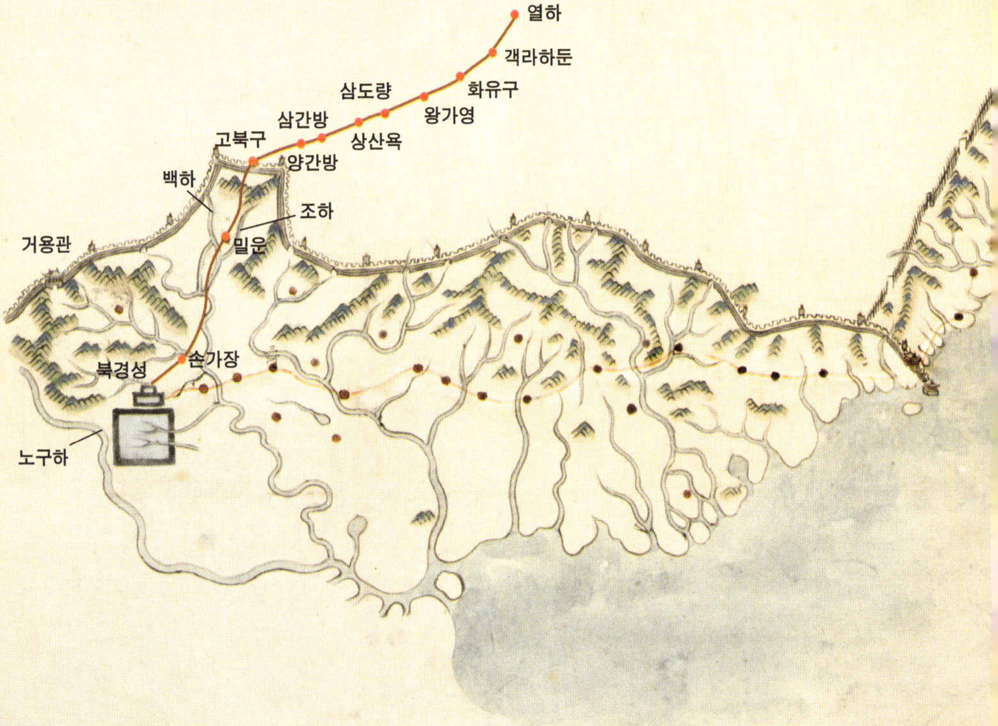

밤에 고북구를 나서면서

북경에서 열하까지 가는 길에 창평으로 돌면 서북쪽 거용관居庸關으로 나오게 되고, 밀운을 거치면 동북쪽 고북구古北口로 나오게 된다. 고북구에서 장성을 돌아 만리장성의 동쪽 끝인 산해관까지는 700리이고, 서쪽 거용관까지는 280리이다. 고북구는 거용관과 산해관의 중간에 있으니, 장성의 험한 요새 가운데 이만한 곳이 없다. 몽골이 중국을 드나들 때에 항상 목구멍이 되므로, 겹으로 된 관문을 만들어 그 요새를 지키는 것이다. 송나라 학자 나벽이 쓴 『지유識遺』에 "북경 북쪽 800리 밖에 거용관이 있고, 관의 동쪽 200리 밖에는 호북구虎北口가 있는데, 호북구가 바로 고북구이다." 라고 했다. 당나라 초기부터 이름을 고북구라고 해서 중원 사람들은 장성 밖을 모두 구

고북구 마을

외구外口라고 하는데, 구외는 당나라 시절 오랑캐 추장인 해왕奚王의 근거지였다. 『금사金史』를 상고詳考해 보면 "그 나라 말로 유알령이 바로 고북구이다." 했으니, 장성을 둘러가며 구口라고 불린 곳이 백이나 되는 것을 알 수 있다. 산을 의지해서 성을 쌓았는데, 끊어진 구렁과 깊은 시내가 입을 벌린 듯 구멍이 뚫린 듯해서, 흐르는 물이 부딪쳐 뚫어지면 성을 쌓을 수 없으므로 정장亭障을 만들었다. 명나라 홍무 시절(14세기 후반)에 수어守禦 천호千戶를 두어 오중관五重關을 지키게 했다.

우리는 무령산을 돌아 배를 타고 광형하廣硎河를 건너 밤중에 고북구를 빠져나갔는데, 이미 삼경이나 되었다. 중관重關을 나와서 만리장성 아래 말을 세우고, 그 높이를 헤아려 보니 열댓 길이나 되었다. 곧 붓과 벼루를 꺼내고 술을 부어 먹을 간 뒤에, 성벽을 어루만지면서 글을 썼다. "건륭 45년인 경자년(1780년) 8월 7일 밤 삼경에 조선 박지원이 이곳을 지나다." 그런 뒤에 크게 웃으며 말했다.

"내가 서생으로서 머리가 희어져서야 장성 밖을 한번 나가 보는구나."

옛적에 몽염 장군*이 이렇게 말한 적이 있었다. "내가 임조에서 일어나 요동에 이르기까지 성을 만여 리나 쌓았는데, 그 과정에서 지맥을 끊지 않을 수 없었다." 이제 보니 그가 산을 헤치고 골짜기를 메운 것은 사실이었다.

아아! 슬프다. 이곳은 옛날부터 백 번이나 싸움이 있었던 전쟁터이다. 후당의 장종이 유수광을 잡자 별장 유광준은 고북구에서 이겼으며, 거란의 태종이 산 남쪽을 취할 때에도 먼저 고북구로 내려왔다. 여진이 요나라를 멸망시킬 때에 여진의 장수 희윤이 요나라 군사를 크게 격파했다는 곳도 바로 이곳이요, 북경을 취할 때에 여진의 장수 포현이 송나라 군사를 패배시킨 곳도 여기이다. 원나라 문종이 즉위하자 여진의 장수 당기세가 여기에 군사를 주둔시켰고, 여진의 장수 살돈이 상도의 군사를 추격한 곳도 여기였다.

독견첩목아가 쳐들어올 때에 원나라 태자가 이 관關으로 도망하여 홍송으로 달아났고, 명나라 가정 연간(16세기 중반)에 엄답俺㗊이 북경을 침범할 때에도 모두 이 관을 거쳐 출입했다.

성 아래가 모두 날고뛰고 치고 베던 싸움터였다. 지금은 천지가 군사를 쓰지 않는데도, 사방에 산이 둘러싸이고 모든 골짜기가 어두컴컴했다. 때마침 상현달이 고개에 걸려 떨어지는데, 그 빛이 갈아세운 칼날처럼 싸늘하였다. 조금 있다가 달이 고개 너머로 기울면서 뾰족한 두 끝을 드러내어 갑자기 붉게 변하더니, 횃불 두 개가 산 위에서 나오는 것 같았다. 북두칠성은 반쯤 관 안에 꽂혔는데, 사방에서 벌레 소리가 들렸다. 긴 바람 소리가 숙연해서 숲과 골짜기도 울었다. 짐승 같은 언덕과 귀신 같은 바위가 창을 세우고 방패를 벌여 놓은 것 같았다. 큰물이 산 틈에서 쏟아져 흐르는 소리가 마치 군사가 싸우는 소리나 말이 뛰고 북을 치는 소리와도 같았다. 하늘 밖에서 학이 우는 소리가 대여섯 번 들렸다. 맑고 긴 소리가 마치 피리 소리 같아, 어떤 사람은 이 소리를 거위 소리라고도 하였다.

고북구 장성에서 바라본 초승달

---

* 몽염(蒙恬) 장군 | 할아버지 몽오가 제나라에서 진나라로 와 장군이 되었는데, 한나라를 쳐서 삼천군을 설치하고, 조나라를 쳐서 성읍 37개를 빼앗았다. 한나라를 쳐서 성읍 13개를 빼앗고, 위나라를 쳐서 성읍 20개를 빼앗았다. 진시황이 천하를 통일한 뒤에 몽염에게 명하여 30만 대군을 거느리고 북쪽으로 가서 융적(戎狄)을 내쫓고, 하남을 점령하여 장성을 쌓게 하였다. 지형에 따라 험난한 곳을 이용하여 성채를 쌓았는데, 임조에서 시작하여 요동에 이르기까지 만여 리나 되었다. 그래서 사마천이 『사기』 「열전」 스물여덟 번째로 「몽염 열전」을 지었다.

「밤에 고북구를 나서면서」에 붙여 쓰다

우리나라 선비는 태어나서 늙고 병들어 죽을 때까지 조국 강토를 떠나지 못했지만, 근세에 오직 노가재 김창업과 내 친구 담헌 홍대용만이 중원의 한 모퉁이를 밟았다. 전국시대 일곱 나라 가운데 연燕나라가 그 하나인데, 『서경』의 한 편인 「우공禹貢」의 9주州에서는 기주冀州가 이곳이다. 천하를 놓고 본다면 한구석의 땅이지만, 원나라와 명나라를 거쳐 지금의 청나라에 이르기까지 천하를 통일한 천자들의 도읍 터가 되었으니, 옛날의 장안이나 낙양과 같다.

송나라 문장가 소동파의 동생인 소철蘇轍은 중국 선비인데도 서울에 이르러 천자의 궁궐이 웅장한 것과 창고·성곽·정원이 크고도 넓은 것을 우러러보고 나서, 천하가 크고 화려한 것을 알게 되었다고 다행스럽게 여겼다. 하물며 우리 동방 사람이 크고 화려한 모습을 한 번 보았으니, 얼마나 다행스럽게 여겼으랴.

지금 내가 이번 열하 여행을 더욱 다행스럽게 생각한 것은 장성을 나와서 사막 북쪽까지 이르렀던 선배가 일찍이 없었기 때문이다. 그러나 깊은 밤에 노정을 따라 소경같이 걸어가고 꿈속같이 지나다 보니, 산천의 경치와 요새의 웅장하고 기이한 모습을 두루 보지 못했다. 마침 가을 달이 비끼어 비치고, 관내關內의 양쪽 언덕은 벼랑으로 깎아 섰는데, 그 가운데로 길이 나 있었다.

나는 어려서부터 배짱이 없고 겁이 많아서, 어쩌다 낮에 빈 방에 들어가거나 밤에 조그만 등불을 보더라도 머리털이 움직이고 핏줄이 뛰었다. 올해 내 나이 마흔넷이 되었건만, 무서움을 타는 성질은 어릴 때나 마찬가지다. 한밤중에 홀로 만리장성 밑에 서 보니, 달은 떨어지고 강물은 울며 흘렀다. 바람은 처량하고 반딧불이가 날아다녀서, 부딪치는 모든 경치가 놀랍고 두려우며 기이하고 이상했다. 그렇지만 두려운 마음이 갑자기 사라졌다. 부견*이 팔공산에서 풀까지도 군사로 보고, 이광*은 북평의 바위를 범으로 보고 활을 쏘았지만, 그런 것도 나를 놀라게 하지 못하니 다행이었다.

  다만 붓이 가늘고 먹이 말라서 글자를 서까래만큼 크게 쓰지 못하고, 또 만리장성의 옛일을 시로 쓰지 못하는 것이 한스러울 뿐이다. 그러나 본국으로 돌아가는 날, 동네 사람들이 다투어 술 한 병으로 위로하며 열하의 여정을 물을 테니, 이 기록을 내보여서 머리를 모아 한 번 읽고 책상을 치면서 기이하다고 떠들어 보리라.

---

* 부견(苻堅) | 전진(前秦)의 임금.
* 이광(李廣) | 한(漢)나라 장군. 우북평(右北平)의 바위를 범인 줄 알고 온힘을 다해 쏘아 살이 바위에 박혔다고 한다.

하룻밤에 한 강물을 아홉 번이나 건너면서

강물은 두 산 사이에서 흘러나와, 돌에 부딪쳐 싸우며 흘렀다. 놀란 물너울과 성난 물결, 그리고 애원하는 듯한 여울들이 내달아 들이치고 휘말려 곤두박질쳤다. 울며 으르렁거리며, 부르짖으며 고함치며, 언제라도 만리장성을 쳐부술 기세였다. 전거戰車 만 대, 기병 만 마리, 대포 만 대, 전투 신호를 알리는 북 만 개로도 무너져 내리는 소리를 마음껏 형용하지는 못할 것이다. 모래 위에는 커다란 바윗돌이 우뚝우뚝 늘어서 있고, 강둑에는 버드나무들이 어두컴컴한 모습으로 서 있다. 마치 물귀신들이 다투어 나와 사람 앞에 자랑하며, 좌우에서는 이무기들이 움켜잡기라도 하는 듯했다.

어떤 사람은 이곳이 옛날 전쟁터였기에 강물이 그렇게 운다고 한다. 그러나 꼭 그런 것은 아니다. 강물 소리는 어떻게 듣느냐에 달려 있다.

내 집이 있는 황해도 금천 연암협 골짜기 바로 문 앞에 커다란 냇물이 있다. 해마다 여름철 폭우가 한바탕 지나가면 갑자기 냇물이 불어나, 수레 소리와 말 소리, 대포 소리와 북소리를 늘 들었다. 그래서 귀에 못이 박혀 버렸다.

한번은 내가 문을 닫고 드러누워서 냇물 소리를 나누어 가며 들은 적이 있었다. 깊은 솔숲에서 울려 나오는 솔바람 소리는 청아하게 들린다. 산이 찢어지고 언덕이 무너지는 듯한 소리는 격분한 소리같이 들린다. 개구리 떼가 다투어 우는 듯한 소리는 교만스럽게 들린다. 수많은 축筑이 번갈아 울려 대는 듯한 소리는 성난 것같이 들린다. 별안간 떨어지는 천둥이나 벼락 같은 소리는 듣다가 깜짝 놀란다. 알맞은 불길 위에서 찻물이 끓는 듯한 소리는 흥취 있게 들린다. 거문고가 궁조宮調와 우조羽調로 울려 나오는 듯한 소리는 슬프게 들린다. 종이 바른 창문에 바람이 우는 듯한 소리는 의아스럽게 들린다. 모든 소리를 똑바로 들은 것은 아니다. 다만 내 가슴속에 지닌 뜻이 있어서, 이에 따라 귀가 받아들여 그런 소리로 만들어 주었을 뿐이다.

지금 나는 밤중에 한 강물을 아홉 번이나 건넜다. 강물은 장성 밖으로부터 흘러나와서 장성을 뚫고 유하楡河, 조하潮河, 황화黃花, 진천鎭川의 여러 줄기와 합쳐져, 밀운성 아래를 지나 백하白河가 된다. 어제 나는 배를 타고 백하를 건넜는데, 백하가 바로 이 강의 하류였다.

내가 요동 땅에 들어오기 전에 한여름 뙤약볕 속을 가는데, 갑자기 커다란 강물이 앞을 가로막았다. 시뻘건 물결이 산처럼 일어나서, 건너편 언덕이 보이지 않을 정도였다. 천 리 밖에 폭우가 쏟아졌기 때문이다. 물을 건널 때 사람들이 모두 고개를 들고 하늘을 우러러보기에, 나는 모두 하늘을 향하여 묵도를 올리나 보다고 생각했다. 그러다가 나중에야 그 까닭을 알았다. 물을 건너는 자가 물이 소용돌이치기도 하고 용솟음치기도 하면서 콸콸 흘러내리는 것을 보면, 몸은 거슬러 올라가는 것 같고 눈길은 흐름을 따라 내려가는 것 같아서, 문득 현기증이 나서 물에 빠지게 되기 때문이다. 그들이 고개를 들고 하늘을 우러러보는 까닭은 하늘에 기도하기 위한 것이 아니라, 아예 물을 외면하고 보지 않으려고 한 것이다. 그 짧은 순간

장성을 끼고 돌아가는 고북구의 조하

에 어찌 목숨을 위해 기도할 겨를이 있었으랴.

이처럼 위험했건만, 강물 소리는 들리지 않았다. 모두 "요동 들판이 평평하고 넓기 때문에, 물이 성내어 울지 않는다."고 했다. 그러나 이는 강물을 몰라서 하는 말이다. 요하遼河가 울지 않는 것이 아니라, 다만 밤중에 건너지 않았기 때문이다. 낮에는 물을 볼 수 있으므로, 눈은 위험함을 보는 데만 쏠린다. 벌벌 떨면서 도리어 눈 가진 것을 걱정해야 할 판에 무엇이 들리겠는가. 지금은 밤중에 강물을 건너기 때문에, 눈으로 위험한 상황을 보지 못한다. 위험한 생각이 오로지 귀로만 쏠려, 귀가 벌벌 떨면서 두려운 마음을 이기지 못하는 것이다.

나는 이제야 도道를 알았다. 마음을 고요하게 하는 자는 귀나 눈에 얽매이지 않고, 귀나 눈을 믿는 자는 보고 듣는 것이 자세할수록 더욱 병이 되는 법이다.

지금 내 마부가 말에게 발을 밟혔기 때문에 수레에다 태우고, 곧 말 재갈을 푼 뒤에 강물 위에 띄웠다. 무릎을 오그리고 발을 모아서 안장 위에 앉았다. 말에서 한 번 떨어지면 강물 속이다. 그렇게 되면 강물로 땅을 삼고 강물로 옷을 삼으며, 강물로 몸을 삼고 강물로 성정을 삼으리라. 이처럼 한 번 떨어질 것을 마음속으로 각오했더니, 내 귀에는 강물 소리가 들려오지 않았다. 아홉 번이나 강물을 건너는 동안 조금도 걱정이 없었다. 마치 자리 위에 앉거나 누우며 활동하는 것 같았다.

옛날 우임금이 강물을 건널 때에 "황룡이 잔등으로 배를 짊어졌다."고 했으니, 이는 매우 위태로운 상황이었다. 그러나 마음속에 살고 죽는 결단이 먼저 분명해진다면, 용이라고 해서 크게 보일 것도 없고, 도마뱀이라고 해서 작게 보일 것도 없다.

소리와 빛은 사람의 바깥에 있는 사물이다. 그런데 사람의 바깥에 있는 사물이 항상 이목에 누가 되어, 사람으로 하여금 제대로 보거나 듣지 못하게 한다. 게다가 인생을 살아 나가려면 강물보다 더 험하고 위태로운 곳이 있지 않던가? 보고 듣는 것들이 자주 병통病痛이 되지 않던가? 나는 조선으로 돌아가는 즉시 내가 살던 산속으로 가서 다시 그 시냇물 소리를 들어 보면서 시험하겠다. 그래서 교묘하게 처신하며 스스로 그 총명함을 믿는 자들에게 경고하리라.

코끼리

 괴상하고 야릇하며 기이하고 거창한 것을 구경하려면, 먼저 선무문 안 코끼리 우리에 가 보아야 한다. 내가 북경에서 코끼리 열여섯 마리를 보았는데, 모두 쇠사슬에 발이 묶여 움직이는 모습은 보지 못했다. 코끼리 두 마리를 열하의 행궁 서쪽에서 다시 보았는데, 온몸을 꿈틀대며 걸어 다니는 품이 마치 비바람이라도 치는 듯했다.

 내가 예전에 새벽 무렵 동해안을 지난 적이 있었는데, 물결 위에 말처럼 선 것이 수없이 많이 보였다. 모두가 집채처럼 덩그렇게 커서, 고기인지 짐승인지 알 수가 없었다. 해가 뜨기를 기다렸다가 환해지면 보려고 했더니, 해가 바다 위로 솟아오르자 물결 위에 말처럼 섰던 것들은 벌써 바다 속으로 숨어 버렸다. 지금 코끼리를 열 걸음 밖에서 보면서, 예전 동해안 생각이 났다.

 코끼리의 생김새는 소 몸뚱이에다 나귀의 꼬리이고, 낙타 무릎에다 범의 발굽이다. 짧은 털은 잿빛이고, 모습은 어진데다 소리는 서글프다. 귀는 구름장처럼 드리워졌고, 눈은 초승달 같다. 두 어금니의 크기는 열 치 가까이 되고, 길이는 한 길 남짓 된다. 코는 어금니보다 긴데, 자벌레처럼 구부러지고 펴진다. 굼벵이처럼 말아 붙이기도 하는데, 누에 꽁무니 같은 코끝을 이용해 족집게처럼 물건을 끼어서 두르르 말아 입에다 넣는다.

 어떤 사람은 코를 입부리로 알고서 따로 코끼리의 코가 어디 있는지 찾아보기도 하는데, 코의 모양이 이렇게 생겼으리라고는 생각할 수 없기 때문이다. 코끼리의 다리가 다섯이라고 하는 사람이 있는가 하면, 코끼리의 눈이 쥐의 눈 같다고 하는 사람도 있는데, 이는 코끼리를 볼 때 코와 어금니에만 정신이 빠져 버리기 때문이다. 몸 전체를 통틀어 가장 작은 부분에 대해서는 이처럼 엉뚱한 생각을 할 만하다. 코끼리의 눈은 아주 가늘어서 마치 간사한 사람이 아양 부릴 때에 웃음 치는 것과도 같지만, 코끼리의 어진 성품은 바로 눈에 있다.

강희제 시대에 남해자 동산에 사나운 호랑이 두 마리가 있었다. 오래도록 길들여지지 않자, 황제가 노하여 호랑이들을 코끼리 우리에 몰아넣게 하였다. 그러자 코끼리가 질겁하고 코를 한 번 휘둘러, 호랑이 두 마리가 그 자리에서 넘어져 죽었다. 처음부터 코끼리가 호랑이를 죽일 생각은 아니었지만, 호랑이의 냄새가 싫어서 휘두른 코에 그만 잘못 맞았던 것이다.

아아! 세상의 사물 가운데 털끝처럼 미세한 것까지 하늘이 내지 않은 것은 없다고 한다. 그러나 하늘이 어떻게 하나하나 만들었겠는가? 하늘을 형체로 말한다면 '천天'이고, 성정으로 말한다면 '건*'이다. 주재主宰로 말한다면 '제帝(임금)'이고 묘용妙用으로 말한다면 '신神'이다. 이름도 갖가지이고 부르는 것도 아주 친밀하다. 이에 이기理氣를 화덕과 풀무로 삼고, 만물을 두루 펴내는 것을 조물造物이라고 한다. 이것은 하늘을 솜씨가 묘한 장인匠人으로 보고서, 망치와 끌, 도끼와 자귀 같은 것으로 쉬지 않고 일한다고 생각하기 때문이다. 그래서 『주역』에서는 '천조초매天造草昧'라고 했는데, 초매란 빛깔이 검고 흙비가 낀 듯한 상태를 말한다. 비유하자면 동틀 무렵에 사람과 물건을 분별하지 못하는 상태와도 같을 것이다. 그런데 어둡고 흙비가 낀 듯한 속에서 하늘이 만들어 낸 것이 과연 무엇인지, 나는 모르

---

* 건(乾) | 팔괘의 하나로 하늘을 상징한다.

겠다.

 국숫집에서 밀을 갈면 가는 가루와 굵은 가루, 고운 가루와 거친 가루가 뒤섞여 바닥에 흩어진다. 대개 맷돌의 기능은 돌아가는 것뿐이다. 처음부터 가루가 곱게 되거나 거칠게 되는 것까지야 생각했으랴? 그렇지만 말하기 좋아하는 사람들은 "뿔이 있는 것에게는 날카로운 이빨을 주지 않았다."고 하여 마치 조물주에게 무슨 결함이라도 있는 것처럼 생각하니, 이는 허망한 생각이다.

 "이빨을 준 자가 누구인가?"

 내가 감히 묻는다면, 사람들은 이렇게 말할 것이다.

 "하늘이 주었다."

 "하늘이 이빨로 무엇을 하라고 주었는가?"

 "하늘이 그들에게 물건을 깨물도록 해준 것이다."

 "어째서 물건을 깨물도록 하였는가?"

 "이것은 이치이다. 새나 짐승은 손이 없기 때문에, 반드시 주둥이를 숙여 땅바닥에 대고서 먹이를 찾는다. 학은 다리가 높으니까 목이 길어지지 않을 수 없고, 그래도 아직 부리가 땅에 닿지 못할까 봐 염려되어서 그 부리도 길게 해준 것이다."

 이 말을 듣고 내가 크게 웃으며 말했다.

 "그대들이 말하는 이치는 소나 말, 닭이나 개에게만 맞을 뿐이다. 하늘이 이빨을 준 까닭이 몸을 숙여서 물건을 깨물게 한 것이 틀림없다면, 저 코끼리에게는 쓸데없는 어금니를 심어 준 셈이다. 주둥이를 땅에 대려고 하면 어금니가 먼저 걸리고 마니, '이빨은 물건을 깨물기 위해 있다.' 는 원래 용도에 방해가 되지 않겠는가?"

 그러자 어떤 사람은 또 이렇게 말했다.

"이빨이 아니라 코에 의지한다."

"어금니를 길게 해준 채로 코에 의지하게 하기보다는, 차라리 어금니를 없애고서 코를 짧게 해주는 것이 낫지 않은가?"

이 말을 듣고서야 자기의 주장을 내세우던 사람들이 더 고집하지 못하고, 지금까지 배웠던 이치를 조금 수그러뜨렸다. 그들의 머리로 생각하는 범위가 소나 말, 닭이나 개 정도에서 머물고, 용이나 봉, 거북이나 기린 정도에는 미치지 못하기 때문이다. 코끼리가 호랑이를 만나면 코로 때려눕히니, 그 코야말로 천하무적이다. 그러나 코끼리가 쥐를 만나면 코를 둘 데가 없어 하늘만 쳐다보며 서 있을 수밖에 없다. 그렇다고 쥐가 범보다 더 무섭다고 말한다면, 앞서 주장을 내세웠던 사람들의 이치와는 맞지 않다.

코끼리를 눈으로 보면서도 이처럼 이치를 알 수가 없다. 하물며 코끼리보다 만 배나 더 큰 천하의 사물에 대해서는 어떠하랴. 성인이 『주역』을 지을 때에 '코끼리 상象' 자를 따서 지은 까닭도 코끼리 같은 형상으로 만물이 변하는 이치를 궁구하려고 했기 때문이었던가.

구외이문

・口外異聞

盤羊

盤羊鹿身細尾兩角盤背上有麤文夜則懸角木上以防患狀若驟摹行塵露相團角上生草或曰麢羊或曰羱羊說文麢大羊而細角陸佃埤雅似羊而大今萬壽節蒙古來獻皇帝以供班禪

・彩鷂蝴蝶

康熙四十年帝避暑口外喇里達番頭人進彩鷂一架青翅蝴蝶一夜鵝赤蝶能捕烏見王貽上香祖筆記

・高麗珠

中國人寶東珠以為高麗珠色淡泊如輾轢令帽前簷端篏安一筒以表

고북구 밖에서 들은 기이한 이야기를 「반양」부터 「천불사」까지 60편의 단문으로 기록하였다. 이 가운데 「동의보감」이나 「서화담집」・「고려사」・「계원필경」같은 우리나라 문헌 이야기가 흥미롭다.

조선 진주

중국 사람들은 우리나라 진주를 보배롭게 여겨, 고려주高麗珠라고 부르는데 그 빛이 해맑다. 요즘 모자 차양 앞뒤에 하나씩 깊숙이 달아서 남북을 표시한다.

우리나라 진주 가운데 8푼*이상이면 벌써 보물로 알아주었다. 황제가 7돈이나 되는 조선 진주를 가졌는데, 악한 꿈을 누르는 보물로 삼았다. 황후가 가진 조선 진주는 6돈 4푼 나가는데, 흰 가지처럼 생겼다. 1765년에 황후가 그 진주를 잃어버린 적이 있었는데, 회회족 출신의 후궁이 이 사실을 왕에게 고자질했다. 수사한 끝에 궁중을 호위하던 군사의 집에서 진주가 나왔으므로, 황후가 진주를 그 군사에게 정표로 주었다는 혐의를 받고 폐출되어 냉궁冷宮에 갇혔다.

귀주 안찰사 기풍액이 모자 끝에다 우리나라 진주를 달기는 했지만, 빛깔이 별로 좋지 않았다. 기풍액이 내게 말했다.

"이 진주는 두께가 6~7리*에다 값이 40냥이라오."

"이 진주는 토산이 아니군요. 이따금 홍합을 먹다가 입 안에서 진주가 발견되는데 이를 육주肉珠라고 하지요. 그런데 너무 가늘어서 보물로 치지는 않습니다. 아낙네들의 머리꽂이와 귀이개 따위에 꾸민 것은 대체로 일본 것

* 푼 | 무게의 단위로 현재 1푼은 0.375그램 정도이나 시대마다 차이가 있었다.
* 리 | 길이의 단위로 현재 1리는 약 0.3밀리미터이지만 시대마다 차이가 있었다.

인데, 붉은 빛깔 나는 게 제법 보배롭지요."

그러자 기풍액이 웃으면서 말했다.

"아니오. 이건 조개껍데기를 둥글게 간 것이지, 진주가 아니라오. 우리가 그대 나라의 진주를 보배롭게 여기는 까닭은 조개 기운이 없이 천연적으로 보배로운 빛깔이 나기 때문이지요."

매우 이치에 맞는 말이다. 그러나 나는 우리나라의 진주가 어디에서 나며, 또 누가 캐어서 이처럼 세상에 널리 퍼지게 되었는지 모르겠다.

조조의 물속 무덤

건륭 무진년(1748년)에 황제가 장하潭河에서 고기잡이를 하는데, 헤엄치던 자가 갑자기 허리가 끊어져 물 위로 떠올랐다. 황제가 군졸 수만 명을 동원하여 강물 옆을 파서 물길을 돌려놓고 살펴보니, 물속에는 수많은 쇠뇌*에 살이 메워져 있고, 밑에는 무덤이 있었다. 곧 발굴하여 관 하나를 찾아냈는데, 금과 은으로 만든 부장품들이 있

조조 상

었다. 황제의 면류관과 옷차림까지 갖추었으니, 바로 조조曹操의 시체였다.

황제가 친히 관왕묘關王廟와 소열제昭烈帝 유비의 소상塑像 앞에 나아가 조조의 시신을 무릎 꿇리고 목을 잘랐다. 이는 천고千古 신인神人의 분통을 씻어 준 통쾌한 행위일 뿐만 아니라, 조조가 자신의 무덤이 도굴당할까 봐 거짓 무덤을 70개나 만든 사실을 통쾌하게 깨쳐 준 일이기도 하다.

* 쇠뇌 | 발사 장치가 있는 쇠로 된 활로 여러 화살을 쏠 수 있다.

양귀비의 사당

청나라는 건국 초기에 오로지 어진 사람을 표창하고 악한 자를 누르는 법전을 공포하여 천하 민심을 가라앉혔다. 그럼에도 불구하고 계주 반산에 역적 안녹산의 사당이 있는 것은 물론이고 동탁, 조조, 오원제, 황소 따위의 사당도 가끔 있으니, 어찌 그런 곳을 헐어 버리지 않았는지 알 수가 없다.

양귀비 상

구외 길가에 양귀비의 사당이 있는데, 안녹산의 소상도 있다고 한다.* 마부들이 들어가 보니, 양귀비의 상은 마치 살아 있는 것처럼 요염하고, 안녹산의 상은 뚱뚱보에다 흰 배가 드러난 채 갖은 추태를 보이더라고 하였다. 이같이 음란한 사당을 헐어 버리지 않는 까닭은 뒷사람들을 경계하려는 뜻이 아니겠는가.

* 구외口外~한다. | 당나라 제6대 황제 현종이 아들 수왕(壽王)의 비(妃) 양씨를 빼앗아 귀비(貴妃)를 삼았다. 현종은 61세이고 양귀비는 27세였는데, 총애가 대단하여, 양귀비의 오빠 양국충은 재상이 되었다. 현종은 양귀비에 빠져 술잔치로 국고를 탕진하고, 세금 부담이 많아진 백성들은 불만이 쌓였다. 영주(營州) 출신의 오랑캐 안녹산은 환관에게 뇌물을 주어 현종의 신임을 사고 절도사가 되었다가, 양귀비에게 잘 보여 동평군왕이 되었다. 그러나 양국충과 뜻이 맞지 않아 755년에 반란을 일으키자, 현종은 촉(蜀)으로 달아났다. 현종을 따르던 군사들이 마외파에 이르러 반란의 원인이 된 양귀비를 죽이라고 요구하자, 현종이 고역사(高力士)를 시켜 목 졸라 죽였다. 안녹산도 몇 년 뒤 자기 아들 안경서의 손에 죽었다. 이러한 사연을 당나라 시인 백락천이 「장한가」로 지었다.

입정한 스님

요나라 때 만리장성 바깥 백운탑의 감실 속에 입정*한 스님이 있다. 그의 육신은 아직까지도 허물어지지 않았고, 따뜻한 기운이 남아 있으며 부드러운 윤기가 흐른다. 다만 눈을 감은 채로 숨을 쉬지 않을 뿐이다.

* 입정(入定) | 수행을 위해 방 안에 들어가 앉는 일.

고린내와 뚱이

역졸이나 마부들이 배운 중국말 가운데는 잘못된 것이 많다. 그들 자신도 모른 채 그대로 쓰고 있다.

  냄새가 몹시 나쁜 것을 고린내高麗臭라고 한다. 고려 사람들이 목욕을 하지 않으므로 발에서 나는 땀내가 몹시 나쁘기 때문이다. 물건을 잃어버리고는 뚱이東夷라고 한다. 동이가 훔쳐 갔다는 말이다. 여麗의 음은 이離요, 동東은 토우떵頭疼의 절음*이다. 그런데도 우리나라 사람들은 이를 알지 못한다. 나쁜 냄새가 나면 "아이고, 고린내." 하고, 어떤 사람이 물건을 훔쳤다고 생각되면 "아무개가 뚱이야." 한다. 그래서 뚱이가 바로 물건을 훔친 자의 별명처럼 되었으니, 어찌 한심하지 않으랴.

---

* 절음(切音) | 한자의 음을 나타내는 방법인데, 초성이 같은 한자와 종성이 같은 한자를 들어서 나타낸다. '동(東)'을 '덕홍절(德紅切)'로 표기하는 식인데, 반절(反切)이라고도 한다.

젊다고 늙은이를 업신여기다니

사람이 젊을 때에는 앞길이 매우 멀어서, 마치 자기에게는 늙을 날이 없을 것처럼 생각한다. 그래서 무슨 이야기를 하다가 늙은이를 업신여기는 실수를 쉽게 저지른다. 이것은 버릇없는 불량배의 경박한 짓일 뿐만 아니라, 앞날에 복도 받지 못할 짓이니 조심해야 한다.

종1품 벼슬인 찬성贊成 민형남閔馨男이 칠십이 넘은 뒤에도 과일나무에 손수 접을 붙이자, 같은 마을에 살고 있던 젊은 벼슬아치들이 웃으면서 물었다.

"공께서는 아직도 백년 계획을 하십니까?"

"바로 그대들에게 선물할 것이라네."

그 뒤에 공은 94세까지 살았는데, 벼슬아치들의 제삿날이 되면 언제나 손수 과일을 따서 부조하였다.

옛날 양억楊億이 약관(20세) 시절에 주한·주앙 두 사람과 함께 한림원에 있었는데, 두 사람은 벌써 머리가 하얗게 세었다. 그래서 매사를 의논할 때마다 양대년은 그들을 업신여기며 물었다.

"두 노인의 생각에는 어떻습니까?"

그러면 주한은 매우 불쾌히 여기면서 말했다.

"그대는 늙은이를 깔보지 말게나. 내가 기어이 이 백발을 남겨서 그대에게 주겠네."

그러자 주앙이 말했다.

"백발을 그에게 주지 맙시다. 남들이 또 그를 깔보지 못하게 해야지."

그 뒤에 양대년은 과연 50세도 살지 못했다.

열하 태학太學에 왕혹정王鵠汀이라는 늙은 서당 훈장이 있었는데, 그는 호삼다胡三多라는 민가의 어린아이를 가르쳤다. 아이는 나이가 열세 살이었다. 왕라한王羅漢이라는 만주 사람도 있었는데, 그의 나이는 일흔셋이었다. 삼다보다 한 갑자나 많은 무자생(1708년)이었다. 왕라한도 왕혹정에게 배웠는데, 날마다 이른 새벽이 되면 삼다와 함께 책을 끼고서, 앞서거니 뒤서거니 발을 맞추어 혹정을 뵈었다. 어쩌다 혹정이 이야기하느라고 인사할 틈이 없을 때는, 이 노인이 곧 몸을 돌려서 어린아이인 삼다에게 고개를 숙였다. 그러고는 머뭇거리지 않고 한 차례 강의를 받고서 돌아갔다. 왕혹정이 이렇게 말했다.

"저 늙은이는 손자가 다섯이고, 증손자가 둘이나 됩니다. 그런데도 날마다 몸소 와서 강의를 듣고는, 돌아가서 여러 손자에게 다시 가르친답니다. 이토록 부지런하답니다."

이렇듯 늙은이라고 부끄러워하지 않고, 어린아이라고 업신여기지 않았다. 중국의 예의가 빛난다는 말은 예전에도 들었지만, 변방의 풍속까지도 이처럼 순박하니 더욱 볼만한 일이다. 어느 날 호삼다가 붉은 종이 첩지에 은 두 냥을 가지고 와서 그 첩지를 나에게 보였는데, 거기에 이렇게 씌어 있었다.

"삼가 동학同學이며 동갑同甲의 아우인 호胡에게 부탁하여, 조선에서 오신 박공자朴公子에게 청심환 한두 개를 전해 주십사 부탁드립니다. 삼가 변변찮은 폐백을 갖추어 대금으로 삼으오니, 물건은 하찮으나 정은 깊고 의리는 온 세계에 무거울 것입니다."

나는 그 은돈은 돌려보내고, 환약 두 알을 찾아서 주었다. 그가 말한 동학이며 동갑인 아우 '호'는 바로 호삼다를 가리킨 말이니, 더욱 허리를 잡고 웃을 만한 일이다. 그러나 남달리 온후하고 원만한 태도가 주앙이 양대년에게 독설을 퍼붓던 태도와는 아주 다르다. 그래서 여기에 함께 기록하여 젊은이들이 늙은이를 업신여기는 현상을 경계하고자 한다.

신라호*

북경 동북 지방의 고을 가운데 고려장高麗庄이라는 이름이 많다. 그뿐 아니라 당나라 총장 연간(668~669년)에도 신라 사람이 많은 곳에다 관아를 두었으니, 지금 양향良鄕의 광양성廣陽城이 바로 그런 곳이다.

* 신라호 | 당나라 중기부터 신라인들이 산동성에서 양자강까지 바닷가에 많이 이주하여 살게 되자, 신라인들을 관할하기 위해 조직한 자치기관인데, 신라방(新羅坊), 또는 신라소(新羅所)라 하였다. 고려 시대에는 북경 주변에 모여 살았다.

옥갑야화

玉匣夜話

行還至玉匣與諸裨連枕夜話燕京舊時風俗淳厚驛輩雖萬金能相假貸則彼以欺詐爲能事而其由來嘗不先自我人始也三十年前有一譯空手赴燕將還對其主顧而泣主顧怪而問之對曰渡江時潛挾他人銀事發俱沒于官空手還無以爲生不如無還拔刀欲自殺主顧驚愕把持奪刃問所沒銀幾何曰三千兩主顧慰曰大丈夫獨患無銀今死不還將妻子何吾貸萬金五年貨殖可復得萬金以本銀償我譯泥得萬金遂大賈之宓嘗其所親之人燕者曰燕市若遇某主顧當問安否頂道國家逸蕩還當時未有識之者冀不神其刃五年中遂致鉅萬乃自削驛院不復入燕所親以說說頗難之譯曰萊如此而還當奉君百金輒入燕果遇某主顧問

옥갑 여관방에서 여러 수행원들이 차례로 밤늦게까지 여러 형태의 역관에 관한 이야기를 했던 기록인데, 그 가운데 하나가 유명한 「허생」이다. 홍순언·정세태 등의 역관 이야기도 흥미롭다.

옥갑 여관방에서 돌아가며 이야기하다

옥갑으로 돌아와서 여러 비장과 더불어 머리를 맞대고 밤늦도록 이야기했다. 북경은 옛날에 풍속이 순박해서 역관들이 말하면 아주 많은 돈이라도 쉽게 빌려 주었는데, 요즘은 모두 속이기를 능사로 삼으니, 이는 참으로 우리나라 사람들에게 잘못이 있었다.

지금부터 30년 전에 한 역관이 북경에 아무것도 가지지 않고 들어갔다가 돌아오면서, 단골 주인을 보고서 울었다. 주인이 이상하게 여기고 그 까닭을 묻자, 그가,

"강을 건널 때 남의 은을 몰래 가지고 오다가 발각되어, 내 것까지 관원에게 다 빼앗겼습니다. 이제 빈손으로 돌아가려니 살아 갈 수가 없어, 차라리 이곳에서 죽으려고 합니다."

하면서, 곧 칼을 빼어 들고 자살하려 했다. 주인이 놀라서 급히 그를 껴안고 칼을 빼앗으면서 물었다.

"몰수된 은이 얼마나 되는지요?"

"3,000냥입니다."

주인이 그를 위로하면서 말했다.

"사내가 이 세상에 태어나지 않은 게 걱정이지, 은이 없다고 걱정할 게 무어요? 이제 이곳에서 죽어 고향으로 돌아가지 않는다면, 당신의 처자는 어찌할 거요? 내가 당신에게 만금을 빌려 드릴 테니, 5년 동안 늘리면 아마 만금은 남겠지요. 그때 가서 내게 본전이나 갚아 주시오."

그 역관은 만금을 얻은 뒤에 물건을 많이 사 가지고 돌아왔다. 당시에는 이 일을 아는 사람이 없었으므로, 그의 재주를 신기하게 여기지 않는 이가 없었다. 역관은 과연 5년 만에 큰 부자가 되었다. 그러자 사역원司譯院의 명부에서 자기의 이름을 지워 버리고, 북경에 다시는 들어가지 않았다. 얼마 뒤에 친구 하나가 북경에 들어가게 되자, 그가 남몰래 이렇게 부탁했다.

"만일 북경 시장에서 아무개 주인을 만나면 그가 반드시 내 안부를 물을 걸세. 자네는 내 집안이 온통 몹쓸 전염병을 만나서 죽었다고 전해 주게나."

친구가 이 말을 너무 허황하게 생각하고 곤란한 빛을 보이자, 그가 다시 부탁했다.

"만일 그렇게 말하고 돌아온다면 마땅히 자네에게 돈 100냥을 주겠네."

친구는 북경에 들어가 그 주인을 만났다. 주인이 역관의 안부를 묻기에, 친구가 부탁한 대로 대답해 주었다. 그랬더니 주인이 손으로 얼굴을 가리고 한바탕 슬피 우는데, 눈물이 비 오듯 하였다.

"아아! 하느님이시여. 무슨 일로 이처럼 좋은 사람의 집에 이다지도 참혹한 재앙을 내리셨나요?"

하면서 100냥을 그에게 주었다.

"그이가 처자와 함께 죽었다니, 장례를 치러 줄 사람도 없겠군요. 당신이 고국에 들어가는 그날로 나를 위해 50냥으로 제물을 갖추고, 나머지 50냥으로 재齋를 올려서 명복을 빌어 주시오."

친구는 얼떨떨했지만, 벌써 거짓말을 했기 때문에 어쩔 수 없이 100냥을 받았다. 돌아와 보니 역관의 집은 벌써 전염병으로 몰사했다. 그는 크게 놀라는 한편 두렵기도 하여, 100냥으로 단골 주인을 위해 재를 올렸다. 그리고는 죽을 때까지 연행燕行을 그만두었다.

"내가 무슨 낯으로 그 단골 주인을 만나랴."

어떤 사람이 이렇게 말했다.

"지사知事 이추李樞는 근세에 이름난 통역관이었지만, 평소에 돈 이야기를 입에 올린 적이 없었다. 40여 년을 국경에 드나들었지만, 일찍이 손에 은을 잡아 본 적이 없었다. 참으로 근실한 군자의 풍모를 지녔다."

또 어떤 사람은 이렇게 말했다.

"당성군唐成君 홍순언洪純諺은 명나라 만력(1573~1619년) 때의 이름난 통역관인데, 북경에 들어갔다가 어떤 기생의 집에 놀러 갔다. 기생의 얼굴에 따라서 놀이채의 등급을 매겼는데, 천금이나 되는 비싼 돈을 요구하는 여인이 있었다. 홍은 곧 천금을 주고 하룻밤 놀기를 청했다. 그 여인은 열여섯 살이었는데, 미모가 절색이었다. 여인이 홍과 마주 앉더니, 울면서 말했다.

'제가 애초에 이처럼 많은 돈을 요청한 까닭은 이 세상 사나이가 대체로 인색하기 때문에 천금을 버릴 자가 없을 거라 생각해서입니다. 당분간 모욕을 면하려는 의도였지요. 그렇게 하루 이틀을 지내면서 창관娼館 주인을 속이는 한편, 이 세상에 의기를 지닌 어떤 남자가 있어서 제 잡힌 몸을 풀어 주고 사랑해 주기를 바랐던 것입니다. 그렇지만 제가 창관에 들어온 지 5일이 지나도록, 감히 천금을 가지고 오는 자가 없었습니다. 그러다가 이제 다행히 이 세상의 의기 있는 남자를 만나게 되었지요. 그러나 공께서는 외국 사람이어서 법적으로 저를 데리고 고국으로 돌아가시기 어려우실 테고, 이 몸을 한 번 더럽히면 다시 씻기는 어렵겠습니다.'

홍이 몹시 불쌍하게 여겨, 창관에 들어온 까닭을 물었다. 여인이 대답했다.

'저는 남경南京 호부시랑戶部侍郎 아무개의 딸입니다. 아버지께서 장물贓物에 얽매였으므로 이를 갚으려고 했지요. 스스로 기생집에 몸을 팔아서 아버지의 죽음을 용서받으려 하옵니다.'

홍이 크게 놀라면서 여인에게 물었다.

'나는 참으로 이런 줄을 몰랐습니다. 내가 이제 당신의 몸을 풀어 주리다. 액수가 얼마나 되는지요?'

　'2,000냥이랍니다.'

　홍이 곧 그 액수를 치르고 헤어지려 했다. 여인이 홍을 은부恩父라고 부르면서 수없이 절하고 헤어졌다. 그 뒤 홍은 이 일을 마음에 두지 않았다. 다시 중국에 들어갔는데, 길가에 있는 사람들이 모두 물었다.

　'홍순언이 들어오나요?'

　홍은 이상하게 생각했다. 북경에 이르자 길 왼쪽에 천막을 크게 치고 홍을 맞이하면서,

　'병부兵部 석노야石老爺께서 환영합니다.'

하더니 곧 석씨의 저택으로 인도했다. 석상서石尙書가 맞이하고 절했다.

　'제게는 장인이십니다. 공의 따님이 아버지를 기다린 지 오래됐습니다.'

　곧 손을 이끌고 내실로 들어갔다. 그의 부인이 화려하게 화장하고 마루 밑에서 절했다. 홍은 송구하여 어쩔 줄을 몰랐다. 석상서가 웃으면서 말했다.

　'장인께서는 벌써 따님을 잊으셨나요?'

　홍은 그제야 비로소 그 부인이 지난날 기생집에서 구출해 준 여인임을 깨달았다. 여인은 기생집에서 풀려나자 곧 석성石星의 후처가 되었다. 석이 귀하게 되자, 여인은 손수 비단을 짜서 군데군데 보은報恩의 두 글자를 수놓았다. 홍이 고국으로 돌아올 때에 그 부인은 보은단報恩緞 외에도 여러 비단과 금은 등을 짐 보따리 속에 넣어 주었는데, 양이 이루 헤아릴 수 없었다. 뒤에 임진왜란이 일어나자 석이 병부에 있으므로 힘써 구원병을 보내자고 주장했다. 석이 평소에 조선 사람을 의롭게 여겼기 때문이다."

　어떤 사람이 또 이렇게 말했다.

　"조선 장사치의 가장 친한 단골 주인인 정세태鄭世泰는 북경의 갑부이다.

그러다가 세태가 죽자, 그 집은 한순간에 망해 버렸다. 그에게는 손자 하나밖에 없었는데, 뭇 사내 가운데 절색이었지만 어려서 극장劇場에 몸을 팔았다. 세태가 살아 있을 때에 회계를 보던 임가林哥가 이 무렵 이름난 부자가 되었는데, 극장에서 어떤 미남자가 연극하는 것을 보고 퍽 애처롭게 여겼다. 그러다가 그가 정씨의 손자인 것을 알고는 서로 껴안고 울었다. 곧 천금을 내어 그를 풀어 주고는, 자기 집으로 데려온 뒤 집안 식구들에게 타일렀다.

'너희는 이분을 잘 모셔라. 우리 집의 옛 주인이니, 결코 배우의 몸이라고 해서 천대하지 마라.'

손자가 자란 뒤에는 자기 재산의 절반을 나누어서 살림을 시켰다. 그는 몸이 살찌고 살결이 몹시 희며 얼굴이 아름답고도 화려했다. 그는 아무런 일을 하지 않고, 다만 연을 날리면서 성안에서 노닐 뿐이었다."

옛날 이곳에서 물건을 사고팔 때에는 봇짐을 끌러 검사하지 않았다. 북경에서 싸 보낸 그대로 가지고 와서 장부와 대조해 봐도, 조금도 잘못되지 않았다. 어느 때던가 흰 털 감투로 겉을 싼 것이 있었는데, 돌아와서 끌러 보니 흰 모자였다. 그러나 저쪽에서 일부러 그렇게 했던 것은 아니었다. 그는 저쪽에서 검사해 보지 못한 것을 스스로 후회하였다. 그러다가 정축년(1517년)에 두 번이나 국상國喪을 당하게 되자 오히려 갑절이나 되는 값을 받았다. 그런데 이것이 바로 그네의 일이 옛날 같지 않다는 조짐이었다. 근년에 이르러서는 역관들이 화물을 스스로 단속하고, 단골집 주인에게 맡기지 않는다고 한다.

어떤 사람이 또 이렇게 말했다.

"부자 변승업卞承業이 중한 병에 걸리자, 돈놀이 금액의 총계가 알고 싶어졌다. 그래서 모든 회계 장부를 모아 놓고 통계를 내어 보니, 50만 냥의 은이 적립되었다. 아들이 그에게 청했다.

'이 돈을 흩어 놓는다면 거두기도 귀찮을뿐더러 시일을 오래 끌다가는 다 없어져 버리고 말 테니, 돈놀이를 그만두는 것이 좋겠습니다.'

그러자 승업이 크게 화를 냈다.

'이 돈이 바로 서울 시내 만 호萬戶의 목숨 줄인데, 어찌 하루아침에 끊어 버릴 수 있겠느냐.'

그러고는 빨리 돌려보내게 했다. 승업이 이미 늙은 뒤에 자손들에게 이렇게 경계했다.

'내가 일찍부터 공경公卿들을 섬긴 적이 많은데, 그 가운데 나라의 권세를 잡고서 사사로운 이익을 꾀한 사람치고 권세가 3대를 이은 사람이 없더란 말이야. 그리고 온 나라 사람 가운데 재물을 늘리는 이들이 으레 우리 집 거래를 표준 삼아서 오르내리는 것이 국론國論인 만큼, 이 재물을 흩어 버리지 않는다면 장차 재앙이 미칠 거야.'

그러므로 그의 자손들이 지금 번창하고도 모두 가난한 까닭은 승업이 만년에 재산을 많이 나누어 주었기 때문이다."

나도 이에 대한 이야기를 했다. 예전에 윤영尹映이란 사람에게서 변승업의 재산에 대한 이야기를 들었다. 그가 재물을 모은 데에는 유래가 있었다. 승업의 조부 때에는 돈이 몇 만 냥에 지나지 않았는데, 언젠가 허씨許氏 성을 지닌 선비에게 은 10만 냥을 얻어서 결국 한 나라의 으뜸이 되었던 것이다. 승업에 이르러서는 조금 쇠퇴한 셈이다. 그가 처음 재산을 일으킬 때에도 운명이 있었던 듯싶다. 허생의 일을 보더라도 이상한 점이 있다. 허생은 끝내 자기의 이름을 드러내지 않았으므로, 세상에서는 그를 아는 이가 없었다고 한다. 윤영의 이야기는 이렇다.*

---

* 여기서부터 「허생」이 시작된다.

허생

허생은 묵적골에 살았다. 남산 아래에 곧바로 닿으면, 우물 위에 늙은 은행나무가 서 있고, 싸리문이 그 나무를 향해 열려 있으며, 초가집 두어 칸이 비바람도 가리지 못한 채 서 있었다. 그런데도 허생은 글 읽기만 좋아해서, 아내가 바느질품을 팔아서 입에 풀칠하였다. 하루는 아내가 너무나 배고파 훌쩍거리며 물었다.

"당신은 평생토록 과거科擧도 보지 않으니, 글을 읽어서 무엇하시려오?"

허생은 웃으면서 말했다.

"난 아직 글 읽기에 익숙하지 못하다오."

"그러면 쟁이 노릇도 못하신단 말예요?"

"쟁이 일은 애초부터 배우지 못했으니, 어떻게 할 수가 있겠소?"

"그럼 장사치 노릇이라도 하셔야죠."

"장사치 노릇인들 밑천이 없으니 어떻게 할 수 있겠소?"

그러자 아내가 성내면서 욕했다.

"당신이 밤낮으로 글을 읽었다더니 겨우 '어찌할 수 있겠소?' 라는 말만 배웠구려. 글쟁이 노릇도 못하고 장사치 노릇도 못한다면, 도둑질은 왜 못하시나요?"

그러자 허생도 할 수 없이 책을 덮고 일어났다.

"아아! 안타깝구나. 내가 처음 글을 읽기 시작할 때에 10년을 채우려고 했었는데 이제 겨우 7년 읽었구나."

그러면서 문을 나섰지만, 아는 사람이 없었다. 그래서 곧장 종로로 가서 시장 사람들에게 물었다.

"한양 안에서 누가 가장 부자인가요?"

마침 변씨卞氏라고 말해 주는 사람이 있어서, 드디어 그 집을 찾아갔다. 허생이 변씨를 보고는 길게 읍揖하며 부탁했다.

"내가 집이 가난한데, 조금 시험해 볼 일이 있어서 그대에게 만 냥을 빌리러 왔소."

"그럽시다."

변씨가 답하고는 곧 만 냥을 내주었다. 그러자 허생은 고맙다는 말도 없이 가 버렸다.

변씨의 자제와 문객들이 허생의 꼴을 보니, 한갓 비렁뱅이였다. 술띠를 허리에 둘렀지만 술은 다 빠져 버렸고, 가죽신이라고 꿰신었지만 뒷굽이 자빠졌다. 갓은 다 망가졌고 도포는 검게 그을었는데, 코에서는 맑은 콧물이 흘렀다. 허생이 나가자, 모두 크게 놀라며 변씨에게 물었다.

"대인께서는 그 손님을 아십니까?"

"몰라."

"그러시다면 하루아침에 평소 알지도 못하던 자에게 만 냥을 헛되이 던져 주시면서 그 이름자도 묻지 않으셨으니, 왜 그러셨습니까?"

"그건 너희가 알 바 아니야. 대개 남에게 부탁할 것이 있는 자는 자기 계획을 과장하여 먼저 신의를 나타내는 법이야. 그러면서도 얼굴빛은 부끄럽고도 비겁하며, 말은 중복되곤 하지. 그런데 이 손님은 비록 옷과 신이 다 떨어졌지만, 말이 간단하고 눈매가 오만해. 얼굴에 부끄러운 빛이 없는 것으로 보아서도, 그는 물질이 갖추어지기를 기다리기 전에 스스로 만족하는 사람이야. 그가 시험해 보겠다는 것도 작은 일이 아니겠지만, 나도 그에게 시험해 볼 일이 있는 거지. 주지 않는다면 모르거니와, 이미 만 냥을 주었으면 이름은 물어서 무엇하겠나?"

허생은 만 냥을 얻은 뒤에 집으로 돌아가지 않았다.

"안성安城은 경기도와 충청도를 어우르는 곳이요, 삼남三南의 길목이렷다."

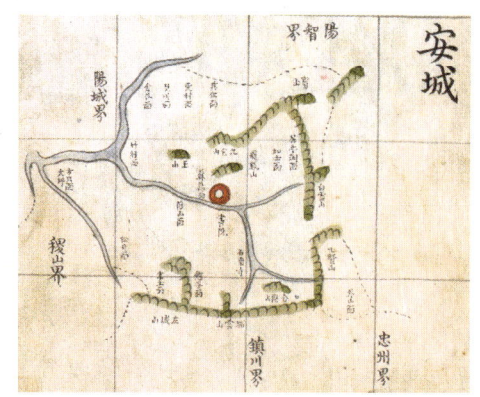

안성 부근 고지도(해동여지도) 국립중앙도서관 소장

이렇게 생각하고는 그곳에 머물러 살았다. 대추·밤·감자·석류·귤·유자 등의 과일을 모두 갑절의 값으로 사서 간직하였다. 허생이 과일을 독점하자, 온 나라 사람이 잔치나 제사를 치르지 못하게 되었다. 얼마 되지 않아, 지난번에 허생에게서 갑절의 값을 받았던 여러 장사치가 도리어 열 배의 돈을 싣고 왔다. 허생이 서글프게 탄식하면서 말했다.

"겨우 만 냥을 가지고 온 나라의 경제를 기울였으니, 이 나라 경제의 깊이를 알 수 있구나."

이번에는 칼·호미·베·명주·솜을 사 가지고 제주도에 들어가서 말총을 거둬들이며 생각했다.

'몇 해만 있으면 온 나라 사람이 머리를 감싸지 못할 거야.'

얼마 되지 않아서 망건 값이 열 배나 올랐다.

"혹시 바다 건너에 사람이 살 만한 빈 섬이 있겠소?"

허생이 늙은 뱃사공에게 물었더니 사공이 답하였다.

"있습니다. 제가 일찍이 바람에 휩쓸려 사흘 밤낮을 곧바로 서쪽으로 떠가다가 빈 섬에 닿은 적이 있습니다. 아마도 사문沙門과 장기長岐 사이에 있

이백오

는 섬인 듯싶습니다. 꽃과 잎이 저절로 피며, 과일과 오이가 저절로 익고, 사슴이 떼를 이룬데다 노니는 고기들도 사람을 보고 놀라지 않습니다."

허생이 크게 기뻐하면서 말했다.

"자네가 나를 그곳에 데려다 준다면 부귀를 함께 누리겠네."

사공이 그의 말을 따랐다. 곧 바람을 타고 동남쪽으로 가 그 섬에 들어갔다. 허생이 높은 곳에 올라 바라보고는 섭섭해했다.

"땅이 1,000리가 채 못 되니 무엇을 해보겠는가? 그러나 땅이 기름지고 샘물이 다니, 부잣집 영감은 될 수 있겠구나."

"섬이 비어서 사람이 하나도 없으니, 누구와 함께 산다는 말씀이오?"

사공이 물으니 허생이 대답했다.

"덕 있는 자에게는 사람이 저절로 찾아드는 법이야. 오히려 내가 덕이 없는 게 걱정이지, 사람 없는 걸 어찌 걱정하겠소?"

이때 변산邊山에서 도둑 수천 명이 떼를 짓고 있었다. 고을에서 군사를 징발하여 뒤를 쫓아다니며 잡으려고 했지만, 잡지 못했다. 그런데 도둑 떼도 감히 나와서 노략질하지 못하게 되었으므로, 바야흐로 굶주린데다 곤한 판이었다. 허생이 도둑의 소굴로 들어가서, 그들의 괴수를 달래었다.

"너희 천 명이 천 냥을 훔쳐서 서로 나누어 가지면 얼마나 되겠느냐?"

괴수가 말했다.

"한 사람의 몫이 한 냥뿐이지요."

변산 부근 고지도(해동여지도) 국립중앙도서관 소장

"너희는 아내가 있느냐?"

"없지요."

"그럼 너희에게 밭은 있느냐?"

도둑들이 웃으면서 말했다.

"밭이 있고 아내가 있다면 왜 이처럼 괴롭게 도둑질을 하겠소?"

허생이 말했다.

"정말 그렇다면, 왜 아내를 얻고, 소를 사다가 농사를 짓지 않느냐? 그렇게 살면 도둑놈이라는 이름도 없을뿐더러, 살림살이에 부부의 즐거움도 있을 텐데 말이다. 아무리 돌아다녀도 쫓기거나 붙잡힐 걱정이 없이, 오래도록 넉넉하게 입고 먹지 않겠느냐?"

"어찌 그런 소원이 없겠습니까? 돈이 없을 뿐이지요."

허생은 웃으면서 말했다.

"너희가 도둑질한다면서 어찌 돈이 없다고 걱정하느냐? 내가 너희를 위해서 돈을 마련해 줄 테다. 내일 저 바다를 건너다가 보면 붉은 깃발이 펄럭일 텐데, 그게 모두 돈을 실은 배다. 그러니 너희는 멋대로 가져가거라."

허생은 도둑들에게 약속하고 가 버렸다. 도둑들은 모두 그를 미친놈이라고 비웃었다. 다음 날이 되자, 그들은 바닷가에 가 보았다. 허생이 30만 냥을 싣고 나타나자, 모두 깜짝 놀라 절하면서 말했다.

"이제부턴 오직 장군의 명령대로만 따르겠습니다."

"이 돈을 힘껏 지고 가거라."

허생이 말하자, 도둑들이 다투어 돈을 짊어졌다. 그러나 한 사람이 100냥을 넘기지 못했다. 허생이 말했다.

"너희가 100냥도 들지 못하면서 어찌 도둑질을 할 수 있겠느냐? 이제 너희가 비록 평민이 되고 싶어 하더라도, 이름이 도둑 명부에 올랐으니 갈 곳

이백칠

이 없을 거야. 내가 여기서 너희가 돌아오기를 기다릴 테니, 저마다 100냥씩을 가지고 가서 한 사람마다 아내 한 명에 소 한 마리씩 데리고 오너라."

"예."

도둑들은 대답하고 모두 흩어져 가 버렸다. 허생은 2,000명이 1년 동안 먹을 양식을 혼자 장만하고서 기다렸다. 도둑들이 돌아올 때가 되자, 뒤떨어진 자가 없었다. 모두 배에 싣고는 빈 섬으로 들어갔다. 허생이 도둑을 모두 싣고 가자, 나라 안이 조용해졌다.

그들은 나무를 베어 집을 세우고, 대를 엮어 울타리를 쳤다. 땅기운이 온전하므로 온갖 곡식이 잘 자라서, 묵밭을 갈지 않고 김을 매지 않아도 한 줄기에 아홉 이삭이나 달렸다. 3년 동안 먹을 식량만 쌓아 놓고, 나머지는 모두 배에 싣고 장기도長崎島에 가서 팔았다. 장기도는 31만 호戶나 되는 일본日本 속주屬州였는데, 때마침 커다란 흉년이 들었다. 허생은 탄식하였다.

"이제야 내가 조금 시험해 보았구나."

그러고 남녀 2,000명을 모아 불러 놓고는 이렇게 명령했다.

"내가 처음 너희와 이 섬에 들어올 때에는, 먼저 부유하게 한 뒤에 따로 문자를 만들며, 옷과 갓도 새로 만들려고 했다. 그러나 땅이 작고 덕이 엷으니, 나는 이제 이곳을 떠나련다. 어린애가 태어나서 숟가락을 잡을 만해지면 바른손으로 쥐게 가르쳐라. 하루가 앞서도 먼저 먹도록 사양하게 해라."

그런 뒤에는 다른 배를 모두 불사르며 말했다.

"가지 않으면 오는 사람도 없겠지."

그러고는 은 50만 냥을 바다 속에 던지며 말했다.

"바다가 마르면 얻는 자가 있겠지. 100만 냥도 한 나라 안에 쓸 데가 없는데, 하물며 이런 작은 섬에서 다를까 보냐!"

글을 아는 자가 있었는데 배에다 태우고 함께 나오면서 말했다.

"이 섬나라에 화근을 뽑아 버려야지."

조선에 돌아온 허생은 나라 안을 두루 돌아다니며 가난하고 하소연할 곳 없는 사람들에게 돈을 나누어 주었다. 그러고도 오히려 10만 냥이 남자,

"이것으로 변씨에게 빌렸던 것을 갚아야지."

하였다. 그가 변씨를 찾아가 말했다.

"그대는 나를 기억하시오?"

변씨는 깜짝 놀라 말했다.

"그대의 얼굴빛이 전보다 조금도 나아지지 않았으니, 만 냥을 잃어버린 모양이지?"

허생이 웃으며 10만 냥을 변씨에게 주면서 말했다.

"재물 때문에 얼굴빛이 윤택해지는 것은 그대들이나 하는 일이지. 만 냥이 어찌 도道를 살찌게 하겠는가? 내가 한때의 굶주림을 참지 못해 글 읽기를 마치지 못했으니, 그대에게 빌린 만 냥이 부끄러울 뿐일세."

그러자 변씨가 크게 놀라 일어나 절했다. 10만 냥을 사양하고 이자 10분의 1만 받으려고 하자 허생이 크게 노하여 소매를 떨치며 가 버렸다.

"그대가 어찌 나를 장사치로 대우한단 말인가?"

변씨는 그 뒤를 가만히 밟았다. 허생이 가는 곳을 바라보니 남산 밑으로 향하다가 한 오막살이집으로 들어갔다. 마침 늙은 할미가 우물가에서 빨래를 하고 있었다. 변씨가 물었다.

"저 오막살이는 누구의 집인가?"

할미가 이렇게 말했다.

"허생원 댁이랍니다. 그분이 가난하면서도 글 읽기를 좋아했는데, 어느 날 아침 집을 떠난 뒤에 돌아오지 않은 지가 벌써 5년이랍니다. 아내가 홀로 남아서 그가 집 떠난 날을 제삿날로 삼아 제사를 드린답니다."

변씨는 그제야 그의 성이 허씨인 것을 알고, 탄식하며 돌아왔다. 이튿날 허생에게서 받은 은을 다 털어 가지고 찾아가서 그에게 주었다. 허생이 사양하면서 말했다.

"내가 부자가 되려고 했다면, 100만 냥을 버리고 10만 냥을 받겠는가? 나는 이제부터 그대를 믿고 살겠으니, 그대가 자주 찾아와서 나를 돌봐 주게. 식구 숫자를 헤아려 식량을 대고, 몸을 재어서 베를 마련해 주게. 일생에 이같으면 넉넉한데, 어찌 재물로 내 마음을 괴롭히겠나?"

변씨가 온갖 수단을 써서 허생을 달랬지만, 끝내 어쩔 수 없었다. 변씨는 이때부터 허생의 살림살이가 떨어질 만하면 헤아려서, 그때마다 손수 날라다 주었다. 허생도 기꺼이 받았는데, 어쩌다 물건이 더 오면 즐겁지 않은 말투로 말했다.

"그대가 어찌 내게 재앙을 끼치려고 하나?"

그러나 술을 가져가면, 더욱 기뻐하면서 서로 잔을 주고받다가 취하기에 이르렀다. 그렇게 몇 해가 지나면서 날마다 정이 두터워졌다. 변씨가 어느 날 조용히 물었다.

"5년 동안에 어떻게 100만 냥을 벌었소?"

"알기 쉬운 일일세. 우리 조선은 배가 외국과 통하지 못하고, 수레가 나라 안에서 두루 다니지 못하거든. 그래서 온갖 물건이 이 안에서 생겼다가 이 안에서 사라지지. 대체로 1,000냥은 적은 재물이어서 물건을 마음껏 다 살 수는 없지만, 이를 열로 쪼갠다면 100냥이 열이 될 테니 열 가지 물건을 넉넉하게 살 수 있지. 물건이 가벼우면 돌려 빼기가 쉬우니 한 가지 물건이 비록 밑졌다 하더라도 아홉 가지 물건은 이문이 남는 법이야. 그런데 이건 보통 이문을 남기는 방법이고, 작은 장사치들이나 쓰는 방법이지.

대체로 만 냥만으로 한 가지 물건은 넉넉히 다 살 수 있으므로, 수레에 실린 것이라면 수레를 모조리 독점하고, 배에 실린 것이라면 그 고을을 통틀어서 살 수 있다네. 이는 마치 그물에 코가 있어서 물건을 모조리 훑어 들이는 것과 같지. 그래서 육지의 산물 여러 가지 가운데 어떤 하나를 슬그머니 독점해 버린다든지, 바다의 고기 여러 가지 가운데 어떤 하나를 슬그머니 독점해 버린다든지, 의약품 재료 여러 가지 가운데 어떤 하나를 슬그머니 독점해 버린다면, 그 한 가지 물건이 어느 한 곳에 갇히면서 모든 장사치의 손속이 다 마르는 법이지. 이건 백성을 못살게 하는 방법이야. 후세에 나랏일을 맡은 자 가운데 만약 나의 이 방법을 쓰는 자가 있다면, 반드시 그 나라를 병들게 하고 말 거야."

"처음에 그대는 어찌 내가 만 냥을 내어 줄 거라고 짐작하고 나를 찾아와서 빌렸소?"

변씨가 묻자 허생이 말했다.

"반드시 자네만 내게 주라는 법은 없지. 만 냥을 지닌 자치고 주지 않을 자는 없다네. 내 재주가 넉넉히 100만 냥을 벌 수 있는 거야 나도 알지만, 운명은 저 하늘에 달려 있는 법이니 그것까지야 내가 어찌 예측할 수 있겠나? 그러므로 나를 쓸 줄 아는 자는 복이 있는 자이니, 반드시 더욱더 부자가 될 거야. 이는 하늘이 명하신 것이니, 어찌 안 줄 수 있겠나? 이미 만 냥을 얻은 뒤에는 그의 복에 의지해서 행하기 때문에, 움직였다 하면 바로 성공하는 법이지. 내가 만약 사사롭게 일을 시작했다면 성패 또한 알 수 없겠지."

변씨가 말했다.

"요즘 사대부들이 지난번 남한산성의 치욕을 씻으려고 하니, 지금이야말로 슬기로운 선비들이 팔뚝을 걷어붙이고 지혜를 펼칠 때이지요. 그런데 그대 같은 재주를 지니고도 어찌 괴롭게 어둠 속에 잠긴 채로 이 세상을 마치려고 하시오?"

허생이 말했다.

"예로부터 어둠 속에 잠겨서 세상을 마친 자가 얼마나 많았나. 조성기*는 적국에 사신으로 보낼 만하건만 베 장방이로 늙어 죽었고, 유형원*은 넉넉히 군량을 책임질 만했으나 저 바닷가에서 늙지 않았던가? 그렇다면 지금 나랏일을 보살피는 자들을 알 만하지 않은가? 나는 훌륭한 장사치이니 내 돈으로 넉넉히 구왕九王의 머리를 살 수도 있었다네. 그런데도 바닷속에다 그 돈을 다 던져 버리고 온 까닭은 우리나라가 좁아서 아무 데도 쓸 곳이 없다는 것을 알았기 때문이라네."

변씨가 서글프게 긴 한숨을 쉬고는 가 버렸다.

변씨는 본래 정승政丞 이완李浣과 친하였는데, 이완이 마침 어영대장이 되었다. 한번은 변씨와 이야기하다가 물었다.

"지금 민간에 혹시 커다란 일을 같이 할 만한 기이한 인재가 있던가?"

변씨가 허생에 대하여 이야기를 하였더니, 이완이 깜짝 놀라며 말했다.

"기이하네. 정말 그런 사람이 있단 말인가? 이름이 뭐라고 하던가?"

"소인이 그와 같이 지낸 지 3년이 되었지만, 아직도 이름을 알지 못했소."

변씨가 답했더니, 이완이 말했다.

"그이가 바로 이인異人일세. 자네와 함께 찾아가 보세."

밤이 되자 이완은 수행원들을 다 물리치고, 오직 변씨만 데리고 걸어서 허생의 집에 찾아갔다. 변씨는 이완을 문밖에 세워 두고는, 혼자서 먼저 들어가 허생을 만났다. 이완이 찾아온 까닭을 갖추어 말했는데도, 허생은 못 들은 척하며 말했다.

"자네가 차고 온 술병이나 빨리 풀게."

그러고는 더불어 즐겁게 마셨다. 변씨는 이완이 오랫동안 바깥에 서 있는 게 딱해서 몇 차례 말하였지만, 허생은 아랑곳하지 않았다. 어느 새 밤이 깊어지자, 허생이 말했다.

"손님을 부르게나."

이완이 들어왔지만, 허생은 편안하게 앉은 채 일어서지 않았다. 이완이 자기 몸을 둘 곳이 없어서 어쩔 줄 몰라 했다. 그런 자세로 나라에서 어진 인재를 찾는다는 뜻을 말하였다. 허생이 손을 저으면서 말했다.

"밤은 짧은데 자네 말은 길어서 듣기 지루하이. 지금 자네 벼슬이 무언가?"

"대장입니다."

"그렇다면 딴에는 나라의 믿음직한 신하겠군. 내가 와룡 선생*을 천거할 테니, 임금께 아뢰어 그의 초가집에 세 번 찾아가게 할 수 있겠소?"

이완이 머리를 숙이고 한참 후 대답했다.

"이건 어려우니, 그 다음 방법을 듣고 싶습니다."

"나는 아직까지 '그 다음'이라는 말을 배우지 못했다네."

허생이 말하였으나 그래도 이완이 거듭 묻자, 허생이 답했다.

"명나라 장병들은 '우리가 옛날에 조선을 도와준 은혜가 있다.'고 생각하여, 명나라가 망한 뒤에 그 자손이 청나라에서 많이 탈출하여 동쪽으로 왔소. 그런데 그들이 떠돌이 생활을 하며 홀아비로 고생하고 있으니, 자네가 능히 조정에 아뢰어서 종실宗室의 딸들을 내어 그들에게 두루 시집 보내고, 김류 · 장유* 따위의 집을 빼앗아 그들에게 살게 해줄 수 있겠소?"

이완이 고개를 숙이고 한참 있다가 대답했다.

"그것도 어렵습니다."

---

* 조성기(趙聖期) | 1638~1689년. 호는 졸수재(拙修齋)이며 조선 후기 실학자이다.
* 유형원(柳馨遠) | 조선 후기 실학자이며 호는 반계(磻溪)이다.
* 와룡 선생(臥龍先生) | 유비를 도와 천하를 셋으로 나누었던 촉한(蜀漢)의 재상 제갈량의 호이다. 여기에서는 '와룡'이라는 글자 그대로, 아직 두각을 나타내지 못하고 재주를 지닌 채 묻혀 지내는 인재를 가리킨다.
* 김류(金瑬) · 장유(張維) | 인조반정의 주역들인데, 김류는 영의정, 장유는 우의정까지 올랐다.

"이것도 어렵고 저것도 어렵다고 하니 그러면 무슨 일을 할 수 있다는 말인가? 그럼 아주 쉬운 일이 하나 있으니 자네가 할 수 있겠는가?"

"그것을 듣고 싶습니다."

그러자 허생이 말했다.

"대개 대의大義를 천하에 외치려고 할 때 먼저 천하의 호걸과 사귀지 않고서는 성공한 적이 없었소. 남의 나라를 치려고 하면서, 먼저 간첩을 쓰지 않고서 성공한 적도 없었소. 지금 만주가 갑자기 천하의 주인이 되었으나, 아직은 '중국과 친하지 못했다.'고 생각하고 있는 판이오. 그런데 조선이 다른 나라보다 솔선해서 항복했으니, 저편에서는 우리나라를 믿고 있소. 그러니 그들에게 '우리 자제들을 귀국에 보내어 학문도 배우고 벼슬도 하여, 옛날 당唐나라·원나라 시절처럼 해주고, 장사치들이 드나드는 것도 막지 말아 주시오.' 하고 청하시오. 저들은 반드시 우리가 친절하게 해주는 것을 기뻐하여 허락할 거요. 그러면 나라 안의 자제들을 가려 뽑아서 머리를 깎고 되놈의 옷을 입혀, 지식층은 가서 빈공과*에 응시하고 서민들을 멀리 강남에 장사치로 스며들게 하시오. 그들의 허실虛實을 엿보고 그 나라 호걸과 교제를 맺어야 천하의 일을 도모할 수 있고 나라의 부끄러움을 씻을 수가 있소. 그런 뒤에 주씨朱氏를 물색해서 임금을 세우되, 만나지 못한다면 천하의 제후들을 거느리고 하늘에 사람을 추천하시오. 잘되면 우리나라가 대국大國의 스승 노릇을 할 것이요, 못 되어도 큰 제후의 나라는 되지 않겠소?"

"사대부들이 모두 삼가 예법을 지키는 판인데, 누가 머리를 깎고 되놈의 옷을 입으려고 하겠습니까?"

이완이 부끄러워하면서 말하자 허생이 큰 목소리로 꾸짖었다.

"소위 '사대부'란 게 도대체 어떤 놈들이오? 이彝, 맥貊의 땅에 태어나서 제멋대로 '사대부'라고 뽐내니, 어찌 앙큼하지 않겠소? 바지저고리를 온통

하얗게만 입으니 이는 참으로 상복喪服이고, 머리털을 한데 묶어서 송곳처럼 만드니 이것도 남쪽 오랑캐의 방망이 상투에 불과하오. 어찌 '예법'이라고 뽐낼 게 있겠소? 옛날 번오기樊於期는 자기의 원수를 갚기 위해서 머리를 자르는 것도 아까워하지 않았고, 무령왕武靈王은 자기 나라를 강하게 만들기 위해서 오랑캐 옷을 입는 것도 부끄러워하지 않았소. 그런데 지금 당신들은 명나라의 원수를 갚으려고 한다면서, 그까짓 상투 하나를 아낀단 말인가? 앞으로 말 달리기, 칼 치기, 창 찌르기, 활 당기기, 돌팔매질 등을 익혀야 하는데도 그 넓은 소매를 고치지 않고 제 딴에는 이게 '예법'이라고 한단 말인가? 내가 평생 처음으로 세 가지 계책을 가르쳤지만 당신은 그 중 하나도 실천하지 못하면서 자칭 '신임받는 신하'라고 하니, 소위 '신임받는 신하'가 겨우 이렇단 말인가? 이런 놈은 베어 버려야겠다."

　허생은 좌우를 둘러보며 칼을 찾아서 이완을 찌르려고 했다. 이완이 깜짝 놀라 일어나서, 뒷 들창으로 뛰쳐나가 달음박질쳐서 집으로 돌아갔다. 이튿날 다시 찾아갔지만, 허생은 이미 집을 비우고 떠나 버렸다.

---

* 빈공과(賓貢科) | 중국에서 당나라나 명나라 때에 외국인을 차별하지 않는다는 뜻을 보이기 위해 설치한 과거 시험. 신라에서 유학 갔던 김운경이 821년에 급제해 벼슬하기 시작한 뒤에, 신라·발해·고려의 유학생 수십 명이 급제하고 벼슬하였다. 벼슬을 얻지 못하고 귀국하는 경우도 있었다. 명나라 시대에는 설치되지 않았다.

「허생」 뒤에 붙여 쓰다 1

어떤 사람은 "허생은 명나라 유민遺民이다." 라고 했다. 명나라가 망한 숭정崇禎 갑진년(1664년) 이래로 명나라 사람들이 많이 동쪽으로 나와서 살았다. 허생도 혹시 그런 사람이라면, 그 성이 분명 허씨는 아니리라고 생각된다. 세상에 이런 말이 전한다.

판서 조계원趙啓遠이 경상 감사가 되어 순행하다가 청송에 이르렀는데, 길 왼쪽에 웬 중 둘이 마주 베고 누웠다. 앞선 마졸馬卒이 비키라고 고함쳤지만, 그들은 피하지 않았다. 채찍으로 갈겨도 일어나지 않고, 여럿이 붙들어 끌어도 움직이지 않았다. 조趙가 이르러 가마를 멈추고 물었다.

"너희는 어디에 살고 있는 중들이냐?"

두 중이 일어나 앉아 한층 더 뻣뻣한 태도로 눈을 흘기고 한참 동안 있다가 말했다.

"너는 헛된 소리를 치며 출세하여 감사의 자리를 얻은 자가 아니냐?"

조가 중들을 보니 한 명은 붉은 상판이 둥글고, 다른 한 명은 검은 상판이 길었으며, 말투가 자못 범상치 않았다. 가마에서 내려 그들과 이야기하려고 하자, 중이 말했다.

"따르는 자들을 물리치고 나를 따라오게나."

조가 몇 리를 따라가노라니 숨은 가빠지고 땀이 자꾸만 흘러, 좀 쉬어 가자고 청했다. 그랬더니 중이 화내며 꾸짖었다.

"네가 평소에 여러 사람과 있을 때에는 언제나 큰 소리를 치면서, 몸에는 갑옷을 입고 창을 잡아 선봉에 서서 명나라를 위하여 복수하고 부끄러움을 씻겠다고 떠들지 않았느냐? 이제 보니 몇 리도 걷지 못해서 한 자국에 열 번 헐떡이고 다섯 자국에 세 번을 쉬려고 하는구나. 이러고서 어찌 요遼·계薊의 벌판을 맘대로 달릴 수 있겠느냐?"

그들은 어떤 바위 아래까지 이른 뒤에 나무에 기대어 집을 만들고, 땔나무를 쌓고는 그 위에 드러누웠다. 조가 몹시 목이 말라서 물을 청했더니, 중이 말했다.

"그래도 귀인이라고 배도 고프겠지."

그러고는 황정*으로 만든 떡을 먹이려고 솔잎 가루를 개울물에 타서 주었다. 조가 이마를 찌푸리며 마시지 못하자, 중이 또 크게 호통을 쳤다.

"요동 벌판은 물이 귀해 목이 마르면 말 오줌을 마시는 것이 일쑤니라."

그러다가 두 중이 마주 부둥켜안고 엉엉 울면서

"손노야孫老爺! 손노야!"

부르더니, 조에게 물었다.

"오삼계*가 명나라를 회복하려고 운남雲南에서 군사를 일으켜 강소江蘇와 절강浙江 지방이 소란한 것을 네가 아느냐?"

"들은 적도 없소이다."

조가 말했더니, 두 중이 탄식했다.

"네가 관찰사의 몸으로 천하에 이런 큰일이 있는 것을 듣지도 못하고 알지도 못하면서, 함부로 큰 소리만 쳐서 벼슬자리를 얻었구나."

---

* 황정(黃精) | 한약재의 한 가지인데, 도사들이 오래 살기 위해서 먹었다.
* 오삼계(吳三桂) | 명나라 장군인데, 반군 이자성을 토벌하기 위해 청나라 군사를 끌어들였으나, 결과적으로 청나라가 명나라를 멸망시키고 중국을 통일하는 결과가 되었다. 나중에 청나라에 항거하여 삼번(三藩)의 난을 일으켰지만 실패하였다.

"스님은 어떤 분이십니까?"

조가 물었더니 중이 대답했다.

"물을 필요가 없어. 그래도 세상에는 우리를 아는 이가 있을 거야. 너는 여기 앉아서 조금 기다려라. 내가 우리 선생님하고 같이 와서 네게 이야기 하리라."

그러더니 일어나 깊은 산속으로 들어갔다. 잠시 뒤에 해는 졌건만, 오래 지나도 중은 돌아오지 않았다. 조는 밤늦도록 중이 돌아오기만 기다렸다. 밤이 깊어지자 수풀에서 우수수 바람 소리가 나면서 호랑이 싸우는 소리가 들려왔다. 조는 기겁을 하면서 거의 까무러쳤다. 조는 거기서 낭패를 당하고 골짜기 속을 빠져나왔다. 이 일이 있은 지 오래되어도, 조는 언제나 마음이 불안하여 가슴속에 한을 품게 되었다. 뒷날 조가 이 일을 우암 송시열 선생에게 물었더니, 선생이 말했다.

우암 송시열 초상 국립중앙박물관 소장

"그 중은 아마도 명나라 말년의 총병관總兵官 같아 보이네."

"그가 언제나 저를 깔보고, 네니 또는 너니 하고 부르는 것은 무슨 까닭입니까?"

조가 또 물었더니 선생이 답했다.

"그들 스스로 우리나라 중이 아님을 밝힌 것이지. 땔나무를 쌓아 둔 것은 와신상담*을 뜻하는 걸세."

조가 다시,

"울 때마다 반드시 손노야를 찾았는데, 이것은 무슨 뜻입니까?"

물었더니, 선생이 이렇게 말했다.

"그는 아마도 태학생太學生 손승종孫承宗을 가리킨 듯싶네. 승종이 일찍이 산해관에서 군사를 거느리고 있었으니, 두 중은 아마도 손의 부하일 거야."

---

* 와신상담(臥薪嘗膽) | 오나라 왕 부차(夫差)가 아버지의 원수를 갚기 위해 아침저녁으로 장작더미 속에 누웠으며 드나들 때마다 사람을 시켜 "부차야! 너는 월나라 사람이 네 아비 죽인 것을 잊었느냐?" 하고 외치게 했다. 부차가 월나라를 쳐서 원수를 갚자, 월나라 왕 구천(勾踐)이 회계산에서 항복하고 아내를 첩으로 바쳤다. 구천은 월나라로 돌아와 앉고 눕는 자리에 쓸개를 달아매고 쓸개를 맛보며 "너는 회계산의 치욕을 잊었느냐?" 하였다. 결국 오나라를 쳐서 원수를 갚았다.

이백십구

「허생」 뒤에 붙여 쓰다 2

　내 나이 스무 살(1756년)이 되었을 때에 봉원사奉元寺에서 글을 읽었는데, 어떤 손님 하나가 음식을 적게 먹으면서 밤이 새도록 잠도 자지 않고 선인仙人 되는 법을 익히고 있었다. 그는 정오가 되면 반드시 벽에 기대어 앉아서 약간 눈을 감은 채로 도교 수련법인 용호교龍虎交를 시작했다. 나이가 아주 많았으므로, 나는 그를 존경했다. 그는 가끔 나에게 허생의 이야기와 염시도*·배시황*·완흥군 부인完興君夫人 등에 대한 이야기를 늘어놓았다. 몇 만 마디를 잇달아 이야기해서, 며칠 밤에 걸쳐 그칠 줄을 몰랐다. 그 이야기가 거짓스럽고도 기이하며 괴상하고도 능청스럽기 짝이 없어서, 모두 들을 만했다. 그는 자신의 이름을 윤영尹映이라고 소개했다. 이때가 1756년 겨울이었다.

　그 뒤 1773년 봄에 평안도로 구경 갔다가 비류강沸流江에서 배를 탔었다. 십이봉十二峯 아래 이르자 조그만 초가 암자 하나가 있었다. 윤영이 홀로 중 한 사람과 이 암자에 머물러 있다가, 나를 보고 깜짝 놀랐다. 서로 기뻐하면서 안부를 주고받았다. 지난번 만난 뒤로 18년이 지났지만, 그의 얼굴은 더 늙지 않았다. 나이가 응당 80세가 넘었음에도 불구하고 걸음이 나는 듯했다. 내가 그에게 물었다.

　"허생 이야기 말입니다. 그 중 한두 가지 모순되는 점이 있더군요."
　노인이 곧 풀이해 주는데, 마치 어제 겪은 일처럼 또렷했다. 그가,
　"자넨 지난날 당나라 문장가 한유*의 글을 읽더니 의당……"

하더니 또 뒤를 이어서 말했다.

"자네 일찍이 허생을 위해서 전기를 쓰겠다 했으니, 이제는 글이 벌써 이뤄졌겠지."

나는 아직 짓지 못했다고 사과했다. 이야기하다가 내가,

"윤 노인尹老人."

하고 불렀더니, 노인이 말했다.

"내 성은 신辛이요, 윤이 아니라네. 자네가 아마도 잘못 알았을 거야."

내가 깜짝 놀라서 그의 이름을 물었더니, 그가 대답했다.

"내 이름은 색嗇이라우."

그래서 내가 따졌다.

"영감님의 옛 이름이 윤영 아니었습니까? 그런데 이제 갑자기 고쳐서 신색이라니 무슨 까닭이십니까?"

노인이 크게 화내면서 말했다.

"자네가 잘못 알고서 남더러 이름을 고쳤다고 하는군."

나는 다시 따지려고 하였지만 노인은 더욱 노했다. 그러고는 파란 눈동자만 번뜩였다. 나는 그제야 비로소 이 노인이 이상한 도술을 지닌 사람임을 알았다. 혹시 폐족廢族이나 이단異端으로 남을 피하며 자취를 감추는 무리인지도 알 수 없는 일이다. 내가 문을 닫고 떠날 무렵에 노인이 혀를 차면서 말했다.

---

* 염시도(廉時道) | 숙종 때에 영의정을 지낸 허적의 종인데, 이름난 협객이었다.
* 배시황(裵是晃) | 1658년에 청나라와 러시아 사이에 전투가 벌어지자 혜산진첨사 신류가 청나라를 도우려고 조총군 200명과 기고수(旗鼓手) 60명을 출전시켰는데, 부장 배시황이 화공법으로 적을 섬멸하였다. 그를 주인공으로 한 국문소설 「배시황전」이 있다.
* 한유(韓愈) | 당송팔대가 중 한 사람인데, 도교와 불교를 배척하고 유가를 수호했으며, 고문(古文)을 제창하였다. 「사설(師說)」・「잡설(雜說)」・「진학해(進學解)」・「원도(原道)」 등이 널리 읽혔다.

"허생의 아내 말이야. 참 가엾더군. 결국 다시 굶주릴 거야."

광주廣州 신일사神一寺에 한 노인이 있는데, 호가 삿갓인 이생원이라고 했다. 90세가 넘었는데도 호랑이를 껴안을 만큼 힘이 있었으며 이야기할 때는 말이 끝없이 흘러넘쳐서 바람이 불어오는 듯했다. 그의 이름을 아는 이가 없었지만, 나이와 얼굴 생김을 듣고 보니 윤영과 비슷했다. 그래서 내가 한 번 만나 보려고 했지만, 뜻을 이루지 못했다.

세상에는 물론 이름을 숨기고 몸을 깊이 간직하여 속세를 유희하는 자들이 없지 않다. 어찌 허생만 의심할까 보냐.

서재 앞의 시냇가 국화 아래에서 조금 마신 뒤에 붓을 잡고 연암이 쓴다.

황도기략

黃圖紀畧

皇城九門

皇城周四十里若棋局照九門正南曰正陽東南曰崇文西南曰宣武東正朝陽東北曰東直西北曰阜成西北曰西直北北曰德勝北東曰安定皇城之內爲紫禁城周十七里紅墻覆黃琉璃瓦門四北曰地安南曰天安東曰東安西曰西安紫禁城之內爲宮城正南曰大淸門苐二卽紫禁城之天安門苐三曰端門苐四曰午門苐五曰太和門後門曰乾淸乾淸之北曰神武東曰東華西曰西華皇城九門樓陛三檐皆有甕城甕城皆有二層戱樓裹門閘與城門相直而左右皆有便門正南一百爲外城有七門制同九門正南曰永定左曰左安南右曰右安東曰廣渠西曰廣寕廣渠之東隅曰東便廣寕之西隅

「황성구문」부터 「화초포」까지 40편의 단문으로 황성의 여러 모습을 소개했는데, 「천주당」·「양화」 등에서 서양 문화에 대한 호기심과 충격을 잘 묘사했으며, 「유리창」에서 청나라 문물의 유통시장인 유리창의 유래와 현황을 소개하였다.

북경성

고루
덕승문
안정문
서직문
동직문
순천부학
문승상의 사당
지안문
이마두총
부성문
홍인사
조양문
자금성
천안문
서관
시원
첨운패루
백운관
선무문
정양문
숭문문
천주당
관상대
서편문
동편문
관제묘
광녕문
광거문
숭복사
우안문
영정문
천단
법장사
좌안문

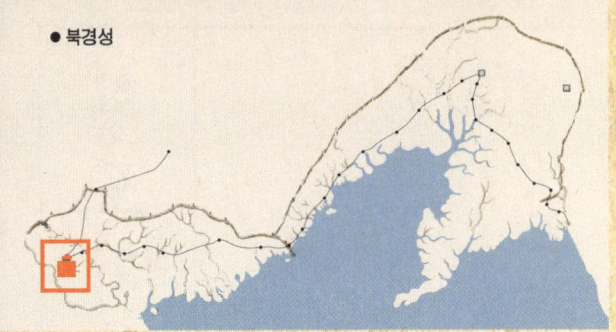

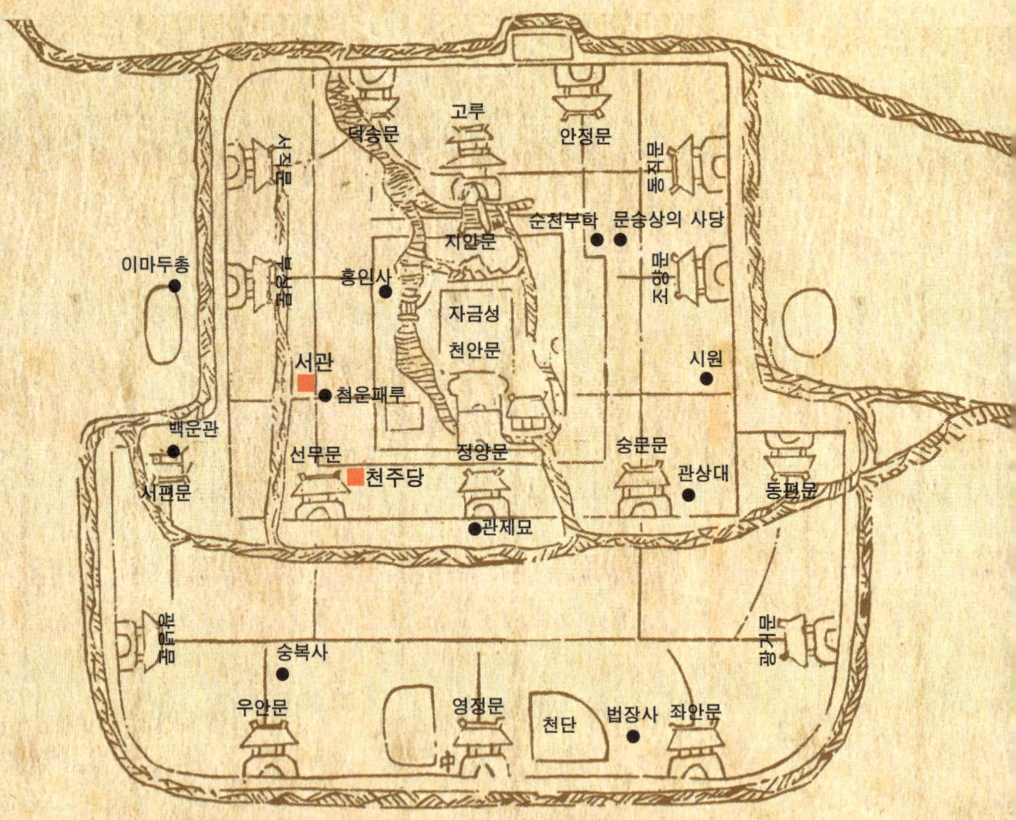

서관

서관은 첨운패루瞻雲牌樓 안의 큰 거리 서쪽 백묘白廟의 왼쪽에 있다. 정양문 오른쪽에 있는 것은 남관이니, 모두 우리 나라의 사신이 묵는 객관이다. 동지사冬至使가 먼저 남관에 들었을 때 다른 사신이 뒤미처 오게 되면 이 관에 나누어 든다. 어떤 사람이 "이 집은 죄 때문에 몰수당한 집이다." 했다. 앞 담이 10여 칸인데, 벽돌로 모란을 새겨 쌓아 알록달록 물들인 무늬가 영롱했다. 정사는 안채에 들고, 가운데 뜰에 동서 두 건물이 있어서 부사와 서장관이 나누어 들었다. 나는 앞채에 머물렀다.

북경 정양문

천주당

내 친구 홍대용이 예전에 서양 사람들의 기술을 논하다가 이렇게 말했다.

"우리나라 선배들 가운데 노가재 김창업*과 일암 이기지 같은 이는 모두 견문과 학식이 탁월하여 후세 사람이 따를 수 없다. 더구나 중국을 옳게 본 데에 대해서는 높이 여길 점이 많다. 그러나 천주당에 대한 그들의 기록에 대해서는 약간 유감이 있다. 다름이 아니라, 사람의 생각으로는 잘 미칠 수 없는 부분이요, 언뜻 보아서는 알아낼 수도 없는 문제이기 때문이다. 뒷날 찾아간 사람들 중에서도 천주당을 먼저 구경한 자가 있었지만, 매우 황홀하고 헤아리기 어려워 도리어 괴물같이 알고 이를 배척했으니, 그들에게 아무것도 보이지 않았기 때문이다.

노가재는 건물이나 그림만 상세히 보았고, 일암은 그림과 천문 관측의 기계를 자세히 설명했지만, 풍금風琴 이야기에는 미치지 못했다. 두 사람이 음률에 대해서는 그리 밝지 못했으므로, 제대로 분별하지 못했던 것이다. 나도 귀로 소리를 밝게 들었고 눈으로 그 솜씨를 살폈지만, 오묘한 부분을 글로 다시 옮길 수 없으니, 정말 유감스럽다."

그러면서 풍금에 대해 노가재가 쓴 기록을 끄집어내어, 나와 함께 보았다.

"방 안 동편 벽에는 두 층계의 붉은 문이 달렸는데, 위는 두 짝이고 아래는 네 짝이다. 차례대로 열리면서 그 속에는 기둥이나 서까래처럼 생긴 통筒(파이프)이 총총하게 섰는데, 크기가 달랐다. 모두 금은 빛으로 섞어 칠을 발랐고, 위에는 철판을 가로놓았으며, 한쪽 가에는 수없이 구멍을 뚫었다. 다른 한쪽은 부채 모양으로 생겼는데, 방위와 12시를 새겼다.

 잠시 보는 사이에 해 그림자가 방 안에 이르자 대 위에 놓인 크고 작은 종이 각각 네 번씩 울고, 복판에 있는 커다란 종은 여섯 번 쳤다. 종소리가 잠시 그치자 동쪽 가에 있는 홍예문 속에서 갑자기 바람 소리가 쏴 하면서 여러 개의 바퀴를 돌리는 것 같았는데, 계속해서 관管·현絃·사絲·죽竹 등의 별별 음악 소리가 들렸다. 어디에서 이 소리가 나는지 알 수가 없었다. 역관이 말했다.

 '이것은 중국 음악입니다.'

 얼마 뒤에 그 소리가 그치고 또 다른 소리가 나는데, 조회 때의 음악 소리처럼 들렸다. 그러자,

 '이것은 만주 음악입니다.'

하였다. 조금 있다가 그 소리도 그치고 또 다른 곡조가 들리는데, 음절이 빨랐다. 그러자,

 '이것은 몽골 음악입니다.'

하였다. 음악 소리가 뚝 그치고는 여섯 짝 문이 저절로 닫혔다. 이 풍금은 서양 사신 서일승徐日昇이 만든 것이라고 한다.**"

 홍대용이 다 읽고 나더니 한바탕 크게 웃으면서 말했다.

 "이야말로 이야기는 하면서도 자세하진 못한 격일세. 속에 기둥이나 서까래처럼 생겼다는 통은 유기로 만들었네. 제일 커다란 통은 기둥이나 서까래만 한데, 크고 작은 통이 총총하게 섰네. 이는 생황 소리를 내기 위해서 크게 한 것일세. 크기가 같지 않은 것은 다음 틀을 취하여 곱절로 더 보태고, 8

---

* 김창엽 | 영의정 김수항의 넷째 아들인데, 1712년에 형 창집이 연행사로 가게 되자 자제군관으로 수행하여 중국을 유람하였다. 이때 지은 『가재연행록』이 『열하일기』에 영향을 주었다.
** 노가재의 기록이 여기에 이르러서 그쳤다.

율律씩 띄어 서로 합해서 다른 소리를 만들게 하니, 8괘卦가 변해 64괘가 되는 것과 같다네.

금빛 은빛을 섞어 바른 것은 거죽을 곱게 보이기 위한 것이고, 갑자기 한 줄기 바람 소리가 여러 개 바퀴를 돌리는 소리같이 나는 것은 땅골로부터 구불구불 마주 통한 데서 풀무질하여 입으로 바람을 불듯이 바람 기운을 보내는 것일세. '연방 음악 소리가 났다.'는 것은 바람이 땅골을 통하여 들면 바퀴가 핑핑 재빨리 돌아 생황 앞이 저절로 열리면서 여러 구멍에서 소리가 나게 되는 거라네.

풀무가 바람을 내는 방식은 이렇다네. 다섯 마리의 쇠가죽을 마주 붙여서 비단 전대같이 부드럽게 만들고, 굵은 밧줄로 들보 위에 커다란 종처럼 달아매네. 두 명이 바를 붙잡고 몸을 치솟게 하여 배에 돛을 달듯 몸뚱이가 매달려 발로 풀무 전대를 밟으면, 풀무가 점차 내려앉으면서 바람 주머니를 팽창시켜 공기가 꽉 들어차게 한다네. 이게 땅골로 치밀려 들면, 이때 틀에 맞추어 구멍이 가려진다네. 바람은 어디로도 새지 않다가 쇠 호드기 혀가 닫히면 차례로 혀가 떨려 열리면서 여러 소리를 내는 것일세. 내가 대강 말하긴 했지만, 역시 그 오묘한 점을 다 말할 수는 없네. 만약 나라에서 돈을 내어 풍금을 만들라고 명령한다면, 내가 만들어 볼 수도 있지."

이제 내가 중국에 들어와서 풍금 만드는 방식을 생각할 때마다 이 말이 마음속에서 잊히지 않았다. 열하에서 북경으로 돌아오자마자 선무문 안으로 가서 천주당부터 찾았다. 동쪽을 바라보니, 지붕 머리가 종처럼 생겨 여염 위로 우뚝 솟아 보이는 것이 바로 천주당이었다. 성내 사방으로 다 한 집씩 있는데, 이 집은 서편 천주당*이다. 천주라는 말은 천황 씨니 반고 씨니 하는 말과 같다.

이 사람들은 달력도 잘 만들고, 자기 나라의 건축 방법으로 집을 지어서

산다. 그들의 학설은 부화와 거
짓을 버리고 성실을 귀하게 여
기니, 하느님을 밝게 섬기는 것
을 으뜸으로 삼고 충효와 자애
를 의무로 여긴다. 허물을 고치
고 선을 닦는 것을 입문으로 삼
고, 사람이 죽고 사는 큰일에 준
비하여 걱정이 없는 것을 궁극
의 목적으로 삼았다. 그래서 저

선무문 안 천주당

들이 근본이 되는 학문의 이치를 찾아내었다고 자칭하고 있다. 그러나 뜻을
세우는 것이 너무 고답적이고 이론이 교묘한 데만 쏠려서, 도리어 하늘을
빙자하여 사람을 속이는 죄를 범하였다. 제 자신이 저절로 의리를 배반하고
윤리를 해치는 구렁으로 빠지고 있음을 모르는 것이다.

　천주당의 높이는 일곱 길이 되고 무려 수백 칸인데, 쇠로 부어 만들거나
흙으로 구워 놓은 것만 같다. 1601년 2월에 천진감세天津監稅 마당馬堂이 서
양 사람 이마두의 방물과 성모 마리아상을 바쳤다. 그랬더니 예부에서 이르
기를 "대서양은 『대명회전大明會典』에 실려 있지 않으므로, 참인지 거짓인지
알 길이 없다. 적당히 참작해서 의관을 내려 주어서 본국으로 돌아가게 하
라. 북경에 몰래 숨어 있지 못하도록 하라." 하고는 황제에게 보고하지도 않
았다.

　서양이 중국과 서로 통한 것은 대략 이마두부터 시작되었다. 1769년에 천
주당이 헐렸으므로, 풍금은 남은 것이 없었다. 다락 위의 망원경과 여러 기

---

* 서편 천주당 | 연암이 착각했다. 천주당 남당(南堂)이다.

계는 짧은 시간에 연구할 수 없으므로, 여기에 기록하지 않는다. 홍대용이 풍금의 제도에 대해 들려준 이야기를 생각하면서, 서글픈 심정으로 이 글을 쓴다.

서양화

그림을 그리는 자가 겉만 그릴 뿐 속은 그릴 수 없는 것은 당연하다. 대체로 물건이란 불거지고 오목하고, 크고 작고, 멀고 가까운 특징이 있다. 그러나 그림을 잘 그리는 자는 붓대를 대강 몇 차례만 놀리니, 산에는 주름이 없기도 하고, 물에는 파도가 없기도 하며, 나무에는 가지가 없기도 하다. 이것이 뜻을 그린다는 그림법이다. 두보의 시에서,

> 마루 위의 단풍나무
> 이것이 어찌 된 일인가.
> 강과 산에 안개가 이니
> 이상하기도 하구나.

하였으니, '마루 위'는 나무가 날 곳이 아니고, '어찌 된 일인가.'란 말은 이치에 맞지 않음을 가리킨 것이다. '안개'는 마땅히 강이나 산에서 일어나는 것이니, 만일 병풍에서 일어난다면 매우 이상한 일이 아닐 수 없다.

  천주당 가운데에 있는 바람벽과 천장에 그려져 있는 구름과 인물들은 보통 생각으로는 헤아릴 수 없었고, 보통 언어나 문자로는 형용할 수도 없었다. 내 눈으로 이것을 보려고 하자, 번개처럼 번쩍이면서 내 눈을 뽑는 것 같은 무엇이 있었다. 나는 그림 속에 있는 그 인물들이 내 가슴속을 꿰뚫고 들여다보는 것이 싫었다. 내 귀로 무엇을 들으려고 하자, 굽어보고 쳐다보고

돌아보는 그들이 먼저 내 귀에 무엇인가 속삭였다. 나는 그들이 내가 숨긴 것을 꿰뚫고 맞힐까 봐 부끄러웠다. 내 입이 장차 무엇을 말하려고 하자, 그들은 침묵을 지키고 있다가 갑자기 우렛소리를 내는 듯하였다.

가까이 가서 보자 성긴 먹이 허술하고 거칠게 묻었을 뿐이지, 그 귀, 눈, 코, 입 등의 짬과 터럭, 수염, 살결, 힘줄 사이 등은 희미하게 그어 갔다. 터럭 끝만 한 치수라도 바로 잡았고, 꼭 숨을 쉬고 꿈틀거리는 듯 음양의 향배가 서로 어울려 저절로 밝고 어두운 데를 나타내고 있었다.

천주당 안의 스테인드글라스

그림에는 한 여자가 대여섯 살 된 아이를 무릎에 앉혔는데, 어린애가 병든 얼굴로 흘겨보자 여자는 고개를 돌리고 차마 바라보지 못하고 있었다. 옆에는 시중꾼 대여섯이 병난 아이를 굽어보는데 너무 참혹해서 머리를 돌린 자도 있었다. 날개가 붙은 귀신 수레는 박쥐가 땅에 떨어진 듯하였고, 그림이 슬그머니 돌아 웬 신장*이 발로 새 배를 밟고, 손에는 무쇠 방망이를 쳐들고 새 머리를 짓찧고 있었다. 또 사람 머리와 몸뚱이에 새 날개가 돋아난 자도 있었다. 온통 기괴망측하여 무엇이 무엇인지 분간할 수도 없었다.

좌우 바람벽 위에는 구름이 덩이덩이 쌓여 한여름의 대낮 풍경 같기도 하고, 비가 갓 갠 바다 위 같기도 하였다. 산골에 날이 새는 듯 구름이 끝없이 뭉게뭉게 피어오르고, 수없는 구름 꽃봉오리가 햇살에 비치어 무지개가 떴다. 멀리 바라보이는 곳은 까마득하고도 깊숙하여 끝까지 간 데가 없는데, 뭇 귀신들이 나타났다 사라졌다. 온갖 도깨비가 나타나 멱살을 붙잡고 소매를 뿌리치며, 어깨를 비비고 발등을 밟았다. 가까운 놈이 멀어 뵈기도 하고, 얕은 데가 깊어 뵈기도 하며, 숨은 놈이 드러나기도 하고, 가렸던 놈이 나타나기도 했다. 뿔뿔이 따로 서 있으니, 모두가 허공에 등을 대고 바람을 모는 형세였다. 대체로 구름이 서로 간격을 두어 이렇게 보이는 것이었다. 천장을 우러러보니 수많은 어린애가 오색구름 속에서 뛰노는데, 허공에 주렁주렁 매달려 있는 것이 살결을 만지면 따뜻할 것만 같았다. 팔목이며 종아리도 살이 포동포동 졌다. 갑자기 구경하는 사람들이 눈이 휘둥그레지도록 놀라서, 어쩔 줄 몰라 하며 손을 벌렸다. 떨어지면 받들 듯이 고개를 젖혔다.

* 신장(神將) | 귀신 중에서 무력을 맡은 신.

유리창

유리창은 정양문 밖 남쪽 성 밑에서 가로 뻗치어 선무문 밖까지 이르는 지역이니, 곧 연수사의 옛터이다. 송나라 휘종이 북쪽으로 순행할 때에 정황후와 함께 연수사에서 묵었다.

지금은 공장이 되어 여러 빛깔의 유리기와와 벽돌을 만든다. 이 공장은 사람이 출입하는 것을 금한다. 기와를 구울 때에는 더욱 꺼리는 것이 많다. 비록 전속 기술자라도 모두 4개월 동안 먹을 식량을 가지고 들어가는데, 한 번 들어가면 마음대로 나오지 못한다고 한다.

공장 바깥은 모두 점포인데, 거기에는 재화와 보물이 넘치고 있었다. 서점書店 가운데 가장 커다란 곳은 문수당文粹堂, 오류거五柳居, 선월루先月樓, 명성당鳴盛堂 등이다. 천하의 향시 합격자들과 이름난 인사들이 이 안에 많이 묵고 있다.

알성퇴술

謁聖退述

順天府學

皇城東北隅柴市對樹兩坊曰育賢兩坊之中為順天府學入櫺星門門內地如半月是為泮水為三空橋欄以白石橋之北有三門中曰大成左金声玉振聖殿外扁曰先師廟內題曰萬世師表康熙皇帝書也位牌題至聖先孔子之位四配曰復聖顏子述聖子思之位在東宗碑曾子亞聖孟子之位西西廡之間多古栢樹世傳許曾齋手植或云耶律楚材所植明倫堂在殿之東啓聖祠在明倫堂之北奎文閣在明倫堂之東北文丞相祠在明倫堂之東中門之外左為名宦祠右為鄉賢祠學故報恩寺也元至正末府之東南為宦祠右為鄉賢祠學故報恩寺也元至正末募綠湘潭以造寺未及安像而明師下燕戒士卒毋得入孔子廟僧倉黃

「순천부학」부터 「조선관」까지 11편의 단문으로 태학의 모습과 현황을 소개했는데, 「문승상사당기」가 널리 알려졌다.

북경성

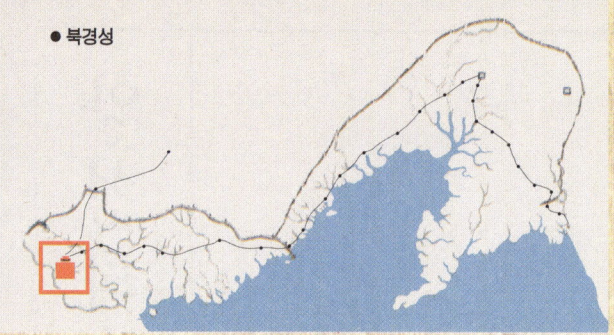

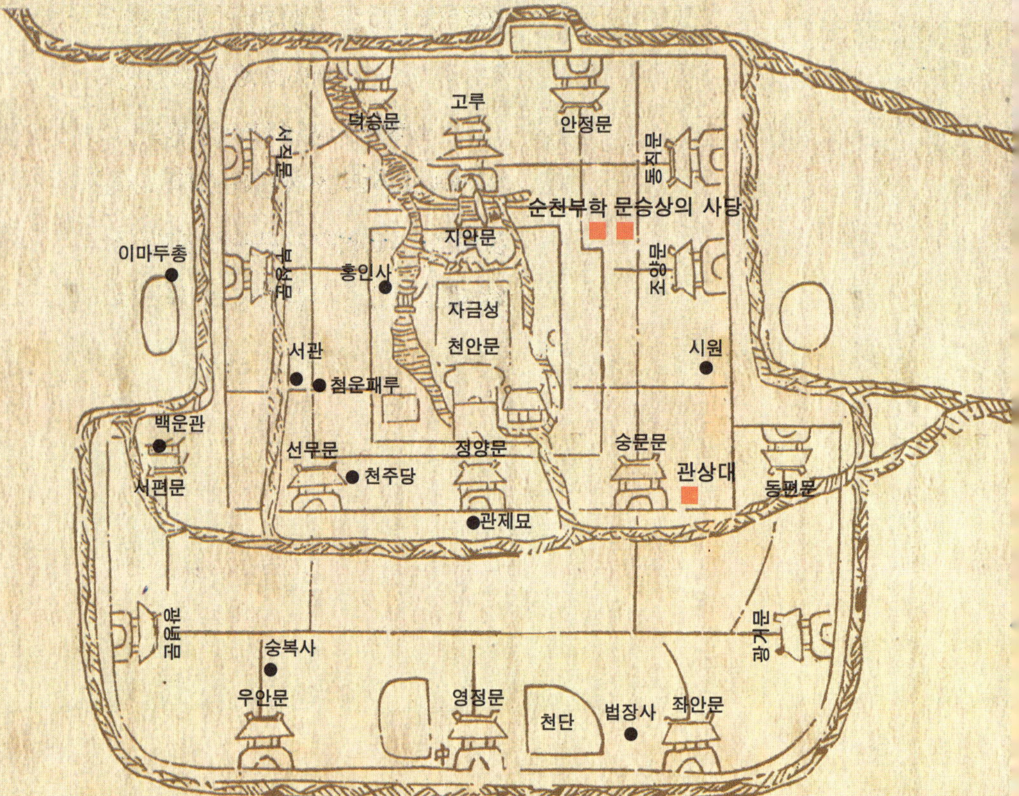

고루
덕승문
안정문
서직문
동직문
순천부학
문승상의 사당
지안문
이마두총
부성문
홍인사
조양문
자금성
천안문
서관
시원
첨운패루
백운관
선무문
정양문
숭문문
관상대
천주당
서편문
동편문
관제묘
광녕문
광거문
숭복사
우안문
영정문
천단
법장사
좌안문

순천부학

북경의 동북 모퉁이 땔나무 시장에 두 방坊이 마주 서 있으니, 이를 육현育賢이라고 부른다. 두 방의 복판이 바로 순천부학이다. 영성문을 들어가면 반달 모양으로 못을 팠는데, 이것이 반수*이다. 그 위에 구름다리 세 개를 놓고, 난간은 흰 돌로 둘렀다. 다리 북쪽에는 3대문이 있는데, 복판이 대성문이고, 왼편이 금성문이며, 오른편이 옥진문이다.

성전聖殿의 바깥 편액에는 선사묘라 썼고, 안으로는 만세사표라고 썼는데, 강희황제의 글씨였다. 위패에는 지성선사至聖先師 공자지위孔子之位라고 했다. 네 분이 배향되었는데, 복성復聖 안자顔回와 술성述聖 자사子思가 동쪽에 있고, 종성宗聖 증자와 아성亞聖 맹자는 서쪽에 있었다.

동쪽 기숙사와 서쪽 기숙사 사이에는 늙은 전나무가 많은데, "원나라 유학자 노재魯齋 허형許衡이 손수 심은 나무이다." 하는 사람도 있고, "원나라 유학자 야율초재耶律楚材가 심은 것이다." 하는 사람도 있다. 명륜당은 성전의 동쪽에 있고, 계성사는 명륜당의 북쪽에 있으며, 규문각은 명륜당의 동북쪽에 있고, 문승상의 사당은 명륜당의 동남쪽에 있다. 중문 밖의 왼편은 명환사요, 오른편은 향현사이다.

순천부의 학교는 옛날에 보은사였다. 원나라 지정 말년(14세기 중반)에 유

---

* 반수(泮水) | 주나라 때에 천자의 벽옹은 사면이 물로 에워싸였는데, 제후의 국학은 동서의 문에서 남쪽으로만 물로 에워싸고 북쪽에는 담을 쌓았다. 이렇게 반만 둘러친 물을 반수라고 하였다.

이백삼십칠

순천부학 내부

랑하던 중이 호남 지방에서 시주를 받아 절을 지었다. 그런데 불상을 채 안치하기도 전에 명나라 군대가 북경에 쳐들어왔다. 그들이 군사들에게 공자묘에는 들어가지 못하도록 명령했으므로, 중이 절을 지키기 위해 공자의 위패를 황급하게 빌려다가 성전 속에 모셨다. 그 뒤에도 끝내 공자의 위패를 감히 옮길 수 없었으므로, 결국은 북평의 부학이 되었다가, 청나라의 수도가 북경으로 옮겨진 뒤에 곧바로 순천부의 학교가 되었다고 한다.

학사

어제는 조교 구양歐陽이 국자감 안팎의 학사 제도를 기록해 보여 주었다. 내호內號로서 광거문의 오른편에 있는 것은 퇴성호退省號이다. 사방으로 잇달린 방이 모두 49칸인데, 남쪽에는 목욕탕과 뒷간이 있다. 퇴성문에서 차츰 북쪽으로 꺾어지면서, 서쪽에는 천天, 지地, 인人, 용勇, 문文, 행行, 충忠, 신信, 규規, 구矩, 준準, 승繩, 기紀, 강絳, 법法, 도度의 글자로 표시한 18호가 있는데, 호마다 21칸씩이다. 도자호度字號의 북쪽에는 보안당保安堂이라는 다섯 집이 있는데, 감생監生(국자감의 학생) 가운데 병자를 수용한다.

이륜당 뒤에는 격格, 치致, 성誠, 정正 등의 번호를 붙인 4호가 있다. 전체가 98칸인데, 1528년에 경일정 밖에 고쳐 세웠다.

동호東號는 문묘의 왼편에 있는데, 모두 34칸이다. 대동호는 거현방의 새 만백창 서문가西門街에 있다. 문이 둘 있는데 하나는 등준호로 동서 양쪽으로 잇달린 집이 모두 40칸이다. 또 하나는 집영호인데 27칸이다. 신남호는 북성北城 두 갈림길 동쪽 어구에 있는데, 문 하나에 동서로 방이 잇달려 모두 34칸이요, 남북으로는 4칸이다. 소북호는 거현방 거리에 있고 문이 하나요, 남북으로 집이 두 줄로 나뉘어졌는데 80칸이다. 교지호는 국자감의 남쪽에 있고, 문 하나에 남북으로 나뉜 집 두 채가 모두 8칸이다.

서호西號는 성현가의 서북쪽에 있다. 국자감과의 거리는 50보쯤 되는데, 옛날 운간사 터이다. 작은 방 10칸에 2층 방이 9칸인데, 국자감의 속관들이 번갈아 거처한다. 북쪽 작은 방 4칸과 남쪽 1칸과 서쪽에 가까운 작은 방 16

문묘 대성전

칸이 있는데, 여기는 감생만이 거처하는 곳이라고 한다.

밤에 내원과 함께 계산해 보니, 전부 580여 칸이다. 그 밖에도 이륜당을 비롯하여 동서 강당과 서적고, 식량 창고와 식당, 의원과 약방, 종 치고 북 치는 다락, 부엌과 목욕탕, 범죄자를 취조하는 방, 박사가 앉는 대청과 계성사啓聖祠, 토지사土地祠 등이 얼마나 더 있는지 알 수 없다고 한다. 구양 조교의 이러한 기록은 아마도 외국 사람에게 떠벌리는 것 같기도 하지만, 한나라와 당나라 시절에 비한다면 조금 쓸쓸한 감이 없지 않다. 송나라 경력 연간에 왕공신이 국자감을 맡고 있을 때에 "한나라 태학이 1,800칸에 생도가 3만 명이나 되었고, 당나라 시대에는 6,200칸이나 되었다." 했으니, 당시 학사의 넓이와 생도의 수는 뒷날에 비할 바가 아니다. 또 옛일을 상고해 보면 "명나라 홍무 4년(1371년)에 천자의 명령으로 지방에서 뛰어난 수재들을 뽑아 입학시켰다."고 했다. 당시는 난리가 갓 평정되어 떠돌아다니는 이들이 아직 많을 무렵이었지만, 그래도 진여규 등 2,782명이 입학했다. 1393년에는 감생으로 열자 등 8,124명을 얻었고, 1421년에는 방영 등 감생이 9,884명에 이르렀다. 그래도 아직 만 명이라는 수효를 채우지 못했으니, 옛날에 선비를 양성시키던 시대와 비교해 보면 엄청나게 달라졌음을 알 수 있다.

이제 청나라도 세워진 지 이미 오래되어 나라 안이 태평하고 문물의 교화가 혁혁하여 제 스스로 '한나라나 당나라보다야 낫겠지.' 생각하면서 자랑하지만, 오늘 내가 여러 학사를 돌아보니 십중팔구는 텅텅 빈 방뿐이었다. 더구나 며칠 전에 간신히 석전*을 지내는데, 대성문 왼편 극문의 왼쪽 벽에 써 붙여 둔 참례자들의 명단을 보니 겨우 400명도 넘지 못했다. 그것도 모두 만주인과 몽골인뿐이니, 한인漢人이 하나도 없음은 무슨 까닭일까.

한인은 비록 벼슬하여 공경公卿에 이르더라도 성안에는 집을 얻을 수가 없었다. 그래서 이 아름다운 서울에 유학하는 선비도 감히 거처할 수가 없기 때문인가? 그렇지 않으면 중화족中華族 스스로 되놈의 종자와 한 책상에서 공부하는 것을 부끄럽게 여겼기 때문인가?

그러나 여기서도 오히려 본받을 일이 없지는 않다. 이곳의 서재와 학사들이 텅텅 비어 있다면 응당 먼지에 파묻히고 잡풀이 돋아났을 터인데, 어디든지 씻고 닦아 맑게 정돈했으며 탁자들이 가지런했다. 창호도 비록 종이를 바른 지는 오래되었지만 밝았으며, 찢어지거나 떨어진 곳이 하나도 없었다. 이것은 비록 한 가지 조그만 일이지만, 중국 법도를 짐작할 수가 있겠다.

---

* 석전(釋奠) | 문묘에서 음력 2월, 8월에 공자에게 지내던 제사.

문승상의 사당

송나라가 원나라에게 망할 때 끝까지 항복하지 않고 지조를 지킨 송나라의 재상 문천상의 사당은 땔나무 시장에 있는데, 동네 이름은 교충방敎忠坊이다. 사당은 3칸인데, 앞이 대문이다. 대문 앞으로 사당의 서쪽은 회충회관인데, 강우江右 지방의 사대부들이 설날에 여기 모여 제사를 드린다고 한다. 명나라 홍무 9년(1377년)에 북평 안찰부사 유송이 처음으로 사당 짓기를 청했다. 1408년 태상박사 유이절이 황제의 명령을 받들고 제사에 대한 의례를 정리할 때에, "문천상이 송나라 왕실에 충성을 다했습니다. 북경이 바로 그가 죽음으로 절개를 지킨 땅이니, 사당을 지어 제사 지내는 것이 옳을까 합니다." 하고 아뢰었더니 황제가 이를 좇았다.

유악신이 지은 『신공전信公傳』을 살펴보니, 이런 구절이 있었다.

"공이 원나라 군사에게 포로로 잡혀 북경 객사에 이르자, 높은 손님처럼 대우하여 장막을 쳐 주었다. 공은 의리상 차마 여기에 머물지 못하고, 앉은 채로 날을 새웠다. 장홍범이 가서 그가 굴복하지 않던 진상을 상세하게 아뢰자, 조정에서 병마사를 보내어 형틀을 채우고 빈 집에 가두었다가, 열흘 남짓 만에 결박을 풀고 칼을 빼앗았다. 이렇게 4년 동안이

교충방 현판

나 감금하였다. 공이 시를 지어서 『지남록指南錄』 세 권과 후록 다섯 권을 남겼으며, 두보의 시구를 모아서 200여 편을 지었는데, 모든 서문을 스스로 지었다."

조필이 지은 『신공전』에서는 이렇게 기록하였다.

"공이 땔나무 시장으로 끌려 나오는데, 구경꾼이 만 명이나 되었다. 공은 남쪽을 향해 두 번 절했다. 이날 큰 바람이 일어 모래를 날렸으므로, 천지가 캄캄해졌다. 궁중에서 촛불을 켜 들고 다니자, 세조가 도사 장백단에게 까닭을 물었다. 장백단이 '아마도 문승상을 죽였기 때문인가 봅니다.' 라고 대답하자, 황제가 곧 공에게 특별히 '금자광록대부 개부의 동검교태보 중서평장정사 여릉군공' 이라 추증하고, 시호를 충무忠武라 했다.

추밀 왕적옹을 시켜 신주를 써서 땔나무 시장을 깨끗이 청소하고, 단을 모아 제사했다. 승상 발라가 초헌례初獻禮를 행하는데, 별안간 회오리바람이 불어 신주를 구름 속으로 휩싸서 올라가 버렸다. 할 수 없이 신주에 '전송승상前宋丞相' 이라고 고쳐 썼더니, 하늘이 비로소 맑게 개었다.

처음에 강남에서 열 명의 의로운 선비가 와서 공의 시체를 거적에 싸서 둘러메고 남문 밖 한길가에 장사 지냈다. 1298년에 공과 의리로 맺은 아들 승陞이 직릉호의 여인을 만났는데, 공의 옛날 몸종인 녹하였다. 녹하가 승에게 그 사실을 말해 주어, 드디어 공의 시체를 여릉에 옮겨 장사 지냈다. 1429년에 부윤 이용중이 사당을 짓고, 춘추 중간 삭일에 유사가 제사를 차려 모시게 되었다."

문승상의 사당에 대해서는 따로 기문記文 한 편을 지어 남긴다.

문승상의 사당을 참배하고서

원나라 시대에는 선비의 옷차림을 한 소상을 만들었는데, 명나라 정통 13년 (1448년)에 순천 부윤 왕현이 임금께 여쭈어 송나라 승상의 복장으로 고쳤다.

1408년에 처음으로 제사를 올렸으며, 해마다 춘추 중삭에 황제가 순천 부윤을 보내어 제사를 지냈다. 술이 세 종류, 과일이 다섯 종류, 비단이 한 필, 양이 한 마리, 돼지가 한 마리였다. 나는 두 번 절하고 물러나면서 '휴우' 한숨을 쉬고는, 탄식하며 말했다.

"천고에 흥하고 망할 때에는 하늘 뜻을 분명히 알 수 있다. 하늘의 뜻이 요망스러운 재앙과 상서로운 경사로 나타날 때에는 이를 반드시 좇기도 하고, 알뜰하게 힘써 붙들기도 하여, 비록 부녀자와 어린아이라도 하늘의 뜻이 있다는 것을 뻔히 알 수 있을 것이다. 그러나 충신이나 의사들은 자기 한 몸으로 하늘에 버티는 셈이니, 어찌 억지 놀음이 아니며, 어려운 일이 아니겠는가.

천하를 얻을 수 있는 위엄과 무력이라도 지사의 절개를 꺾지 못한다. 지사 한 사람이 버티는 절개는 백만 명의 군대보다도 강하고, 만대를 통하는 떳떳한 도덕규범은 일시에 한 나라를 차지하는 것보다 더 소중하다. 이 역시 천도天道로 볼 수가 있다.

만약에 나라를 융성시킨 임금이 충분한 자신을 가지고 천자의 지위를 얻었다면, 이는 하늘이 명한 것이라 하고 그렇지 않으면 자기 힘으로 얻었다고 보아야 할 것이다. 또 하늘이 이미 천자의 지위를 명했고 스스로 힘을 들이지 않았다면, 역시 하늘이 천하의 책임을 맡긴 것이고 그렇지 않으면 천하를 자기에게 이롭게 하려는 데에 지나지 않을 것이다.

하늘이 이미 임금을 천하에 이익으로 주고자 한다면, 그 방법에도 어떤 원칙이 있다. 임금이 하늘의 명령을 받들어 도탄 속에 빠진 백성을 구해 낼 뿐이다. 그러므로 무왕이 주왕을 정벌한 것은 무왕이란 개

문승상 사당

인이 자기 멋대로 한 것이 아니라, 정의로 무도한 자를 정복한 것이다. 그래서 천하를 당당히 차지하고서도 무왕은 아무런 거리낌이 없었던 것이다. 그렇기 때문에 하늘에 대해서는 의심이 없고, 사람에 대해서도 기탄이 없었다. 적국에 대해서도 원수가 없었고, 천하에 대해서도 '나' 라는 것을 없앴으며, 도가 있는 곳을 따라 나아갔을 뿐이었다.

무왕이 기자를 방문한 것은 기자 개인을 찾아간 것이 아니라 그의 도를 찾은 것이요, 도를 찾아간 까닭은 그것이 천하에 이익을 줄 수 있었기 때문이다. 만일 무왕이 기자를 강박하여 신하로 삼았다면, 기자도 자신이 쓴 글 「홍범구주」를 껴안고 땔나무 시장으로 갈 뿐이었을 것이다. 도를 전하지 못한다고 해서 자기에게야 무슨 손색이 있겠는가.

후세에 와서 천하를 차지한 사람은 모두 하늘로부터 명령을 받았다고 하지만, 그들은 확실한 자신이 없었기에 하늘을 믿지 않았고, 하늘을 믿지 않았기에 사람을 꺼릴 수밖에 없었다. 자기의 힘으로 굴복시킬 수 없는 자는 모두 자기의 강적이므로, 언제나 그들이 정의로운 군대를 규합하여 옛날의

질서를 회복할까 봐 두려웠다. 그래서 천하를 차지한 자들은 차라리 그 사람을 죽여 후환을 없애는 것이 낫다고 생각했던 것이다.

'그 사람'은 자신이 한 번 죽음으로 천하에 대의를 밝히고자 했으니, 여기서 '그 사람'이란 천하의 부형父兄이라 할 수 있을 것이다. 그러니 천하의 부형을 죽이고서 어찌 그 자제들과 원수가 되는 것을 면할 수 있으랴.

아아, 천하의 흥망에 운수가 없는 게 아니지만, 전 왕조의 유민으로 문승상 같은 분이 나오지 않았던 것은 아니다. 그러면 당시 하늘의 명령을 받았다는 임금으로서 '그 사람'에 대해서 어떻게 대처해야 했을까? 나는 '그를 백성으로 대하되 신하로 삼지 말고, 존경하되 직위는 주지 말며, 봉작도 조회도 하지 않는 반열에 둘 뿐이다.' 하고 대답하겠다.

원나라 세조가 친히 문승상의 여관을 찾아가 그가 쓴 칼을 손수 벗기고, 동쪽을 향해 절하면서 오랑캐를 중화로 변화시키는 방도를 물으며, 천하의 백성과 함께 그를 스승으로 섬겼더라면, 이 역시 옛날 임금의 아름다운 법도일 것이다.

백이伯夷의 좁은 성격이나 이윤伊尹의 책임감이 바로 선왕이 자유롭게 택할 길이리라. 여릉에다 100묘쯤 되는 밭을 떼어 주고 세금을 물리지 않는다면, 봉록을 주지 않아도 먹고 살 수 있을 것이다. 아아, 농부처럼 황관黃冠을 쓰고 고향으로 돌아가겠다는 소원이 기자箕子가 주나라 신하가 되기 싫어 흰 말을 타고 동쪽 조선으로 나가려던 뜻과 무엇이 다르겠는가? 예악禮樂은 언제나 사람이 응당 지켜야 할 윤리와 도덕에서 나오는 것이니, 선생의 뜻이 여기에 있지 않았음을 그 누가 알랴."

관상대

성에 붙여 쌓은 높은 축대가 성첩보다 한 길 남짓 솟은 곳을 관상대라고 한다. 대 위에는 여러 가지 관측하는 기계가 놓였는데, 멀리서 보니 커다란 물레바퀴 같았다. 이 기계들로 우주와 날씨를 연구한다. 여기에 올라가면 해와 달, 별, 바람과 구름, 날씨의 변화를 예측할 수 있다.

대 아래에는 사무를 맡은 관청이 있는데 바로 흠천감欽天監이다. 가운데 방에 붙어 있는 현판에는 '관찰유근*'이라고 쓰어 있었다. 뜰 여기저기에 관측하는 기계를 놓아두었는데, 모두 구리로 만들었다. 그런데 기계는 이름뿐만 아니라, 만든 모양도 특이해 사람의 눈과 정신을 얼떨떨하게 했다.

대에 올라가면 성안을 한눈에 굽어볼 만하겠지만, 지키는 자가 굳이 막으므로 올라가지 못하고 돌아섰다. 대 위에 진열한 기계들은 혼천의* 종류 같아 보였다. 뜰 한복판에 놓여 있는 것도 내 친구인 석치 정철조의 집에서 본 기계 같았다. 석치가 언젠가 대나무를 깎아서 여러 기계를 만들었다. 그러나 이튿날 보러 갔더니, 이미 그 기계를 부숴 없애 버렸다. 언젠가 홍대용과 함께 석치의 집을 찾아갔는데, 두 친구는 서로 황도黃道와 적도赤道, 남극과

---

* 관찰유근(觀察惟勤) | '오직 부지런히 관찰하라.'는 뜻.
* 혼천의(渾天儀) | 선기옥형(璿璣玉衡)이라고도 한다. 천체의 운행과 그 위치를 측정하던 천문관측기인데, 고대 중국의 우주관인 혼천설(渾天說)에 기초를 두어 기원전 2세기에 처음 만들었다. 우리나라에서는 장영실이 1433년에 처음 만들었다. 하늘은 공처럼 둥글다고 생각하고 그 표면에 해와 달, 별들의 운행을 설명할 수 있는 천구의(天球儀)를 가리키는 것이 기(璣)이며, 천구의를 통해 천체를 관측할 수 있는 관(管)이 형(衡)이다. 혼(渾)도 둥근 공인데, 동심다중구(同心多重球)를 가리킨다.

혼천의

북극 이야기를 하였다. 때로는 머리를 흔들다가, 고개를 끄덕였는데, 나누는 이야기가 모두 까마득하여 알아듣기 어려웠다. 나는 자느라고 듣지 못했는데, 두 친구는 새벽까지 그대로 어두운 등잔을 마주 대하고 앉았다. 석치의 말 가운데 기억나는 이야기가 있다. "우리나라 전라도 강진현 북쪽 끝에 나온 곳은 북극 몇 도인데, 회수淮水가 황하에 들어오는 어구와 직선으로 되어 있으므로, 제주도의 귤이 바다를 건너 강진에만 오면 탱자가 된다."

이 말이 근거 없는 소리는 아닐 것이다.

시원

시원試院의 담 둘레는 거의 5리나 되는데, 벽돌로 성처럼 쌓았고, 깎은 듯 미끄러웠다. 높이가 두 길이나 되었는데, 그 위에는 가시를 올려놓았다. 복판에는 커다란 집 한 채가 있고, 네 둘레에는 한 칸 집 수천 채가 갈리어 한 집 한 집 사이가 반 칸씩은 떨어졌다. 좌우편에는 창문을 내어 햇볕을 받아들이고, 앞에는 판자문을 내었다. 가운데에는 작은 온돌을 만들고, 부엌과 목욕탕까지 갖추었다. 바깥은 벽돌담으로 처마가 묻히도록 쌓았는데, 한 집도 허물어진 데가 없이 안팎이 정결했다.

비록 담장을 뚫고 옆 사람의 답안지를 보고 싶어도, 담장이 쇠벽처럼 튼튼하므로 할 수가 없을 정도였다.

어제 낙제한 응시자의 시권*을 보았는데, 길이는 두 자 남짓하고, 너비는 여섯 자로 늘 쓰는 종이나 다름없었다. 우물 정자井字 모양의 붉은 줄을 쳤는데, 해서로 가늘게 쓴다면 아마 1,000자쯤은 담을 만했다. 시험관이 맨 첫머리에 붉은 도

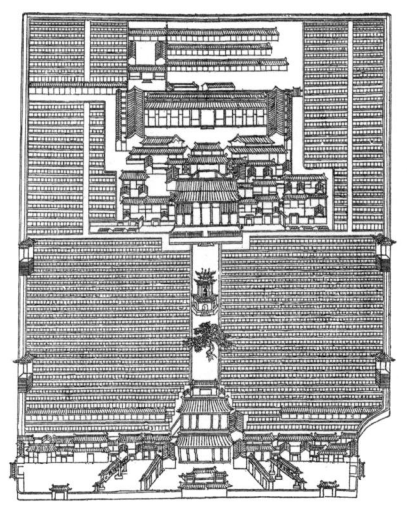

시원 18세기 그림

---

* 시권(試券) | 과거 시험을 본 시험지.

장으로 예부禮部라는 두 글자를 찍었고, 밑은 봉했다. 아마도 예부에서 인쇄한 시험지를 응시자에게 나누어 주었던 모양이다.

  시험지 교열하는 것을 보니, '옛사람의 글을 비평하라.' 는 논제가 있었고, 밑에는 본방本房이라 하여 직함과 성명을 갖추고, 비평문이 몇 줄 있으며, 여러 고시관의 성명을 죽 늘어 기록했다. 평점란은 모두 붉은 글자로 썼는데, 한 칸에 한 글자씩 썼다. 상上·중中·하下니, 차次·외外·경更 등의 차례로 하지도 않았고, 비록 낙제한 시험지라도 채점이 친절하고 상세하여, 응시자가 낙제한 이유를 똑똑히 알도록 해주었다. 정성스럽고 간곡한 태도는 선생과 제자 사이에서 일깨우고 가르치는 태도 그대로이다. 이 답안지를 통해서 큰 나라 시험의 깊은 점을 보았으며, 과거에 응시하는 자가 유감없도록 충분히 갖춰 놓았음을 보았다.

조선관

조선 사신이 묵던 곳은 원래 옥하관玉河館이었는데, 옥하교 위에 있었다. 그러나 요즘은 러시아 사람이 차지했다. 지금 조선관은 정양문 안, 동성東城 밑 건어호동乾漁衚衕 한림서길사원과 담 하나를 사이에 두고 있다.

연공사年貢使가 먼저 와서 관에 머물게 되고, 다시 별사別使가 오면 서관에 나누어 들게 하므로, 여기를 남관南館이라고 한다.

작년에 창성위가 사신으로 왔을 때, 남관에 불이 났다. 밤중 삼경이 되었는데, 여러 사람이 물 끓듯 후닥닥 뒤집혔다. 일행이 가졌던 폐백과 돈을 성 밑에 쌓아 둔 채, 수백 마리 말이 먼저 뛰어나가려고 대문이 메도록 덤볐다.

삽시간에 장갑군 수천 명이 철통같이 둘러싸고, 물수레 몇 십 대가 달려 들어왔다. 물통을 두 통씩 둘러메고 뒤따라 연거푸 수레의 물통 속에 물을 길어다 부었는데, 한 방울도 허비하지 않았다. 불 끄는 자는 죄다 담요로 만든 벙거지와 갑옷을 갖추었다. 벙거지나 복장이 함께 물에 젖었지만, 긴 자루가 달린 도끼, 갈퀴, 낫, 창 등을 손에 들고 불길을 무릅쓰면서 마음껏 벽을 헐고 돌격하였다.

얼마 지난 뒤에 불을 다 껐는데, 아무런 소리도 없이 조용하였다. 흐트러진 물건들을 하나도 잃어버리지 않았다. 이를 보아서도 중국의 법도가 엄격한 것을 알 수 있으니, 매사에 구차하지 않은 게 이와 같다고 한다.

앙엽기

盎葉記

皇城外內間閻廛鋪之間旁有寺刹官觀不特天子勅建省諸王駙馬及大臣貯捨茅宅且富商大賈必剏一廟堂以資冥佑與天子競其奓麗故不必更事土木別置離宮以侈帝王之都也自明正統天順間發帑助造百餘區而此年所剏多在大內外人不得見獨我使至則有時引納沘其悲余所遊歷僅百分之一或為我譯所操切或爭難門者方入具中則傾三唯日不足而建置堂故非巧碑刻無以知何代何寺總一碑輒移鬆閭琳宮陳馭灘卸是以五官幷勞四友俱痠悀如夢讀饑書眼繡海蜇頭佛名顕多錯缺或紙如蝶翅字如蠅頭皆有比閱碑所淋艸也遂益葉小記盎葉者倣古人書柿葉投盎中集而為錄

「앙엽기서」부터 「이마두총」까지 21편의 단문을 실었는데, 이름난 곳 스무 군데를 돌아본 느낌을 적었다. "옛사람이 감나무 잎에 글자를 써서 항아리 속에 넣었다가 모아서 기록했다"는 고사를 본받아, 이 글 제목을 「앙엽기」라 하였다. 보고들을 때마다 써 두었다가 한 권의 책을 만들었다는 뜻이다.

북경성

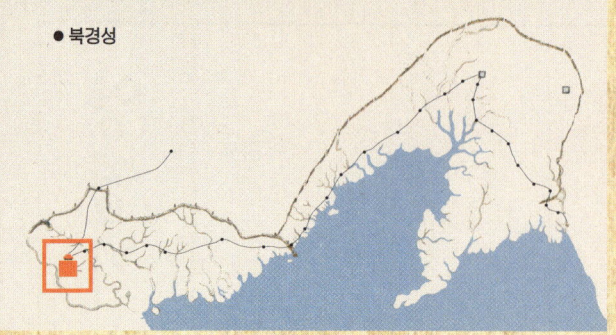

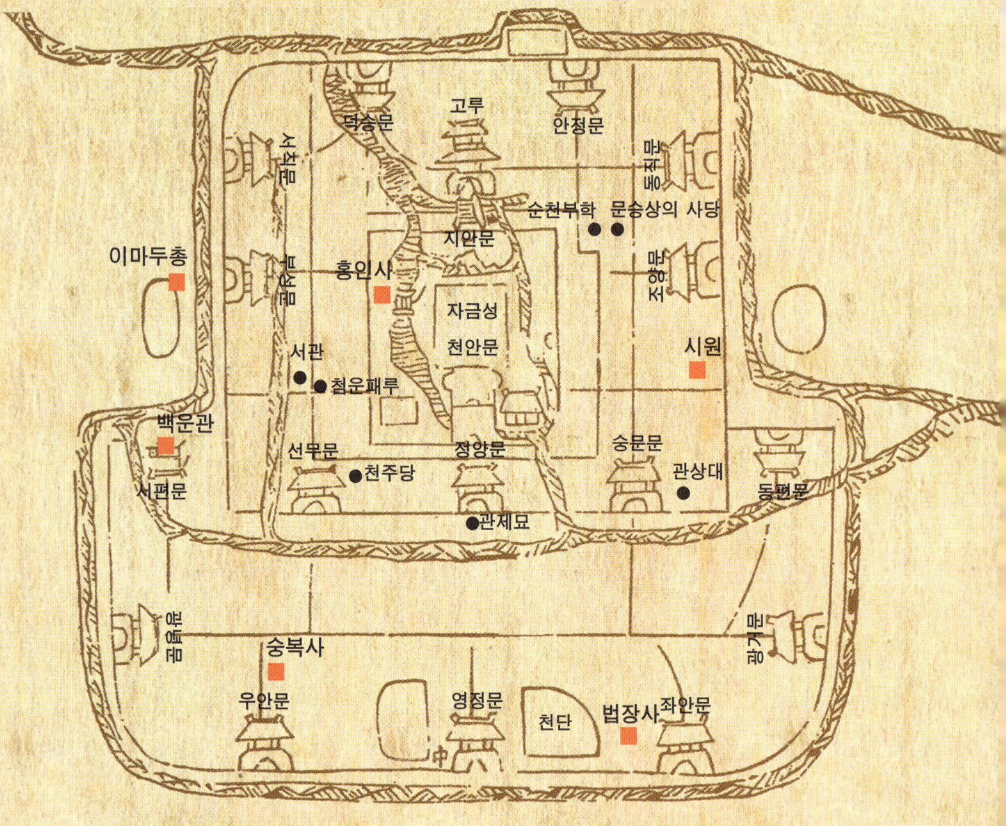
고루
덕승문
안정문
서직문
동직문
순천부학
문승상의 사당
지안문
이마두총
부성문
홍인사
조양문
자금성
천안문
시원
서관
첨운패루
백운관
선무문
천주당
정양문
숭문문
관상대
서편문
동편문
관제묘
광녕문
숭복사
광거문
우안문
영정문
천단
법장사
좌안문

들어가기

 북경 안팎의 여염집과 점포 사이에 있는 사찰과 궁궐들이 천자의 명령으로 특별히 지어진 것만은 아니다. 여러 왕이나 부마들, 만주족이나 한족 대신들에게 나눠 준 집도 있으며, 큰 장사꾼들도 반드시 사당 한 채쯤은 짓고, 자신의 명복을 빌기 위해 천자와 사치함과 화려함을 다툰다. 따라서 천자도 새삼스럽게 건축을 일삼거나 따로 이궁을 두지 않고도 도성을 사치스럽게 꾸밀 수 있다.
 명나라 정통·천순 연간(15세기 중반)에는 황제가 직접 돈을 내서 세운 집이 200여 군데나 되었다. 근년에 새로 지은 집은 흔히 대궐 안에 있어서 외인은 구경할 수 없었지만, 우리나라 사신이 오면 이따금 끌어들여 마음껏 구경시켰다. 그러나 내가 유람한 곳을 다해 봐야 겨우 100분의 1이나 될까. 때로는 우리 역관이 구경을 억제하기도 하고, 때로는 들어가기 힘든 곳을 문지기와 다투어 가며 겨우 들어갔다가 바빠서 구경할 시간이 모자라기도 했다.
 창건된 역사도 확실치 않아, 비석 같은 것을 살펴보지 않으면 어느 시대 어느 절인지 알 길이 없었다. 겨우 비석 하나를 읽는데도 어느새 몇 시간이 지나가므로, 자개와 구슬처럼 찬란한 궁궐 구경도 문틈을 지나가는 말이나 여울을 달리는 배처럼 되고 보니, 귀, 눈, 입, 코, 마음의 오관五官이 함께 피로해지고, 아울러 종이, 붓, 먹, 벼루의 사우四友가 맥이 풀렸다. 언제나 꿈에 부적을 보는 것 같고, 눈은 신기루를 보는 것처럼 의아하게 거꾸로 기억되며, 명승고적 가운데 잘못 안 것도 많았다.

돌아온 뒤에 약간의 기록을 정리해 보니, 어떤 것은 종이쪽이 나비의 날개폭쯤 되는가 하면, 글자는 파리 대가리만큼씩이나 되었다. 급해서 비석을 얼른 보고 흘려 베꼈기 때문이다. 그런 끝에 이 글을 엮어서『앙엽기』라는 얇은 책을 만들었다. '앙엽'이란 '옛사람이 감 잎사귀에 글자를 써서 항아리 속에 넣었다가 모아서 기록했다.'는 일을 본받아서 지은 이름이다.

홍인사

홍인사의 맨 뒤에 있는 전각에는 관음觀音과 변상變相이 있다. 손이 천 개요, 눈도 천 개인데 손마다 각기 잡은 것이 있었다. 불상 뒤에는 커다란 족자 그림이 걸려 있는데, 파도가 흉용하는 큰 바다에 빈 배만 떴다 잠겼다 하고, 바다와 하늘에는 구름이 뭉게뭉게 피어올라 상서로운 오색구름이 되었는데, 구름 속에는 금관과 옥대로 어린아이를 껴안은 자의 그림이 있었다.

어린아이는 임금의 곤룡포와 면류관을 갖추었는데, 고우면서도 근엄한 태도로, 손으로는 하늘을 가리키고 있었다. 몇 천 명이나 되는 무리가 구름 속에 빙 에워쌌는데, 모두 이마에는 부처의 원광圓光이 둘러졌다. 바닷가 언덕에는 수많은 남녀가 이마에 손을 대고 하늘을 쳐다보는데, 거의 만 명이나 되었다. 그림을 그린 사람의 이름이 없고, 그린 해나 날짜나 낙관이 없으니, 구경하는 사람들도 무슨 인연으로 시주할 것인지 알 수가 없었다.

나는 이 그림이 송나라 충신 육수부陸秀夫가 임금을 안고 바다로 가는 모습이라 생각했다. 무엇을 가지고 그렇게 생각하는가. 예전에 송나라 군신도상君臣圖像을 보니 범중엄*의 관과 옷이 이와 같았고, 어제 문승상의 사당을 참배할 때에 보았던 소상의 관대冠帶도 이와 비슷했다. 어린이로서 임금의 면목을 갖춘 이라면 틀림없이 송나라의 마지막 황제 병昺일 것이다.

---

* 범중엄(范仲淹) | 송나라 명신인데, 자는 희문(希文)이고, 시호는 문정(文正)이다. 그의 초상화가 있으므로, 그림 속의 인물이 송나라 신하라고 판단한 것이다.

빈 배가 떴다 잠겼다 하는 것은 육수부가 황제를 안고 바다에 떨어지자 배 가운데 탔던 사람들이 함께 따라 빠졌기 때문이다. 구름을 타고 하늘로 올라가거나 이마에 불광을 두른 것은 후세 사람들의 상상에서 나온 것이니, 그림을 그리는 이가 고심한 결과이다.

이때는 송나라의 운명이 넓은 바다 위에 떠 있어서, 임금이나 신하나 위아래 없이 하루살이 같은 생명을 고래 등 같은 파도 속에 붙였다. 그야말로 물이 아니면 하늘인지라 갈 곳이 없었을 것이다. 그러나 그는 오히려 『대학장구大學章句』를 써서 날마다 어린 임금을 가르쳤다. 조용하고 한가한 품이 바로 전각 속 털방석 위에서 강의하는 것만 같으니, 어찌 수수께끼가 아니랴.

아아! 슬프다. 충신과 의사는 나라가 망해 엎어진다고 해서 조금이라도 간절한 충군애국의 마음을 늦추지 않는다. 정성이 곧 천하 국가의 근본이 되는 것이니, 이는 오로지 뜻을 정성스럽게 해서 마음을 바로잡는 데에 있는 것이다. 하루라도 이 같은 임금과 신하의 관계가 있다면 이런 과업은 그날그날의 급선무가 되어야 할 것이다. 다만 이러한 대의에 밝지 못하므로, 비록 만 리의 강토를 지니고 있더라도 오히려 천하 국가가 없는 것이나 마찬가지였다. 만일 이러한 대의를 앞세울 줄 안다면, 비록 조각배 속일망정 천하를 다스리는 원리가 준비되었다고 할 수 있다.

밥이 없으면 죽고, 군사가 없으면 망하지만, 성인은 죽고 망한 뒤에까지도 오히려 신의를 지키려고 하였다. 하물며 당시 문승상은 밖에서 군사를 맡아 보고 등광천은 안에서 군량을 감독하고 있던 때이니만큼 배 가운데 든 천하라도 법도만은 먼저 회복하는 것이 참된 이치가 아니겠는가.

백운관

백운관의 둘레는 웅장하고 화려한 품이 천녕사 못지않았다. 도사 100여 명이 살고 있었는데, 패루의 바깥 현판에는 동천가경洞天佳境이라 썼고, 안쪽 현판에는 경림낭원璚林閬苑이라 썼다. 무지개다리 셋을 건너 옥황전에 들어가니, 옥황은 황제의 옷차림을 했다.

전각을 둘러 33천天의 제군帝君이 홀을 잡고 면류관 술을 드리운 것이 옥황이나 다름없었다. 천봉신장天蓬神將은 머리가 셋이요 팔이 여섯인데, 각기 병장기를 잡고 있었다.

앞 전각에는 사람의 수명을 맡은 남극노인성군南極老人星君이 흰 사슴을 탄 채로 안치되었고, 왼편 전각에는 두모斗母를 안치하였다. 오른편 전각에는 원나라 도사 구장춘을 안치했으니, 원나라 세조의 스승이다. 옥황전의 현판은 대지보광大智寶光이라 붙어 있으니, 모두 강희황제의 어필이다.

도사들이 거처하는 행랑채는 모두 1,000여 칸으로, 어디든지 밝고 깨끗하고 조용하여 티끌 한 점도 움직이지 않았다. 쌓아 둔

백운관 옥황전

서적들은 모두 비단 두루마리 책에 옥으로 축을 만들어 집 안에 가득 찼다. 기이하고 오래된 그릇과 병풍이며 글씨나 그림은 세상에서 보기 드문 보물이었다.

법장사

천단 북쪽 담장을 따라 동으로 몇 리 가면 법장사가 있다. 이 절은 금나라 대정 연간(12세기 중반)에 창건되었는데, 옛 이름은 미타사이다. 1451년에 중수하면서 지금 이름으로 고쳤다.

제도는 천녕사와 비슷하고, 탑은 7층에다 높이가 여남은 길이나 되었다. 가운데는 텅 비어 나선형으로 층층대를 놓았는데, 한밤중같이 캄캄했다. 손으로 더듬으면서 발을 떼어 놓는데, 마치 귀신 동굴로 들어가는 것만 같았다. 벌써 한 층을 올라오고 보니, 여덟 개 창문이 활짝 터져 눈과 정신이 시원해졌다. 7층까지 차례로 올라가는데, 한 번씩 꿈을 꾸었다가 깨는 듯했다. 층대마다 8면이요, 한 면마다 창문이 났고, 창마다 부처가 있어 무려 58개나 된다. 부처 앞에는 모두 등잔 한 개씩 놓아두었는데, 어떤 사람이 말했다.

"정월 대보름날 밤에 탑을 둘러싸고 불을 켜는데, 번갈아 풍악을 잡히면 그 소리가 마치 하늘 위에서 나는 것만 같다."

제1층에는 우리나라 김창업의 이름이 있고, 아래에는 내 친구 홍대용의 이름도 있는데, 먹빛이 방금 쓴 것만 같았다. 서글픈 생각을 하면서 거닐다 보니, 마음을 털어놓고 마주 이

법장사 백탑이 있던 자리

야기라도 하는 것 같았다. 난간에 기대어 사방을 바라보니, 황성 지도의 전폭이 또렷하게 눈 안에 들어왔다. 눈이 지치다 보니, 심신이 흔들리고 머리칼이 오슬오슬하여 오래 머물 수가 없었다.

융복사

융복사의 장날은 매달 1일과 3일이다. 의주義州 상인 경찬과 동행하여 구경 간 날이 마침 장날이라서, 수레와 말들이 더욱 복잡했다. 절간 가까이서 그를 잃어버렸으므로, 할 수 없이 혼자 다니면서 구경했다. 비석에는 "경태 3년(1454년) 6월 공부시랑 조영이 역군 1만 명을 독려하여 5년(1454년) 4월에 준공했다. 황제가 날을 골라서 거둥하려 하였는데, 태학생 양호와 의제낭중 장륜이 함께 상소하여 간하자 그날로 거둥을 파하였다." 라고 씌어 있었다.

절 안에는 공경과 사대부들의 수레와 말이 잇따라 이르렀으며, 손수 물건을 골라잡아서 사곤 하였다. 온갖 물건이 뜰에 가득 찼으며, 구슬과 보물이 이리저리 발길에 채이다시피 굴러다녀서 걷는 사람의 발길을 조심스럽게 하고, 사람의 마음을 송구스럽게 했으며, 사람의 눈을 어리둥절하게 했다. 섬돌 층대며 옥돌 난간에 걸어 둔 것은 모두 용이나 봉의 무늬를 수놓은 담요와 모직이었고, 담장을 둘러싸다시피 한 것은 모두 법서法書와 명화이다. 이따금 장막을 치고서 징과 북을 치는 곳이 있었는

옛 융복사 거리를 표시한 표지

데, 재주를 부리고 요술을 부려서 돈벌이를 하는 곳이다.

지난해 이덕무가 이 절을 구경할 때 마침 장날이었는데, 내각학사 숭귀를 만났다. 그도 여우 털 갖옷을 손수 한 벌 골랐는데, 깃을 헤쳐 보고 입으로 털을 불어 보았으며, 몸에 대고서 짧은지 긴지 재어 보았다고 한다. 그가 손수 돈을 꺼내어 그 옷을 사는 것을 보고 이덕무도 깜짝 놀랐다고 한다. 숭귀는 만주인인데, 지난해에 칙명을 받들어 우리나라에도 왔던 자이다. 그의 벼슬은 예부시랑에다 몽골부도통이다.

우리나라에서는 가난한 선비가 비록 심부름하는 하인 하나 없더라도, 자기 발로 장터에 나가 막 굴러먹는 장사치를 상대하여 물건 값이나 흥정하는 것을 아직 좀스럽고 더러운 짓으로 친다. 그러니 이런 모습이 우리나라 사람을 깜짝 놀라게 한 것은 당연하다. 그러나 내가 지금 돌아다니면서 본 흥정꾼은 모두 강소성 지방의 명사요, 특별한 거간꾼 말고 유람차 온 자는 대개 한림서길사翰林庶吉士 같은 사람이다.

그들은 친구를 찾아 고향 소식을 묻기도 하고, 그릇 등속과 의복을 사기도 한다. 그들이 찾는 물건들은 대개 골동품이나 새로 발간된 서적이며, 법서, 명화, 관복, 염주, 향랑, 안경 등이다. 남을 대신 시켜 군색스러운 일을 하는 것이 자기 손으로 유쾌하게 골라내는 것보다 못하기에 직접 장터에 나가서 흥정하는 것이다. 자기들 마음대로 물건을 선택하면서 오가는 모습만 보더라도 그들의 소박하고 솔직한 면을 볼 수 있다. 이래서 중국 사람은 저마다 물건을 감상할 줄 안다는 것을 알게 되었다.

관제묘

관운장의 사당은 천하 어디를 가든지 있다. 아무리 궁벽하고 외진 시골이더라도, 사람이 몇 집만 살면 반드시 사치스러운 사당을 지어 놓았다. 제사를 지내는 데도 정성이 대단하여, 소 먹이는 아이와 곁두리 먹이는 지어미들까지 남보다 뒤떨어질까 봐 걱정하며 달려든다.

책문에서 들어온 뒤 황성에 이르기까지 2,000리 어간에 새로 지은 것이나 오래된 것이나, 혹은 크고 작은 수많은 관제묘가 서로 마주 보고 있었다. 그중 요양과 중후소에 있는 관제묘가 가장 영험하다고 한다. 북경에 있는 것은 백마관제묘白馬關帝廟라 하여 대표적인 사당을 소개한 사전祀典에 실렸으니, 바로 정양문 오른편에 있는 관제묘라고 했다.

해마다 5월 13일이면 제사를 올리는데, 열흘 앞서 태상시에서 당상관을 보내어 예식을 집행한다. 이날은 특히 민간의 참배가 더욱 극성스럽다. 대개 나라에 큰 재앙이 있으면 제사를 모셔서 아뢴다.

명나라 만력 시대(1573~1619년)에는 특별히 '삼계복마대제신위진원천존三界伏魔大帝神威鎭遠天尊'으로 봉했다. 궁중에서 지시한 것이다. 우리나라 남관왕묘 바람벽 위에 걸린 그림도 대개 이곳을 모방한 것이다. 초굉이 묘비문을 짓고 동기창이 글씨를 썼는데, 세상에서는 이를 이절*이라고 한다.

---

* 이절(二絶) | 초굉의 문장도 뛰어나고 동기창의 글씨도 뛰어나기 때문에, '두 가지가 뛰어나다.'는 뜻으로 '이절'이라 하였다.

숭복사

숭복사는 본래 민충사(愍忠寺)였다. 당나라 태종이 요동을 정벌하고 돌아와 전쟁에 죽은 장수들을 불쌍히 여겨, 이 절을 짓고 명복을 빌었다. 탑 두 개가 마주 보고 섰는데, 어떤 사람은 "당나라 역적 안녹산이 세운 것이다." 하고, 또 어떤 사람은 "당나라 역적 사사명이 세운 것이다."라고도 한다. 높이는 둘 다 10길씩이나 된다. 이렇게 두 역적이 세웠음에도 불구하고, 중국 사람은 천년 고적이라 하여 아직까지 그대로 남겨 두었다. 『송사(宋史)』에는

숭복사 비석

"송나라가 망한 뒤인 원나라 지원 26년(1289년) 4월에 충신 사방득이 북경에 이르러, 사태후*의 빈소와 영국공(瀛國公)이 있는 곳을 찾아가 절하면서 통곡했다. 원나라 사람들이 그를 민충사에 보내어 두었더니, 벽 사이에 서 있는 효녀 조아*의 비석을 보고 울면서, '한갓 여인의 몸으로도 오히려 이렇거든.' 하고는 끝내 먹지 않고 굶어 죽었다."라고 기록했다.

장불긍도 사사명을 위해 당나라 숙종을 찬양한 비석을 찾아보았는데, 소영지가 글씨를 쓴 이 비석이 지금은 없어졌다. 이는 마땅히 청나라 학자 주이준의 변증으로 확인해야 할 것이다.

『고려사』에는 "충선왕이 북경에 이르자 황제가

머리털을 깎아서 석불사에 두었다."고 했는데, 어떤 사람은 그게 바로 이 절이라고 하지만 상세히 알 수 없다.

---

* 사태후(謝太后) | 송나라 이종(理宗)의 황후인데, 원나라 군사에게 붙들려서 피해를 입었다.
* 조아(曹娥) | 한나라 때의 효녀인데, 강물에 빠져 죽은 아버지의 시신을 찾기 위해서 17일 동안 밤낮으로 통곡하다가 강에 투신하여 죽은 지 닷새 만에 아버지의 시신을 끌어안고 떠올랐다 한다. 그를 기리는 비석이 여러 차례 세워졌다.

이마두의 무덤

부성문을 나와서 몇 리를 가자, 길 왼편으로 돌기둥 40~50개가 죽 늘어서 있었다. 위에는 포도 시렁을 만들어, 포도가 한창 익어 있었다. 돌로 만든 패루 세 칸이 있고, 좌우에는 돌로 깎은 사자가 마주 웅크리고 앉아 있었다. 그 안에 높은 전각이 있는데, 수직군에게 물어보고서야 비로소 이마두의 무덤인 줄 알았다.

이곳에 있는 것은 모두 서양 선교사의 무덤인데, 동서 양쪽에 잇따라 장사 지낸 것이 모두 70여 기나 되었다. 무덤 둘레는 네모로 담장을 쌓아 바둑판처럼 되었는데, 거의 3리에 걸쳤다. 그 안은 모두 서양 선교사의 무덤이었다.

명나라 만력 경술년(1610년)에 황제가 이마두의 묘지를 하사했는데, 무덤의 높이가 두어 길이나 되고 벽돌로 쌓았다. 무덤 모양이 시루처럼 생겼는데, 기왓장이 사방으로 처마 끝까지 멀리 나왔다. 바라보면 마치 다 피지 못한 커다란 버섯처럼 생겼다. 무덤 뒤에는 벽돌로 높다랗게 쌓은 육각정이 서 있었는데, 마치 쇠로 만든 종 같았다. 삼면으로는 홍예문을 내었고, 속은 텅 비어 아무것도 없었다. 빗돌을 세워 '야소회사이공지묘耶蘇會士

이마두의 무덤 정면

利公之墓'라고 글을 새겼고, 왼편 옆에는 잔글씨로 "이 선생의 이름은 마두이다. 서양 이탈리아 사람인데, 어릴 때부터 참다운 수양을 했다. 명나라 만력 신사년(1581년)에 배를 타고 중화에 들어와 천주교를 널리 폈다. 만력 경자년(1600년)에 북경에 와서 만력 경술년에 돌아가니, 향년 55세이고, 교회에 있은 지 42년이다."라고 새겼다.

오른편에는 서양 글자로 새겼다. 빗돌 좌우에는 화줏대를 세우고, 양각으로 구름과 용의 무늬를 새겼다. 빗돌 앞에는 벽돌집도 있는데, 지붕이 평평하여 돈대墩臺 같았다. 구름과 용의 무늬를 새긴 돌기둥을 죽 늘어 세워 석물을 삼았다. 제사를 받드는 집도 있다. 그 앞에는 돌로 만든 패루와 돌사자도 있으니, 이는 독일 선교사 탕약망湯若望의 기념비이다.

작품 해설
중국 중심의 세계관을 극복한 여행기

『열하일기』를 쓸 무렵의 박지원

실학자 가운데 이용후생학파에 속하는 박지원은 청나라의 발전한 문물을 수용하여 조국 조선을 문명화하려고 했다. 당시 집권 세력인 노론老論은 한족漢族이 아니라 여진족女眞族이 세운 청나라의 무력에 항복하고도 마음속으로는 항복하지 않아 북벌책北伐策을 내세우며 연호年號도 사용하지 않으려 했지만, 박지원은 「도강록渡江錄」 서문에서 후삼경자後三庚子라는 연호를 일부러 쓰면서 명나라 왕조가 망한 지 200년이 되도록 망한 나라의 연호를 사용하는 비현실성을 풍자했다. 청나라를 야만시하는 풍조 속에서, 그는 노론 학자임에도 불구하고 명분론에서 벗어나 현실을 곧바로 보았던 것이다.

박지원은 1737년 2월 5일, 한성부 반송방 야동에서 태어났다. 지금의 서울 서대문 적십자병원 자리이다. 반남 박씨 명문으로, 당시 집권층인 노론 출신이다. 그러나 당파 싸움에 싫증을 느낀 그의 할아버지는 마흔이 넘도록 과거 시험을 보지 않았으며, 아버지는 아예 벼슬길에 나서지 않았다.

할아버지 박필원은 박지원이 다섯 살 무렵에 경기도 관찰사가 되었지만, 집안이 어렵다 보니 책을 펴 놓고 공부할 방이 없었다고 한다. 그는 장가가던 열여섯 살까지 제대로 공부하지 못해, 그제서야 처음으로 장인 이보천에게 『맹자』를 배웠다. 장인의 아우 이양천에게 사마천의 『사기史記』를 배우면서, 문장 짓는 대강을 배웠다. 『사기』 가운데 「항우본기項羽本紀」를 본떠 「이충무전李忠武傳」을 지었는데, 이양천이 이 글을 보고 매우 감탄하며 "사마천의 경지에 이르렀다."고 하였다. 늦게 글 배우기를 시작했지만, 작가적인 소질이 곧바로 드러난 것이다. 「양반전」을 비롯해 『연암집燕巖集』「방경각외전」에 실린 제1기 한문 소설 7편은 대부분 20대 젊은 시절에 지은 것들이다.

20세부터는 친구들과 어울려 산속의 절간이나 시골집을 찾아다니며 글공부를 하였다. 그러나 우울증이 생겨, 사나흘씩 잠을 이루지 못했다. 그래서 이야기꾼들을 불러다 밤새 시중의 이야기들을 들었는데, 이러한 이야기들이 뒷날 그의 소설의 소재가 되었다. 30세가 되도록 벼슬하지 못했지만 글 잘하는 선비로 이름나, 젊은이들이 그를 찾아다니며 문학을 논하였다. 『북학의北學議』를 지은 박제가朴濟家는 연암을 처음 만나던 시절의 감격을 이렇게 기록하였다.

내 나이 열여덟아홉 때에 박연암 선생의 문장이 뛰어나 당세에 명성이 있는 것을 알고, 드디어 탑골 북쪽으로 선생을 찾아갔다. 선생은 내가 왔다는 말을 듣고, 옷을 걷어붙인 채로 마중 나왔다. 마치 옛 친구처럼 악수하였다. 나는 선생이 지은 글들을 모두 끄집어내어 읽었다. 선생은 몸소 쌀을 일어 다관(茶罐, 차를 끓여 담는 그릇)에 밥을 짓고, 백사발을 얹은 옥소반에 성찬을 차렸다. 내게 술을 부어 주며 장수하라고 빌었다. 나는 선생에게 지나치게 대접받아 기쁘고도 놀라웠다.

「백탑청연집서白塔淸緣集序」

34세 되던 해에 감시監試에 응시하여 수석으로 합격하였다. 임금의 특별명령으로 궁중에 들어가 시험 답안지를 다시 읽었다. 임금이 손수 책상을 치면서 글 읽는 소리에 장단을 맞추고는, 격려하는 말씀을 하였다. 회시會試에 응시하지 않으려 했지만, 친구들이 막무가내로 권해 억지로 시험장에 들어갔다. 그러나 답안지는 끝내 제출하지 않고 나왔다. 구차스럽게 출세하고 싶지 않았던 것이다. 그 뒤부터는 과거에 응시하지 않았다. 벼슬에 관심 없던 그가 팔촌형 박명원을 따라 연행에 자제군관으로 따라나선 까닭은 벼슬을 얻고 싶어서가 아니라 평생소원이었던 중국 유람을 하고 싶었기 때문이며, 그를 계기로 해서 천하의 명문장을 써보고 싶었기 때문이다.

『열하일기』의 시대, 18세기

영국에서 시작된 산업혁명은 농업 중심의 경제구조를 공업 중심으로 전환시켰다. 유럽의 18세기는 계몽주의 사상가들이 백과전서를 편찬하여 지식의 범주를 넓혀 가던 시대였다. 청나라도 강희康熙・건륭乾隆 황제가 다스리던 전성기여서 중국 역사상 최대의 영토를 확보했으며, 『강희자전康熙字典』과 『사고전서四庫全書』를 편찬하여 문화적으로도 오랑캐라는 인식을 벗어났다. 학술적으로는 고증학이 발전해, 우리나라 실학에 영향을 끼치기도 했다.

조선도 임진왜란과 병자호란을 겪으면서 사회제도가 흔들리기 시작했으며, 피폐된 국가재정을 메우기 위해 무리하게 세금을 징수하다 보니 삼정三政이 문란해지면서 백성들이 살기 어려워졌다. 집권층에서는 몇 차례 당파 싸움 끝에 노론이 정권을 장악하여, 청나라에 복수하겠다는 북벌책北伐策을 집권의 명분으로 이용하였다. 조선 초기에 국가 이념으로 채택되었던 성리학은 공리공론으로 타락하고 말았다. 역사적인 사명이 다했던 것이다.

이런 위기를 타개하려 고민하던 학자들이 경세치용經世致用・이용후생利用厚生・실사구시實事求是의 학문을 시작했는데, 이를 아울러 실학實學이라 했다. 경세치용학파의 대표적인 학자로는 다산 정약용, 이용후생학파에서는 연암 박지원, 실사구시학파에서는 추사 김정희를 꼽을 수 있다. 박지원의 문장 곳곳에서 이용후생을 주장했지만, 『열하일기』에 특히 그런 문장이 많다.

새로운 세상을 보여 주려 애썼던 『열하일기』

우리나라는 예부터 외국과 자유롭게 문물을 교류하였다. 삼국시대에 중국의 여러 나라와 교류하였으며, 사신만 외국에 드나든 것이 아니라 무역상이나 유학생도 자유롭게 드나들었다. 최치원이 12세에 아버지를 떠나 중국에 유학했으니, 당시 조기 유학은 드문 일이 아니었다. 당나라에서도 외국인들에게 과거 시험을 개방했으며, 신라인 58명, 발해인 10여 명이 급제해 벼슬하였다. 신라인은 당나라가 망한 뒤에도 22명이 더 급제하였다. 스님들은 히말라야산맥을 넘어 인도에까지 유학하였다. 『삼국유사』에도 인도에 유학한 스님들 이야기가 많이 실려 있다. 고려 시대에도 송나라나 원나라와 교류가 활발해, 충선왕은 북경에 만권당萬卷堂을 설치하여 고려와 원나라 학자들이 학술을 토론하게 했으며, 원나라 빈공과에도 고려인들이 다수 합격하였다.

　조선과 명나라가 비슷한 시기에 개국하면서 두 나라 사이에 국경의 장벽을 높이 쌓았다. 사신 외에는 국경을 넘어갈 수 없어, 유학생이나 무역상이 끊어졌다. 무역이야 사신의 수행원을 통해 간접무역이 가능했지만, 조선 선비들이 한평생 중국의 유교 경전 및 제자백가, 문文·사史·철哲의 서적을 읽으며 공부하고도 정작 중국에 유학갈 수 없게 된 것이다. 책을 통해 간접 체험을 하는 수밖에 없다 보니, 중국에 다녀오는 사신이나 수행원들이 자연스럽게 기행문을 기록하게 되었다. 명나라 때에는 중국에 조회朝會하러 간다 해서 조천朝天이라 하고 청나라 때에는 단지 북경北京, 즉 예전 연경燕京에 간다고 해서 연행燕行이라 했는데, 조천록과 연행록이 현재 500여 편 조사되었다.

　대부분의 조천록이나 연행록은 한양에서 북경까지 정해진 길을 따라가며 보고들은 이야기를 기록한 것이기 때문에 체재나 내용이 비슷한데, 박지원은 처음부터 청나라가 여진족이 세운 오랑캐의 나라가 아니며, 그래서 우리가 극복해야 할 나라가 아니라는 것, 우리가 오히려 앞서 간 문물을 배워 와

이백칠십삼

야 할 나라라는 것을 독자들에게 설득하기 위해 이 글을 썼다.

　박지원은 박제가의 저서 『북학의』에 서문을 쓰면서, 중국을 배우자는 주장을 내세웠다.

학문을 하려고 하면, 중국을 배우지 않고 어떻게 할 것인가? 그러나 사람들은 '지금 중국을 지배하는 자들은 오랑캐이니, 그들을 배우기가 부끄럽다.'고 하면서 중국의 옛 제도까지 아울러 더럽게 여긴다. (역자 줄임) 그러나 법이 좋고 제도가 아름다우면 아무리 오랑캐라 할지라도 떳떳하게 스승으로 삼아야 한다.

　이러한 그의 주장에 동조한 학자들을 북학파北學派라고 하는데, 홍대용이나 박제가, 이덕무 등이 청나라에 다녀오면서 같은 주장을 펼쳤다. 박지원은 이들 북학파 동지들을 통해 중국에 관한 정보를 넉넉하게 수집해 놓았으며, 어떤 글을 쓸 것인지 기획해 놓았다. 그가 구태여 중국에 간 것은 중국에 관한 정보를 자신만의 문체로 쓰기 위해서였다. 지금까지도 다른 북학파 학자들보다 박지원의 『열하일기』가 더 널리 읽히고 많이 거론된 까닭은 풍자와 해학이 넘쳐흐른 명문이기 때문이다.

　그는 독자들에게 들려주고 싶은 이야기가 너무 많았다. 압록강을 건너서 요양까지 15일 동안 보고 들은 이야기를 기록한 「도강록」만 보더라도 중국인들의 벽돌, 구들과 온돌, 수레 등을 통해 이용후생을 주장하였다. 편리하게 살자는 것이다. 파이프 오르간이나 서양화를 묘사한 문장에는 생동감이 넘친다. "기와 조각이나 똥 부스러기까지도 모두 일대 장관"이라고 표현할 정도로, 그는 조선의 독자들에게 보여 주고 싶은 게 너무나 많았다.

　그가 왕민호와 지루할 정도로 지전절地轉說에 관해 토론한 것은 이미 중국이 세계의 중심이 아니라는 사실을 중국 학자에게 설득하기 위한 장치인데,

왕민호는 결국 지전설에 동의하였다. 박지원은 중국 선비 왕민호 한 사람을 설득하기 위해서가 아니라, 아직도 중국이 세계의 중심이며 우리는 소중화小中華라는 인식에 안주해 있는 조선의 수많은 독자를 설득하기 위해 며칠에 걸쳐 필담을 주고받았다. 그러나 중국 선비 왕민호는 결국 지전설을 받아 들였지만, 조선의 소중화주의자들은 이백 년 전에 망해 버린 명나라를 여전히 종주국으로 받들었다. 과거 시험에 박지원의 문체를 흉내 낸 답안지가 제출될 정도로 젊은 지식인들은 『열하일기』에 환호했지만, 정조가 문체반정책文體反正策을 내세우며 박지원의 문장이 순정하지 못하다고 비판한 것은 문체 자체보다도 『열하일기』의 파괴력을 두려워했기 때문이다. 조선왕조가 끝날 때까지 『열하일기』가 출판되지 못한 사실만 보더라도, 기득권층이 얼마나 『열하일기』를 두려워했는지 알 수 있다.

『열하일기』에 실린 소설 두 편, 「호질」과 「허생」

박지원의 소설은 세 시기에 걸쳐 지어졌는데, 20대 초반에 지은 소설 7편은 「방경각외전」에 실려 있고, 40대 중반에 지은 소설 「호질虎叱」과 「허생許生」은 『열하일기』에 실려 있으며, 50대 후반에 지은 「열녀함양박씨전」은 『연암집』에 실려 있다. 「방경각외전」에서 '우정'을 강조하는 것만 보아도 알 수 있듯이, 초기 소설들은 참된 삶의 가치를 어떻게 찾을 것인가 하는 문제에 관심을 기울이고 있다. 「양반전」을 제외한 여섯 편의 주인공이 모두 참되게 살아 보려던 인물들이며, 「양반전」에서도 선비가 추구하는 이상적인 삶과 실제의 삶에 거리가 있음을 보여 주었다.

「호질」과 「허생」에는 들어가는 이야기가 덧붙어 있으니, 이 두 편은 『열하일기』의 한 부분으로 읽어야 제대로 이해할 수 있다. 「호질」은 「관내정사」

편 속에 실려 있는데, 서화書畵, 백이숙제의 사당, 시골 학당, 동악 산신을 모신 사당 등의 이야기와 함께 편집함으로써 '중화와 오랑캐', '중국과 조선'의 문제를 드러냈다. 「호질」 첫 부분에서 호랑이와 전설상의 괴물, 인간들의 관계를 서술한 것도 모든 관계는 상대적이라는 것을 보여 준 것이다.

박지원 일행이 옥갑의 여관방에서 심심풀이 삼아 돌아가며 역관들 이야기를 했는데, 별 주제가 없어 보이는 이 이야기들도 결국은 '신의信義'와 관련된다. 「허생」의 주인공은 물론 역관이 아니라 허생 자신이지만, 그를 믿고 거금 만 냥을 빌려 준 부자는 역관 변씨이다. 허생은 그 돈으로 매점매석을 하여 큰돈을 벌지만, 그 자신도 이 방법이 옳지 않다고 말했다. 그의 목적은 돈 버는 자체에 있는 것이 아니라, 한번 시험해 보기 위한 것이다. 이 역시 상인들의 신의가 땅에 떨어진 조선의 현실을 보여 준 것이 아닐까. 허생은 나아가 이완 대장과 논쟁하며 북벌책의 허위를 통렬하게 비판하였다. 그 역시 북벌책으로 정권을 장악한 군신지의君臣之義의 허위를 폭로한 것이다.

「호질」과 「허생」은 둘 다 남의 이야기를 가져온 형식이다. 그러한 장치를 위해서 옥전현의 상점과 옥갑의 여관방이 등장한다. 그렇게 하지 않고 자신의 작품임을 밝혔다가는 사회적으로 복잡한 문제가 생길까 봐 조심했던 것이 아닐까. 신라 향가를 『삼국유사』 속에서 앞뒤의 배경 설화와 함께 읽어야 이해하기 쉬운 것처럼, 「호질」과 「허생」도 『열하일기』 속에서 앞뒤의 이야기와 함께 읽어야 이해하기가 더 쉽다.

판본의 의미와 특색

『열하일기』는 온 국민이 다 알고 있는 책이지만, 조선 시대에는 출판된 적이 없었다. 정조는 젊은 선비들이 박지원의 문체를 흉내 내지 못하게 경고했으며, 『열하일기』는 금서로 꼽혀 조선왕조가 다할 때까지 출판되지 못하고 필사본으로만 돌아다녔다. 박지원 자신이 중국에서 돌아온 뒤에 곧바로 집필한 것이 아니라, 다른 일이 생겨 오랫동안 정본을 만들지 못하고 틈틈이 초고만 만들었다. 그러다 보니, 박지원이 실제로 집필했던 『열하일기』의 원 모습을 찾아보기 어렵게 되었다. 심지어는 초고의 순서가 서로 뒤바뀐 이본도 많다.

『열하일기』는 박지원의 문집인 『연암집』이 1932년에 활자본으로 간행되면서 널리 알려졌는데, 이때 출판 비를 부담한 박영철은 박지원의 직계 후손이 아니라 방계 후손이었다. 활자본은 오랫동안 박영철이 간행한 것 하나뿐이었기에, 많은 학자가 박영철 본을 연구 대상으로 삼았으며, 번역본도 주로 이 책을 대본으로 삼았다.

『열하일기』에 관한 짧은 논문은 몇 편이 발표되었지만, 번역과 함께 체계적인 연구를 시작한 학자는 연민淵民 이가원李家源(1917~2000년)이다. 그는 퇴계退溪 이황李滉의 14대손인데, 그의 집안에서는 일제시대의 공립학교 교육이 식민지 교육이라고 생각했기에 20세가 될 때까지 서당에서 한문 공부만 하게 하였다. 마침 서울에 있는 명륜전문학원(지금의 성균관대학교)에서 학비와 생활비를 모두 지원해 주는 급비생을 뽑자 경상북도 급비생으로 선발되어 연구과 3년, 경학연구원 2년을 다녔는데, 이때 박영철이 1932년에 간행한 활자본 『연암집』을 구해 보고 평생의 학문 과제로 삼았다.

『연암집』 권11부터 권15까지 『열하일기』가 실렸는데, 서문도 없고 순서도 앞뒤가 맞지 않는 부분이 있었다. 이가원은 「연암소설연구」라는 학위논문을 성균관대학교 대학원에 제출해 문학박사 학위를 받고, 이 책을 1965년 을유문화사에서 출판하였다. 「허생」과 「호질」이 『열하일기』에 실렸으므로 이가원은 논문을 쓰는 과정에서 자연스럽게 『열하일기』를 번역하기 시작했는데,

순서가 잘못되었거나 문장이 빠진 부분이 있는 것을 알고 여러 가지 이본을 대조해서 순서를 바로잡거나 빠진 부분을 보완하였다. 이가원이 「연암소설 연구」라는 논문으로 박사 학위를 받았다는 소식이 신문에 실리자, 『열하일기』 원본을 소장하고 있던 박지원의 후손 박영범이 원본을 연구 자료로 삼으라고 이가원에게 기증하였다.

이가원은 박영철 본과 그때까지 알려졌던 이본, 그리고 박지원의 종손 박영범이 기증한 원본과 몇 가지의 초본을 대조해서 새로운 『열하일기』 대본(가칭 연민 본)을 편집하고, 이 대본에 따라 번역하였다. 지금까지도 우리나라에서 『열하일기』 완역본은 이가원이 민족문화추진회에서 번역 출판한 것 하나 뿐이다. 다른 번역본들은 대부분 일부만 번역한 초역抄譯인데, 이본 연구를 따로 하지 않고 박영철 본, 또는 연민 본의 텍스트를 그대로 따랐다.

이 책은 연민 본을 충실히 따랐다. 역자가 지도교수인 이가원 선생의 학설을 그대로 이어받았기 때문이다. 대부분의 이본에 실려 있지 않은 머리말을 실은 것부터 그러하다. 그렇지만 방대한 분량을 모두 번역할 수가 없어, 일부만 골라 번역했다. 압록강을 건너 중국에 들어가는 첫 부분 「도강록」, 청나라의 초기 수도였던 심양 이야기를 기록한 「성경잡지」, 요동 벌판을 지나가며 보고들은 이야기를 기록한 「일신수필」, 산해관에 들어서서 기록한 「관내정사」, 청나라 선비와 여러 가지 의견을 주고받은 「혹정필담」, 조선에서는 볼 수 없었던 요술쟁이 이야기를 기록한 「환희기」, 평소의 연행사들도 가 보지 못했던 열하 이야기를 기록한 「산장잡기」와 「구외이문」, 여관방에서 주고받은 이야기의 전형 「옥갑야화」, 북경의 서양 문물과 화려한 모습을 기록한 「황도기략」, 청나라 국학의 모습을 기록한 「알성퇴술」, 북경의 자잘한 이야기들을 기록한 「앙엽기」에서 대표적인 이야기를 몇 개씩 골라 번역했다.

다양하게 발췌하느라고 애썼지만, 열하일기 원작의 분위기를 그대로 전달

할 수는 없을 것이다. 박지원이 청나라 학자와 며칠에 걸쳐 지루하게 주고받은 필담이나 시장 바닥에서 주고받은 농담, 서양 문물의 견문 등이 모두 『열하일기』의 특성인데, 지면이 한정되어 다 실을 수가 없었던 것이다. 그러나 나름대로 소설 「호질」이나 「허생」의 본문뿐만 아니라 그 앞뒤의 이야기까지 다 실었는데, 허생의 후일담 또한 박영철 본에는 없던 것을 연민 본에서 가져왔다.

오늘에 다시 읽는 『열하일기』

박지원은 1780년 6월 24일에 압록강을 건너 27일에 중국 땅 첫 고을인 책문에 도착했는데, 변방의 작은 마을에서도 연암은 조선과는 다른 문물제도를 찾아내었다.

> 책문 밖에서 다시 책문 안을 바라보니, 수많은 민가가 다섯 들보 정도 높이 솟아 있고 띠와 이엉을 덮었다. 등성마루가 훤칠하고 문호가 가지런하며 네거리가 직선이어서, 양쪽 가가 마치 먹줄을 친 것 같았다. 담은 모두 벽돌로 쌓았고, 사람 탄 수레와 화물 실은 차들이 길에 즐비하며, 벌여 놓은 그릇들은 모두 그림이 그려진 도자기였다. 어디를 보아도 시골티라고는 조금도 없다. 지난번에 내 친구 홍덕보가 '규모가 크면서도 그 심법心法은 세밀하다.' 고 충고하더니 과연 그러했다. 중국의 동쪽 변두리인 책문도 이러한데, 북경으로 갈수록 더욱 발전될 것이라 생각하니 갑자기 한풀 꺾였다. 여기서 그만 발길을 돌릴까 하는 순간 온몸이 화끈거렸고 나는 깊이 반성하였다.

조선의 집권층은 청나라를 애써 오랑캐라고 멸시했지만, 그는 '시골티라고는 조금도 없다.'고 판단했다. 동쪽 변두리도 이러니, 북경이야 말해 무엇하랴. 잠시 기가 죽었지만, 그는 시기하지 않고 평등의 눈으로 보기로 했다. 청나라의 선진 문물을 받아들이는 것만이 뒤떨어진 우리나라를 부강하게 하는 길이라고 인식한 것이다.

그가 북경 천주당을 찾아가 서양 문물을 살펴본 다음 내린 결론은 서양 문물에 대해 상당히 우호적이다.

이 사람들은 달력도 잘 만들고, 자기 나라의 건축 방법으로 집을 지어서 산다. 그들의 학설은 부화와 거짓을 버리고 성실을 귀하게 여기니, 하느님을 밝게 섬기는 것을 으뜸으로 삼고 충효와 자애를 의무로 여긴다. 허물을 고치고 선을 닦는 것을 입문으로 삼고, 사람이 죽고 사는 큰일에 준비하여 걱정이 없는 것을 궁극의 목적으로 삼았다. 그래서 저들이 근본이 되는 학문의 이치를 찾아내었다고 자칭하고 있다. 그러나 뜻을 세우는 것이 너무 고답적이고 이론이 교묘한 데만 쏠려서, 도리어 하늘을 빙자하여 사람을 속이는 죄를 범하였다. 제 자신이 저절로 의리를 배반하고 윤리를 해치는 구렁으로 빠지고 있음을 모르는 것이다.

서양 문물은 긍정적으로 받아들이고, 기독교도 도덕적으로는 훌륭하다고 판단하였다. 다만 유일신 천주를 내세운 신앙만은 용납하지 않았으니, 주자학을 신봉하던 조선 지식인의 한계라고나 할까.

그는 요동 벌판을 지나며 기자동래설, 양만춘의 안시성 승리, 평양과 패수의 고증을 통해 요동 땅이 고구려의 강토였음을 고증하였다. 단순한 고증이 아니라, 민족 단위의 소박한 국가 의식에 기초한 것이다. 청나라 학자들과 필담하며 청나라의 허실을 간파하였다. 「황교문답」에서 '30년이 지나지 않아 천하의 근심이 일어날 것'이라고 한 것은 청나라의 몰락을 예견한 것이 아닐까. 30년 뒤에 결국 근심이 일어나기 시작해, 청나라는 백 년을 겨우 넘기며 망했다. 그렇게 보면 『열하일기』는 북학北學에서 그치는 것이 아니라, 동아시아 제대로 보기, 동아시아 제대로 읽기이다.

후배 남공철이 친구 박남수의 묘지명을 지으면서 박지원의 고뇌를 이렇게 기록하였다.

> 내가 연암과 함께 박남수의 집 벽오동관에 간 적이 있었다. 그 자리에는 마침 이덕무와 박제가도 와 있었다. 달 밝은 밤에 연암이 자기가 지은 『열하일기』를 낭독하였다. 이덕무와 박제가는 아무 말 없이 듣고 있었지만, 남수가 불쑥 연암에게 대들며 말하였다.
> "선생의 글이 비록 훌륭하기는 하지만, 경학經學의 본도에 맞는 고문체古文體가 아니고, 이야기책 투의 글입니다. 이 『열하일기』 때문에 우리나라의 문장이 모두 고문을 버리고 이야기책 투의 글이 되지 않을까 크게 걱정됩니다."
> 그러나 연암은 남수의 말을 묵살하고 그냥 낭독해 내려갔다. 남수가 술 취한 기분에 『열하일기』에 촛불을 대어 불태워 버리려고 하였다. (역자 줄임) 다음 날 아침에 연암이 정색하고 앉아서 남수를 불러 이렇게 말하였다.
> "남수야! 내 앞으로 오너라. 내가 이 세상에서 뜻을 펴지 못하고 궁한 지가 이미 오래되었다. 마음속의 크고 작은 불평을 모두 문장에 의탁하여 제멋대로 썼을 뿐이다. 난들 그런 글 쓰는 게 좋아서 그랬겠느냐? 그대와 원평 같은 이들은 모두 아직 젊고 재주도 많으니, 문장을 배우더라도 내 문체는 닮지 마라. 정학正學의 진흥에 힘써서 나라에 이바지하도록 하라."

박지원은 조선 후기의 병폐를 치료하기 위해 『열하일기』를 썼다. 그러나 그의 후배들만 열심히 읽었을 뿐, 집권층에서는 애써 외면하였다. 그를 이해

한다는 후배까지도 『열하일기』를 조선 후기의 병폐를 치료하기 위한 교과서로 읽지 못하고 이야기책으로 읽었다. 이러한 이야기책을 읽다가는 자신의 문장까지도 더럽혀지고 출세 길이 막히기 때문에, 후배 박남수는 『열하일기』를 불태우려 했다.

19세기 말의 유길준은 서양 문물의 세계를 한 바퀴 둘러본 뒤에 새로운 세상을 함께 만들기 위해 『서유견문』을 지어 고종에게 바쳤다. 이 책은 개화의 교과서로 채택되어, 학부에서 일부 지방 학교에 공급한 기록이 있다. 물론 유길준의 꿈도 제대로 이뤄지지는 못했지만, 박지원이 풍자와 해학의 이야기 투가 아니라 고문 투로 『열하일기』를 써서 정조에게 '조선 후기의 병폐를 고칠 처방전'으로 바칠 수는 없었을까. 박지원의 꿈이 아직도 이뤄지지 않았기에 독자들에게 이 책을 다시 권한다.

박지원 생애

1737년
영조 13년, 2월 5일 계해癸亥 인시寅時에 한성부 서쪽 반송방盤松坊 야동冶洞 집에서 태어남. 휘諱는 지원趾源이고, 자字는 미중美仲이며, 호는 연암임. 아버지는 노론 계열의 박시유朴師愈, 어머니는 함평 이씨 대호군大護軍 이창원李昌遠의 딸이었음. '마갈궁磨蝎宮·한유韓愈·소동파蘇東坡와 격이 같으며 반고班固와 사마천司馬遷 같은 문장력을 지녔지만 남의 훼방을 받을 사주'였다는 기록이 전해짐.

1741년 5세
어렸을 때부터 경제에 밝고 똑똑하여 할아버지 박필균朴弼均(연암이 다섯 살 때부터 스물두 살 때까지 경기도 관찰사, 사헌부 대사헌, 예조 참판 등의 요직을 잇따라 역임)의 사랑을 받음. 그러나 재산 축적에 관심이 없는 할아버지와 별다른 벼슬을 하지 못한 아버지 아래 집안 형편이 어려워 글공부를 하지 못함.

1752년 16세
관례를 올리고 처사處士 이보천李輔天의 딸과 혼인함. 이때부터 비로소 글공부를 시작하여 장인에게 『맹자』를, 장인의 아우 학사공學士公 양천亮天에게 사마천의 『사기』를 익혀 문장 쓰는 대강을 배움. 「항우본기項羽本紀」를 본따서 「이충무전李忠武傳」을 지어 반고와 사마천의 경지에 이르렀다는 평을 듣기도 함.

1756년 20세
이 무렵부터 김이소金履素·황승원黃昇源 등과 어울려 산속의 절간이나 시골집을 찾아다니며 글공부를 함. 여러 스승을 찾아다니며 학문에 대하여 묻기도 하고 단릉처사丹陵處士 이윤영李胤永의 집에서 『주역』을 배우기도 함.

1759년 23세
어머니를 여읨. 이십대 무렵에 우울증으로 오랫동안 고생하여 사나흘씩 잠을 이루지 못하기도 하였음. 「서광문전후書廣文傳後」에 의하면 열여덟에 병을 심하게 앓았다고 함. 이 시기에 밤새워 가며 머슴부터 기인까지, 여러 부류의 사람에게 시중의 이야기를 즐겨 들었으며 이 이야기들이 뒷날 소설의 소재가 되었음. 이때 광문의 이야기를 듣고 그 뒤 이십대 초반 무렵에 「광문자전」을 지었으며 1757년 가을에 「민옹전」을 지음. 연암은 위선으로 가득 찬 인간이나 이익에 따라 모였다가 흩어지는 인간들을 미워하여 자신의 소설에서 풍자함. 지계芝溪 이재성李在誠 공이 지은 제문에 의하면 '덕이 있는 척하면서도 행실이 정직하지 못한 사람, 부정부패하여 서로 허물하고 원망하는 사람을 가장 상대하기 싫어했다.' 고 함.

1765년 29세
가을에 금강산, 동해안, 관동 지방을 유람함. 이 직후에 「김신선전」을 지음.

1767년 31세
6월 22일에 아버지를 여읨. 아버지의 병이 위급할 때에 왼손 가운뎃손가락을 베어 피를 약에 타 달였다는 기록이 있음. 아버지가 돌아가신 뒤 삼청동 백련봉白蓮峯 아래에 셋집을 얻어 살았는데 손님들이 날마다 많이 와서 빈자리가 거의 없었다고 함.

1768년 32세
이즈음 정조 임금이 규장각을 설치한 뒤에 사검서四檢書로 이름을 날렸던 박제가 · 이덕무 · 이서구 · 유득공 등의 젊은이들이 연암을 찾아다니며 문학을 논함.

1770년 34세
감시監試에 응하여 수석으로 합격하였으나 이후부터 다시는 과거에 응시하지 않음. '구차스럽게 출세하려고 하지 않는 모습에 옛사람의 풍모가 있다.' 고 일컬어짐.

1772년　36세
처자식들을 처가로 보내고 전의감동典醫監洞에 방을 마련하여 이듬해까지 혼자 글공부하며 지냄. 담헌湛軒 홍대용洪大容, 강산薑山 이서구李書九, 청장관靑莊館 유득공柳得恭 등과 어울리며 실학實學에 대하여 논함. 이미 북경에 다녀온 홍대용에게 청나라의 모습을 많이 전해 들음. 담헌의 집에서 유럽의 새로운 문물들을 구경하고 양금洋琴을 타 보기도 함.

1777년　41세
장인 이보천이 세상을 떠남.

1778년　42세
평소에 연암을 미워하고 해치려 하였던 홍국영洪國榮이 정권을 잡은 뒤 가족을 이끌고 황해도 금천군 연암燕巖 골짜기로 피신함. 그곳에서 뽕나무·밤나무·배나무·복숭아나무·살구나무를 심고, 양봉·잉어·목축까지도 시험 삼아 경영함. 친구 유언호가 연암의 살림을 돕기 위하여 개성 유수를 자원하여 금학동에 있는 양호맹梁浩孟의 별장으로 이사함. 이현겸·이행작·양상회·한석호 등 그 고장의 많은 젊은이가 연암을 찾아와 글을 배우겠다고 청함.

1780년　44세
홍국영이 정권에서 물러나자 가족을 이끌고 서울로 돌아옴. 평계에 있는 처남 이재성의 집에 머물며 당대의 문장가이자 명필이었던 이광려李匡呂를 만나 벗으로 사귐. 이해 여름, 중국에 사신으로 가는 삼종형三從兄 박명원朴明源을 따라서 개인 수행원의 자격으로 중국에 다녀옴. 청나라 황제의 여름 별장이 있는 열하熱河까지 여행하고 돌아와서, 다시 연암 골짜기에 들어가 『열하일기』25편을 지음. 소설 「허생許生」과 「호질虎叱」도 이 무렵에 완성함.

1786년   50세
7월 친구 유언호의 추천으로 건물의 신축과 수리 및 토목 공사에 관한 일을 맡아 보던 관청인 선공감繕工監 감역監役(종9품) 벼슬을 받음.

1787년   51세
1월 5일, 부인 이씨가 세상을 떠남. 재혼을 권하는 사람이 많았으나 끝내 첩을 얻지 않음.

1789년   53세
6월에 시전市廛에서 쓰는 자와 말, 저울을 맡고 물가를 다스리던 평시서平市署 주부注簿(종6품)로 승진함. 그 뒤로 의금부 도사(종5품), 제릉령齊陵令(종5품)을 지냄.

1791년   55세
한성부 판관判官(종5품)으로 옮김. 이해에 커다란 흉년이 들어서 물가가 폭등하자 재상이 시장 값을 동결시키고 상인들의 매점매석을 막으려고 하였음. 그러나 연암은 상품의 유통을 막으면 더 커다란 혼란이 오며, 백성들의 자본이 축적되어야만 국가 경제도 넉넉하게 된다고 주장함. 가을에 안의 현감安義縣監(종6품)에 제수됨. "백성들이 다만 작은 은혜만 알고 커다란 덕을 몰라서, 수령들이 억지로 작은 은혜를 베풀어 명예를 얻으려고 한다. 이는 정치의 대체大體를 모르는 자들이다. 올바른 수령은 오로지 대체를 주장하여 백성들을 동요시키지 않는 정치를 위주로 해야 한다." 는 것이 평소의 정치 지론이었다고 전함.

1793년   57세
『열하일기』는 새로운 문체를 선보여 젊은이들에게 널리 읽혔으며 심지어는 과거 시험 답안지에까지 영향을 줌. 그러자 기성 문단에서 반발하여 연암의 문체가 글공부하는 젊은이들에게 나쁜 영향을 끼친다고 규탄함. 정조 임금은 『열하일기』를 읽어 보고는 직각直閣 남공철南公轍을 불러 『열하일기』의 문체를 비판하고, 속죄하는 뜻에서 연암에게 순정한 글을 지어 바치라고 명하기도 하였음. 안의 고을을 계속 다스리면서 「열녀함양박씨전烈女咸陽朴氏傳」을 지음.

1796년 60세
서울로 벼슬을 옮김.

1797년 61세
면천 군수沔川郡守(종4품)에 부임함. 순정한 글을 지으라는 정조 임금의 명에 부응하여 『과농소초課農小抄』를 지음.

1799년 63세
가을에 양양 부사襄陽府使(종3품)로 승진함.

1801년 65세
노병으로 양양 부사 벼슬을 사임하고 서울로 돌아옴.

1805년 69세
10월 20일에 세상을 떠남. 제자 박제가가 문병하러 갔다가 연암의 운명을 보고 몹시 슬퍼하였으며 그 충격으로 병을 얻어 박제가도 이듬해 세상을 떠남.

1910년
좌찬성 벼슬을 증직 받고, 문도文度라는 시호를 받음.

*박지원의 아들 박종채가 기록한 『과정록』의 내용을 바탕으로 정리함.